哈日情報誌
MAPPLE
城崎・天橋立
竹田城跡
特別附錄

城崎・天橋立 兜風自駕

詳細 MAP

Contents

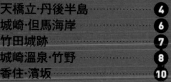

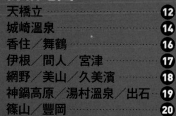

關於附錄冊刊載的地圖
●この地図の作成に当たっては、国土地理院長の承認を得て、同院発行の2万5千分1地形図　5万分1地形図　20万分1地勢図及び基盤地図情報を使用した。
（承認番号　平29情使、第45-283276号　平29情使、第46-283276号　平29情使、第47-283276号）
●禁止未經許可的轉載、複製。　© Shobunsha Publications,Inc. 2017.8

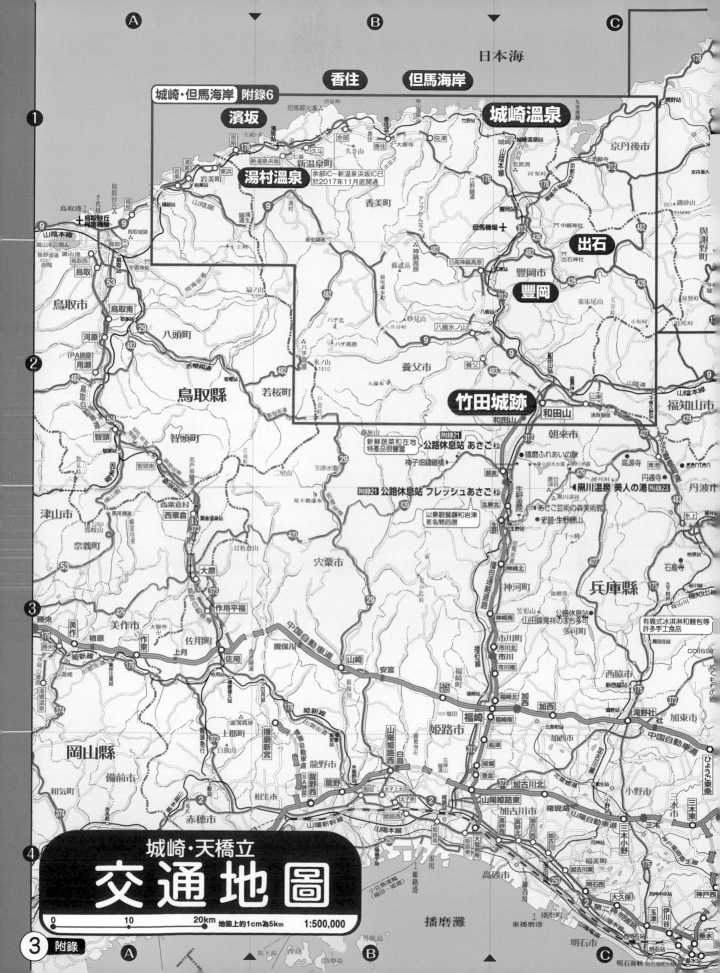

0　　　2.5　　　5km　地圖上的1cm為1.8km　1:180,000

●景點　●玩樂　●溫泉　●活動・祭典　●用餐　●購物
●住宿　●咖啡廳　🎿滑雪場　⛺公路休息站　⊗冬季封閉

若狹灣

眺望舞鶴的鶴橋

小島(杳島)

大水薙鳥・
繁殖地　大島(冠島)

成生岬

毛島

以明鏡洞著稱的城山公園

●舞鶴市漁業協同組合成生支部
成生
●野原
●野原海水浴場

田井
正面崎
馬立島

押廻鼻

今戶鼻

竜宮浜海水浴場

小橋

大山

上瀬
日引
內浦灣
音海

鋸崎

松ヶ崎

舞鶴ふるるファーム P.28

山茶花
繡球花
舞鶴自然文化園

三浜郡
▲197

觀音寺
栃尾
原
由里
室牛

下
宮尾
五色山
公園

內浦灣的景觀一流

大飯原子力

大島原子力

釣魚地點

舞鶴親海公園 P.29
Bayside Place M's deli

舞鶴CC

鎌倉
笹部
150
塩波峠

高浜原子力
神野

赤礁崎

小濱灣

P.28 舞鶴引揚紀念館
P.9・27 Bell cafe

引揚紀念公園

西屋

中田

中田

朝來

朝來

若狹富士

青葉山
▲693

難波江

若狹和田海水浴場

白浜海水浴場

明鏡洞
城山公園

外觀參考地中海建築物，
也有泡湯設施

朝倉鼻

EL MAR
MAIZURU P.28

舞鶴灣

大波

岡安

吉野

松尾坂
松尾
松尾寺站
▲86

松尾寺 P.28

中山寺
小和田
日置

三松
東三松
若
宮

若宮海水浴場

和田マリーナ

安土

ELDO LAND

公路休息站 シーサイド高浜

犬打

蒼島

舞鶴紅磚
公園

東舞鶴站

大門松公園

★

鹿原

金剛院 P.28

吉坂
六路谷
横谷
關屋
青郷
青

高浜隧道

三松站

佐伎治神社

畑
高浜町

高浜高浜站

園部口

若狹和田站

青戶入江

小濱線

うみんぴあ大飯

岡津

老ケ岳公園

566

27

鹿原

吉坂

多門院

三國岳隧道

舞鶴若狹自動車道

佐分利川

福谷等一・笹谷
福谷・福坂峠

佐分利

岡安

意足寺

野尻

山田

馬居寺

小濱

尾內

小浜西

加斗PA

小浜站

飯盛寺

飯盛山
▲584

小濱市

小濱市區

舞鶴PA

舞鶴東

舞鶴市

51

28

舞鶴 附錄16

今田

別所

今田

上根

白滝

池ノ内ヶ下

弥仙山
▲699

74

君尾山
▲582

故屋岡

綾部市

光野

五泉

岸谷

光明寺

川上

安川

久保

三森

石山

鹿野

神崎

父子

老富

1

16

奧坂本

納田終

井上

口坂本

下

中

おおい町

福井縣

西谷

下田

和多田

名田庄

162

深野
深谷

三重

堀越街道

小倉畑

久坂

小倉

槇谷

野鹿瀑布

京都

名田庄

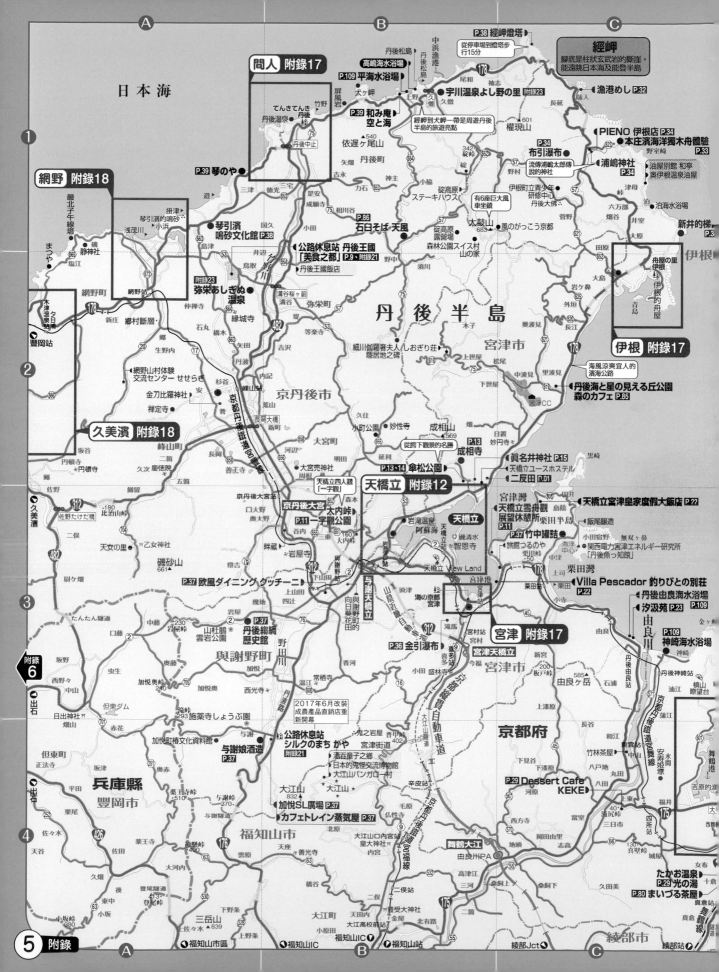

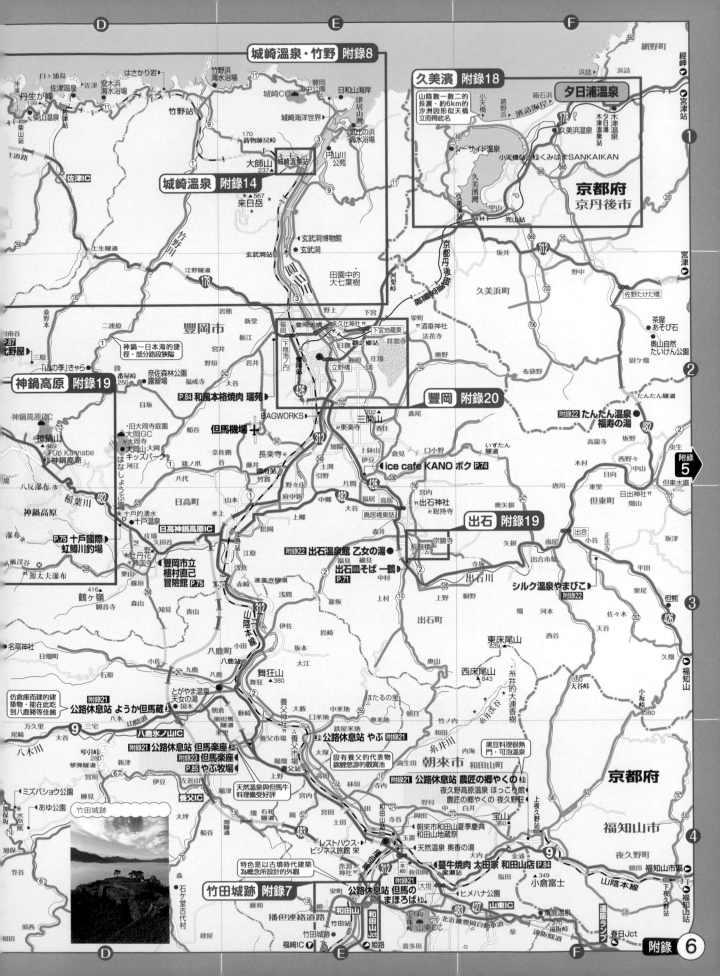

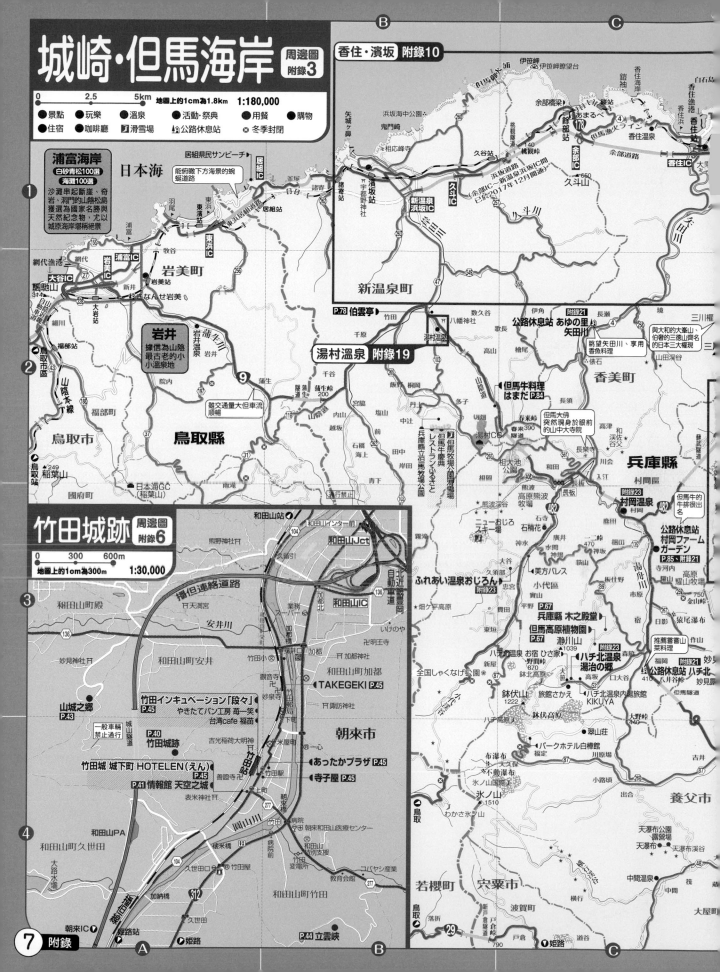

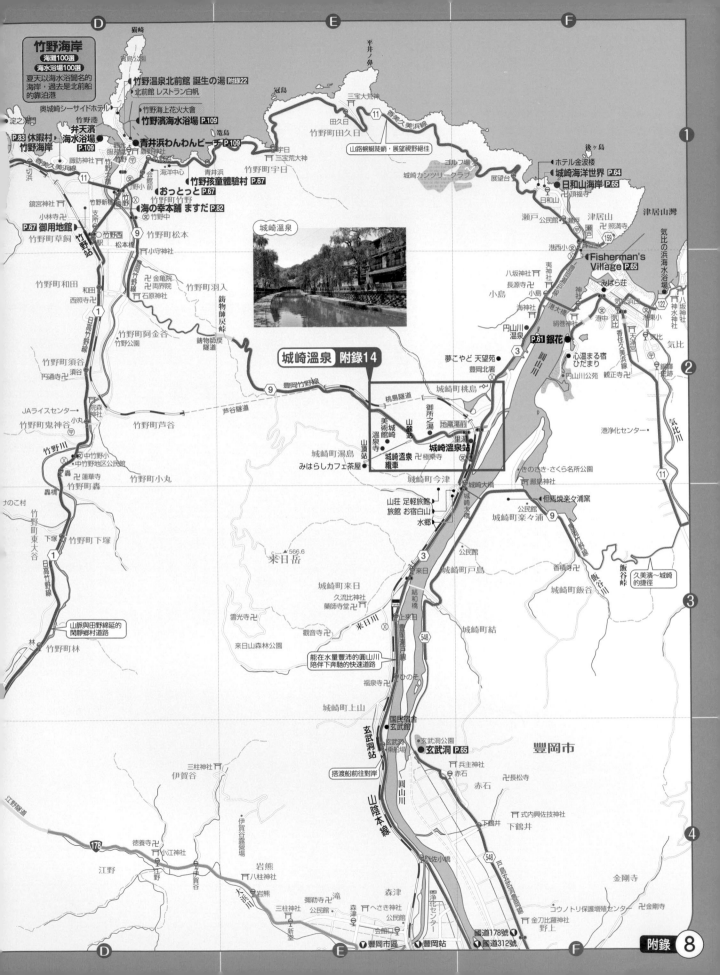

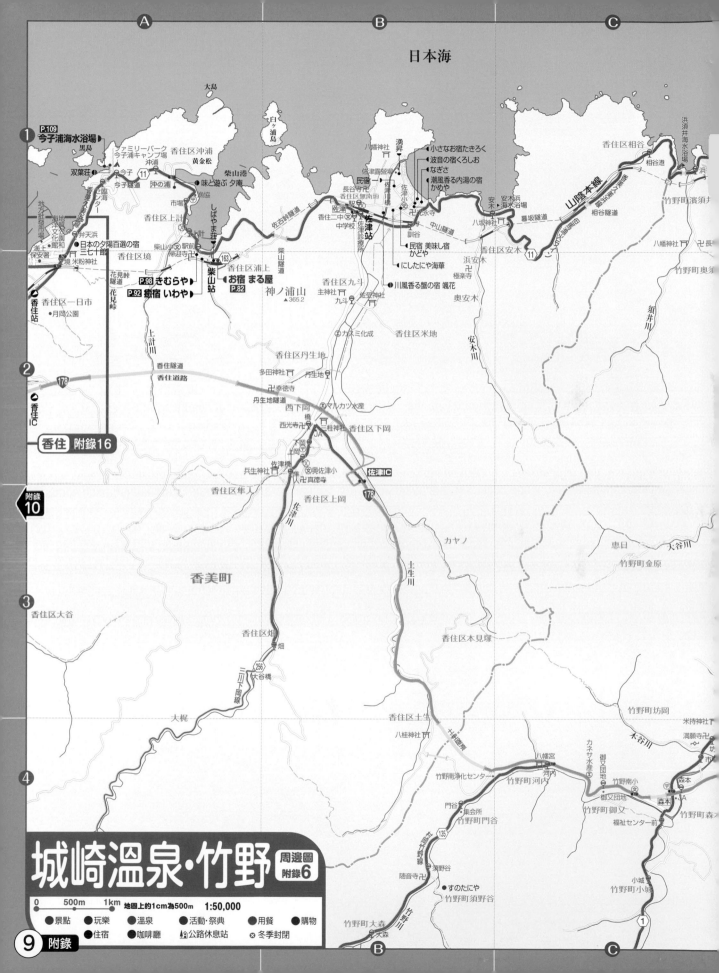

城崎温泉・竹野

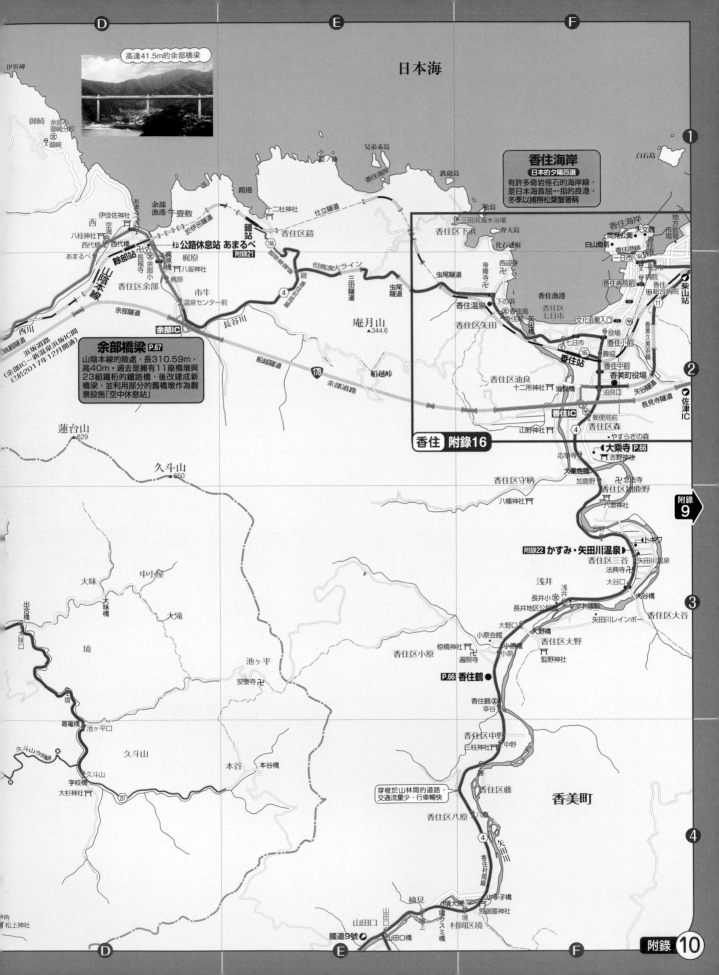

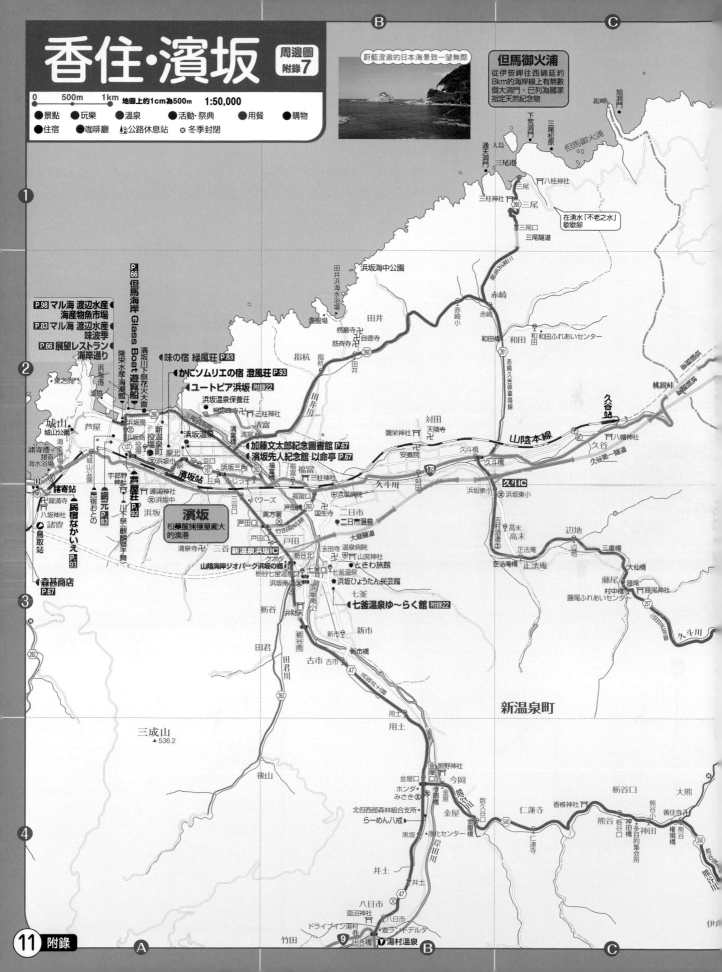

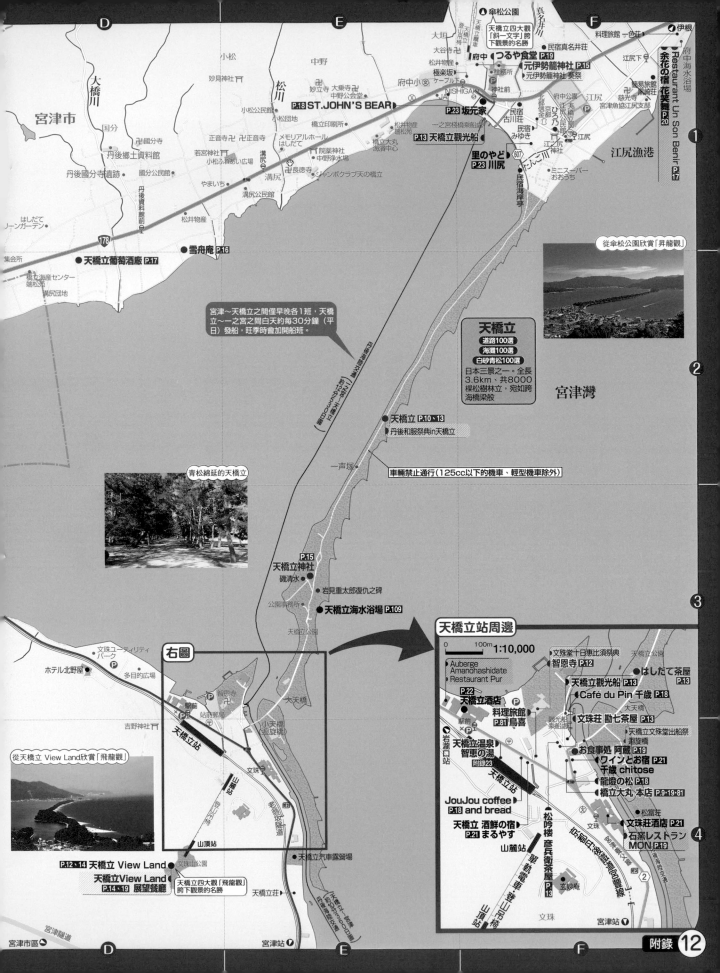

天橋立站周邊地圖

座標列： D　E　F

右側列： ① ② ③ ④

大橋川
宮津市

小松　中野

松川

大橋川

妙見神社
小松公民館
橋立印刷所
松井物産
瑞松苑
大乘寺
中野公會堂
極樂坂
ケーブル下　NISHIGAKI

P.18 ST.JOHN'S BEAR

P.23 坂元家

府中小　府中
つるや食堂 P.19
元伊勢籠神社 P.15
元伊勢籠神社 葵祭

P.13 天橋立觀光船

里のやど
P.23 川尻

松物産
大丸
海濟中心

正音寺　卍正音寺
若宮神社
小松ふれあい広場
溝尻
院藥神社
中野淨水場
シャンボクラブ天の橋立

國分寺　卍國分寺
丹後郷土資料館
丹後國分寺遺跡
國分公民館
やまいち
溝尻公民館
溝尻

178

はしだて
ノーンガーテン
松井物産

端松苑
溝尻団地
集会所

天橋立葡萄酒廠 P.17

雪舟庵 P.16

料理旅館 一色荘

民宿真名井荘
府中公民館
江尻下

北京信金
江尻
簡易旅館 黑崎荘
藝光社
民宿
みゆき
ひろ乃
607
だんご川
民宿海岸亭
ミニスーパー
おおうち

余花の宿 花笑舞 P.20
Restaurant Un Son Benir **P.17**

江尻漁港 ①

從傘松公園欣賞「昇龍觀」

天橋立之間早晚各1班，天橋
立～一之宮之間白天約每30分鐘（平
日）發船，旺季時會加開船班。

天橋立
道路100選
海灘100選
白砂青松100選
日本三景之一。全長
3.6km、共8000
棵松樹林立，宛如跨
海橋梁般

宮津灣 ②

青松綿延的天橋立

天橋立 P.10、13
丹後和服祭典in天橋立

車輛禁止通行（125cc以下的機車、輕型機車除外）

一声塚

天橋立神社 P.15
磯清水
岩見重太郎復仇之碑
公園事務所
天橋立海水浴場 P.109

③

天橋立站周邊
100m　1:10,000

Auberge
Amanohashidate
Restaurant Pur **P.22**
天橋立酒店
料理旅館 **P.81 鳥喜**
天橋立溫泉 智惠の湯
附錄23
岩瀧口站
JouJou coffee P.18 and bread
天橋立 酒鮮の宿 P.21 まるやす
天橋立站
山麓站

文殊堂十日惠比須祭典
智恩寺 P.12
はしだて茶屋 P.13
天橋立觀光船 P.13
Café du Pin 千歲 P.18
文珠荘 勘七茶屋 P.13
觀光船乘船場
天橋立文殊堂出船祭
迴旋橋
お食事処 阿蔵 P.19
ワインとお宿 千歲 chitose P.21
龍燈の松 P.18
橋立大丸 本店 P.9・19・81
大天橋
松富荘
文珠荘酒店 P.21
石窯レストラン MON P.19
松吟楼 彥兵衛茶屋 **P.13**
玄妙庵
2
文珠
宮津站

④

ホテル北野屋
文珠ユーティリティパーク
多目的広場
吉野神社
右圖
天橋立站
站前郵局
智恩寺
小天橋(迴旋橋)
大天橋
文珠
山麓站

從天橋立 View Land欣賞「飛龍觀」

P.12、14 天橋立 View Land
天橋立View Land P.14・19 展望餐廳
天橋立四大觀「飛龍觀」
跨下觀景的名勝
天橋立荘
天橋立汽車露營場
山頂站

宮津市區

傘松公園
天橋立四大觀「斜一文字」跨
下觀景的名勝
登立天橋立

真名井公園
大垣
大谷寺山
松井物産

伊根

附錄 **12**

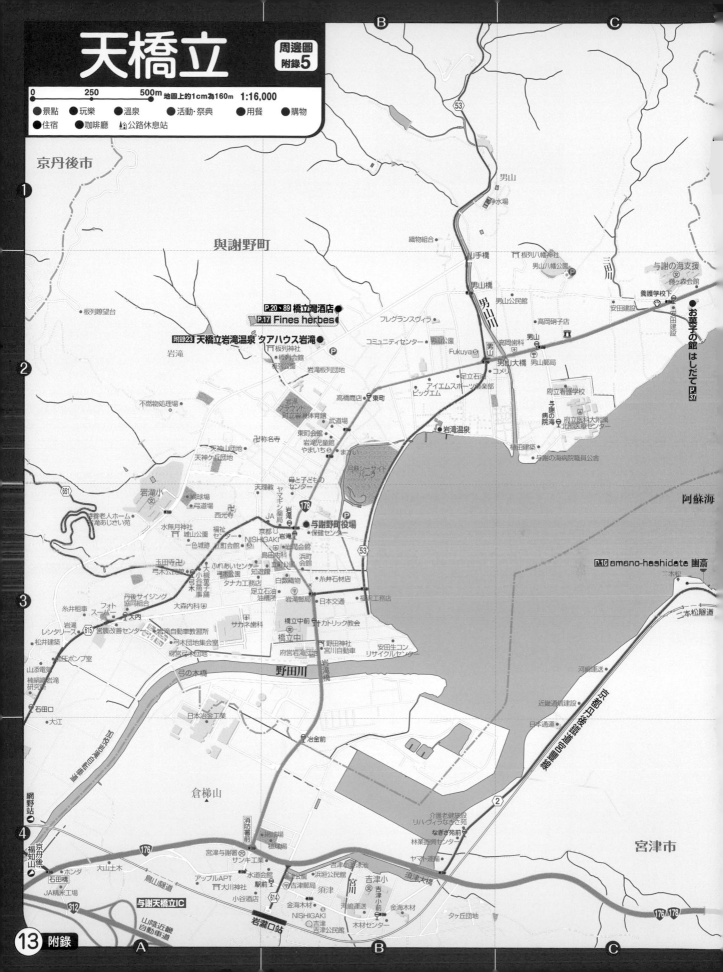

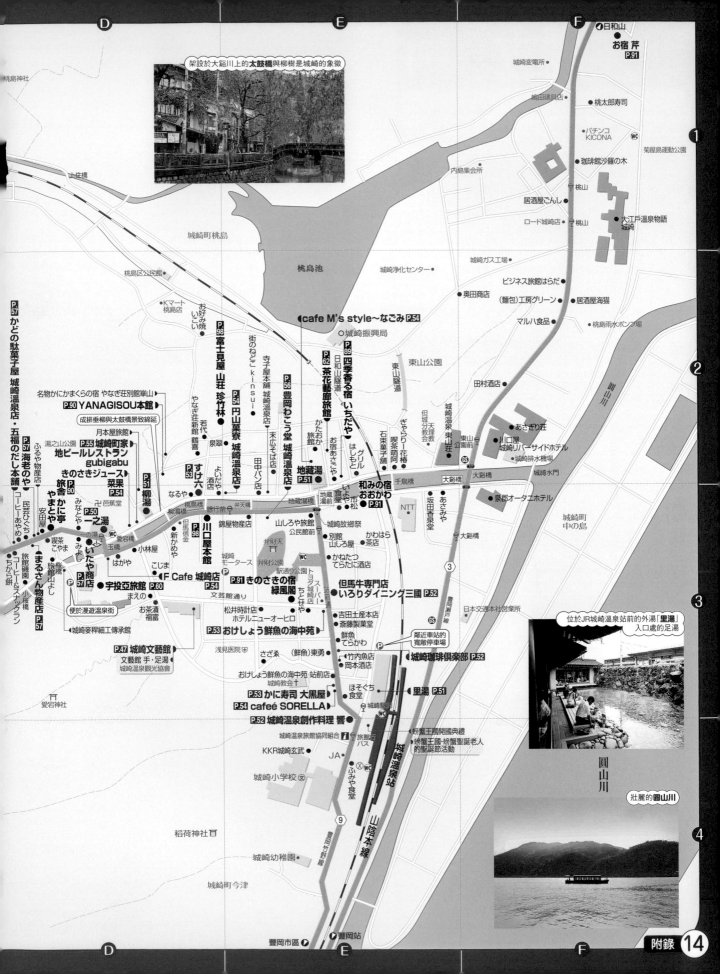

0　75　150m 地圖上的1cm為50m 1:5,000

●景點　●玩樂　●溫泉　■活動·祭典　■用餐　■購物　●住宿
●咖啡廳　ⓘ觀光服務處　Ⓦ廁所　Ⓟ停車場　◁源泉　ⒼⓈ加油站

豊岡市

桃島川

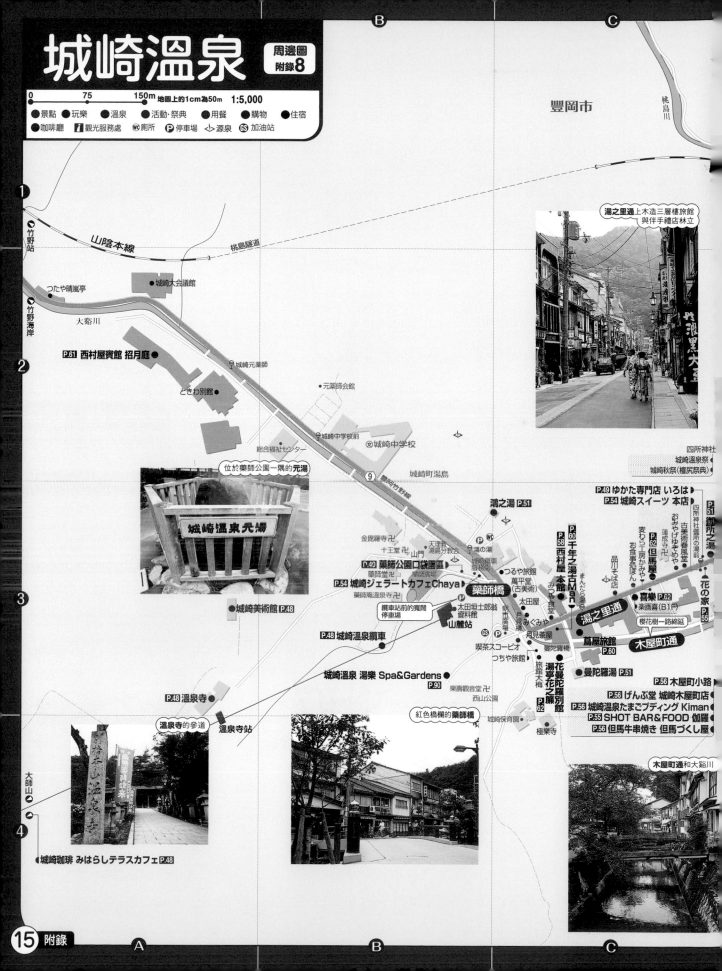

湯之里通 上木造三層樓旅館 與伴手禮店林立

竹野站

山陰本線　　桃島隧道

竹野海岸

つたや晴嵐亭　●城崎大会議館

大谿川

P.61 西村屋賓館 招月庭

●城崎元薬師

ときわ別館 ●

●元薬師会館

●城崎中学校前

Ⓧ城崎中学校

総合福祉センター

城崎町湯島

豊岡竹野線

四所神社
城崎温泉祭
城崎秋祭(檯尻祭典)

位於薬師公園一隅的元湯

鴻之湯 P.51

P.49 ゆかた専門店 いろは
P.54 城崎スイーツ 本店
P.51 御所之湯

Ⓦ

P.60 千年之湯古Man
P.58 西村屋 本館
P.62 但馬屋
P.62 喜楽 楽画喜(B1F)

金毘羅寺卍

十王堂卍　山門

天理教湯島分教会

薬師公園口袋園區
P.49 薬師堂
P.54 城崎ジェラートカフェChaya
薬師庵温泉寺

纜車站服務処

つるや旅館
萬平堂(古美術)
太田屋
●みゆきや
品川そば店

四所神社御所の湯前
古薬術蓬風堂
おみやげゆう
妻わらこ工房みやめや
お食事丸ぼん
蓮成寺卍

湯之里通 櫻花樹一路綿延

●城崎美術館 P.48

縋車站前的寬闊停車場
山麓站

太田垣士郎鈴資料館

薬師橋

Ⓖ Ⓢ

月見茶屋

花の家 P.55

P.48 城崎温泉纜車

喫茶スコーピオ
つちや旅館

蔦屋旅館 P.60

木屋町通

曼陀羅湯 P.51

城崎温泉 湯樂 Spa&Gardens
P.90

樂壽觀音堂卍
西山公園

旅館大梅

花曼陀羅別館
湯亭花之簾
P.62

P.56 木屋町小路
P.56 げんぶ堂 城崎木屋町店
P.56 城崎温泉たまごプディング Kiman
P.55 SHOT BAR&FOOD 伽羅
P.56 但馬牛串焼き 但馬づくし屋

P.48 溫泉寺

城崎保育園

紅色橋欄的薬師橋

極樂寺卍

溫泉寺的參道　溫泉寺站

大師山

木屋町通和大谿川

城崎珈琲 みはらしテラスカフェ P.48

香住

周邊圖 附錄10

日本海

D

E

F

1

2

濱坂站
三田浜海水浴場
井天島
香住海岸
岡見公園
天文館
但馬水産技術中心
かすみ **P.98**
香住区下浜
虫尾隧道
なぎさ
白山燈塔
長福寺山
朝市センター
香住区境
竹野站
新温泉
なごみの香風の宿 さだ助
あさ陽の宿 なべや
西迎寺
大黒屋
Cico Mart
香住漁港
花見峠隧道
旅荘 佐小
法庭神社
帝釋寺卍
庵月
一本松
海上保安部
一日市
米粉神社
東港
海乃家
湯宿 川本屋 **P.92**
やまや
下浜
香住区七日市
かに八代
れんが亭
にしとも
かに市場
三七十館 **P.82**
金比羅神社
みなと前
香住病院
病院前 病院
香美町
民宿旅館 太平
香住温泉
三浦屋
カフェ ブラージュ
夕香楼しょう和 **P.98**
丸米
文化会館入口
かにの宿 丸世井 **P.98**
香住区若松
香住区一日市
香住浜
かに道楽
香住小前
香住小
香住文化會館
香住神社卍
香住郵便局卍
通玄寺卍
月岡隧道
山陰本線
矢田橋
七日市
東香住
香住小前
但馬信金
JA
農協
香りのお宿 庄屋 **P.92**
香住站
四季折々のお宿 磯の屋
かや荘
香住区七日市
香住第一中前
安定所
狹間
コメリ
香住一中
矢谷隧道
佐津IC
矢田川クリーンセンター
但馬最終処分場
十二所神社卍
香住区矢田
香住IC
香美町役場
油良口
長見寺隧道
香住道路
香住区香住
余部IC
間室隧道
油良隧道
余部道路
178
油良
香住浄化センター
矢田川
香住森郵便局
村岡便局前
香住区間室
山野神社卍
地域福祉センター
特養ホームしいの木荘 やすらぎの森
香住区森

0 250 500m
地圖上的1cm為250m 1:25,000

舞鶴

周邊圖 附錄4

0 500m 1km
地圖上的1cm為600m 1:60,000

D E F

戶島
牛渡
愛宕山 ▲282
Arca
HOTEL MARE TAKATA
小濱站
露營場
海上保安学校
工業團地前
新日本海運輸(小樽-舞鶴)
舞鶴港(東港)
SEASIDE HOTEL PALACE
教育隊前
自衛隊
愛宕上町
自性院
卍
熊野神社
舞鶴湾
奥上神社卍
瑠璃寺卍
高倉神社
長隧道
神社前
長浜
自衛隊棧橋 **P.26**
RESTAURANT Takeuchi **P.29**
旅の宿 港ホテルよしだ
Portshine Hotel
愛宕中町
小濱線
3
年取島
舞鶴汽船棧橋
加津良上
余部下
ユニバーサル
ジャパンマリンユナイテッド
海軍&撤退關聯的繞港遊覽船 **P.26**
松上
志楽駅
高濱
上迫神社卍
樺松崎
乙礁
白浜台
余部上
余部上
八島丹山 舞鶴本店 **P.29**
ほっとハウス「カフェ ほっと」 **P.85**
大君
マイヅルマリン
和田
長江寺
藤の森
明教寺卍
真宗寺
大聖寺卍
舞鶴市役所
LASSERRE **P.27**
長谷川巳之助商店
東舞鶴站
法起大菩薩
御山神社卍
嶋 七かまぼこ
吉原的漁村
吉原小前
五老岳
▲300.6
五老ヶ岳公園
五老天空塔 **P.27**
景觀一流
道口
道芝口
舞鶴紅磚公園 **P.26**
赤煉瓦cafe jazz **P.27**
舞鶴紅磚公園
紅磚3號棟 **P.26**
紅磚智慧庫 **P.27**
紅磚博物館 **P.27**
桃山町
中町
南田町
舞鶴医院
溝尻
貴布祢神社卍
樹源光寺卍
溝尻
舞鶴東IC
倉梯山
公路休息站 舞鶴港 とれとれ海鮮市場 **P.29**
岩本水産 舞鶴港 とれとれ寿司 **P.98 附錄21**
田邊城跡·田邊城資料館 **P.29**
舞鶴公園
舞鶴文化公園
舞鶴線
上安
景美が丘
清美
清道
白鳥峠
リサイクルプラザ
リサイクルプラザ
行永
丸山中町
丸山西町
丸山東町
丸山町
五反田北町
五反田西町
公會堂前 金屋町
卍龍勝寺
齊子谷団地
京月東町
京月神社卍
福知山路後鐵道
福井川
下福井
港工事事務所
合同庁舎
高野川
大手
大手千日前
料理旅館 霞月
西舞鶴站
伊佐津川
日之出中学
愛宕山 ▲208.7
加寿美 **P.27**
東山町
ANGELO
エルパティオ
福來問屋町
朝稱神社卍
昭和町
自動車教習所 福來車站
昭和町前
昭和町
天台
天満川
福來
天台
舞鶴市
安岡
京月西町
木ノ下隧道
常
大飯高浜IC
與保呂川
與保呂
與保呂川
溝村神社卍
報恩寺卍
4
宮津
海鮮市場隨處 可見舞鶴及近 海的新鮮海産
舞鶴グランドホテル
引土
宮津IC
寶寿生
みさぎ高野学園
66
笹水神社卍
卍仁寿寺
舞鶴西IC
27
境谷神社卍
卍吉寺
舞鶴西IC
上根
寺田
木ノ下

附錄 16

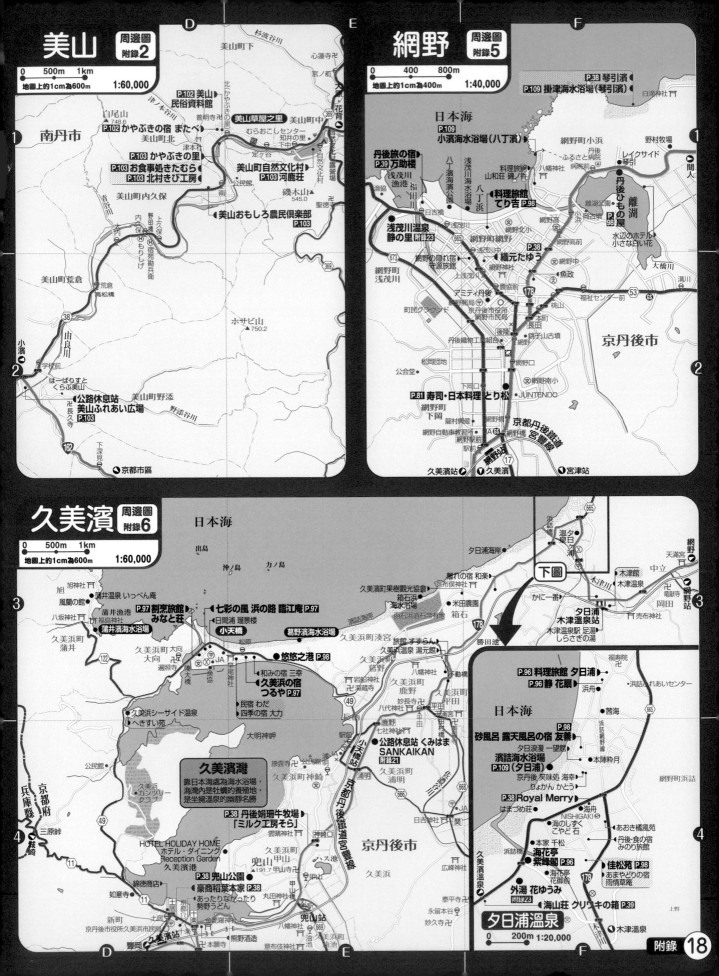

美山 周邊圖 附錄2

0　500m　1km
地圖上的1cm為600m　1:60,000

南丹市

P.102 美山民俗資料館
美山草屋之里
P.102 かやぶきの宿 またべ
美山町北
P.103 かやぶきの里
美山町自然文化村
P.103 お食事処きたむら
P.103 北村きび工房
P.103 河鹿荘
磯木山 545.0
美山町内久保
美山おもしろ農民倶楽部 P.103

白尾山 ▲748.6

もりしげ

美山町荒倉
高松橋

ホサビ山 ▲750.2

小濱
學校前
は一ばりすとくらぶ美山
公路休息站
美山ふれあい広場 P.103
美山町野添
野添谷川

京都市區

網野 周邊圖 附錄5

0　400m　800m
地圖上的1cm為400m　1:40,000

P.38 琴引濱
P.109 掛津海水浴場(琴引濱)
白瀧神社

日本海

P.109 小濱海水浴場(八丁濱)
網野町小浜
野村牧場
レイクサイド琴引
間人
丹後旅の宿 P.39 万助楼
八丁浜
料理旅館 てり吉 P.98
丹後ひもの屋 P.98
離湖
水辺のホテル小さな白い花
浅茂川温泉 静の里 附錄23
網野町浅茂川
織元たゆう P.38
網野の隠れ宿 守源旅館
京丹後市
アミティ丹後
P.81 寿司・日本料理 とり松
JUNTENDO
久美濱站　久美濱　宮津站

久美濱 周邊圖 附錄6

0　500m　1km
地圖上的1cm為600m　1:60,000

日本海

出島
沖ノ島　力ノ島

旭神社
風蘭の館
蒲井温泉 いっぺん庵
八坂神社
蒲井漁港 福島神社
蒲井濱海水浴場
みなと荘
久美浜町蒲井

久美浜町果樹観光協会
宮布俣神社
箱石海水浴場
箱石

P.97 割烹旅館 みなと荘
七彩の風 浜の路 臨江庵 P.97
日間浦 瑠景楼
小天橋
葛野濱海水浴場
旅館 すずらん
久美浜町湊宮
悠悠之港 P.98
久美浜温泉 湯元館
和みの宿 三幸
久美浜の宿 つるや P.97
民宿 わだ
四季の宿 大力

下圖

浜詰夕日ケ浦
温泉
木津川
木津温泉
網野站

夕日浦
木津温泉站 足湯 しらさぎの湯

勝田池

P.96 料理旅館 夕日浦
P.96 静 花扇

日本海

砂風呂 露天風呂の宿 友善 P.98
濱詰海水浴場
P.109 (夕日浦)
京丹後 笑味処 海幸
りょかん かとう
P.38 Royal Merry

久美浜シーサイド温泉
へきすい苑

久美濱灣
靠日本海處為海水浴場,
海灣內是牡蠣的養殖地,
是坐擁溫泉的幽靜名勝

公路休息站 くみはま
SANKAIKAN 附錄21
久美浜町浦明

兵庫縣
京都府
三原峠
蛭崎

丹後娟珊牛牧場
「ミルク工房そら」 P.38

HOTEL HOLIDAY HOME
ホテル・ダイニング
Reception Garden

久美浜町兜山甲山
兜山 ▲191.7

P.38 兜山公園
豪商稻葉本家 P.38

京都丹後鐵道宮豐線

京丹後市

久美浜町

はまづめ荘
NISHIGAKI S
海のしずく
旬彩 石
あおき橘風苑
丹後・食の宿 みのり旅館
本家 千松
海花亭 紫峰閣 P.96
久美濱温泉
外湯 花ゆうみ
海山荘 クリヲキの箱 P.39
佳松苑 P.98
あまやどりの宿 雨情草庵

夕日浦温泉
0　200m　1:20,000

附錄 18

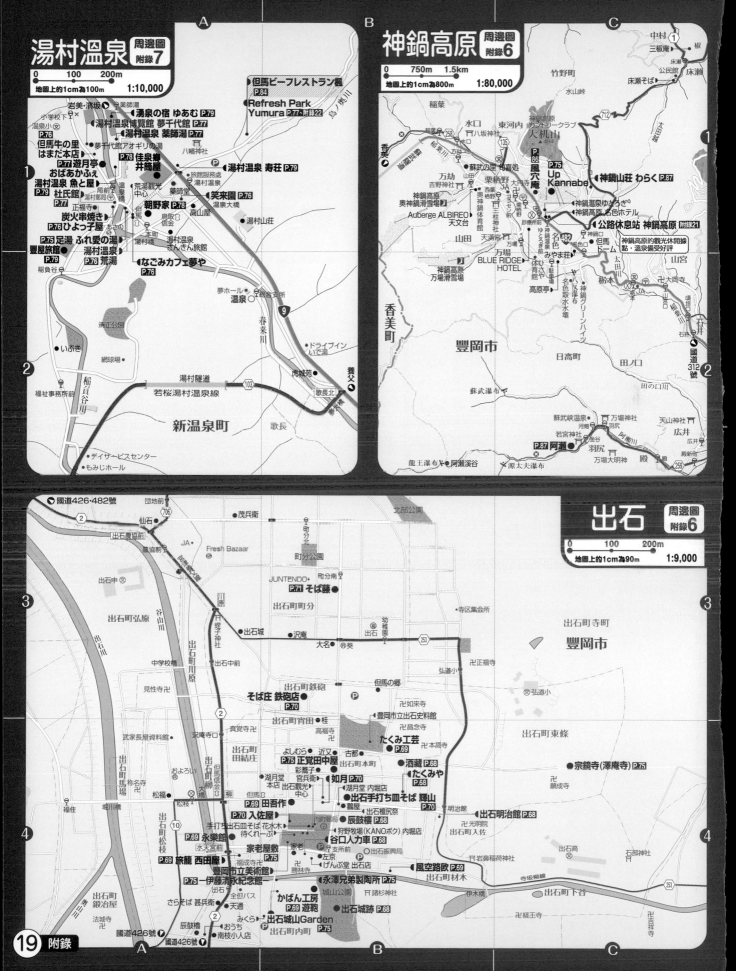

公路休息站 あまるべ
國道 178　香美町　みちのえきあまるべ

MAP附錄 10D-1

上方是余部鐵橋觀景設施「空中休息站」！

☎0796-20-3617
🕐9:00～18:00 休無休
🏠兵庫縣香美町香住區余部1723-4 🚗北近畿豐岡自動車道八鹿氷ノ山IC經國道9號・312號・178號往香美町余部方向車程54km Ｐ免費

公路休息站 あゆの里 矢田川
縣道 4　香美町　みちのえきあゆのさとやだがわ

MAP附錄 7C-2

能一嘗矢田川的新鮮河魚料理

☎0796-95-1369
🕐9:00～17:30(12月～3月為～17:00，餐廳為11:00～14:00) 休週二 🏠兵庫縣香美町村岡區長瀬933-1 🚗北近畿豐岡自動車道八鹿氷ノ山IC經國道9號、縣道4號往香住方向車程40km Ｐ免費

公路休息站 ハチ北
國道 9　香美町　みちのえきハチきた

MAP附錄 7C-3

滑雪或踏青時的絕佳休憩點

☎0796-96-1600
🕐8:30～18:00(物產館、休憩棟)、9:30～17:00(餐廳) 休無休 🏠兵庫縣香美町村岡區福岡6-13-2 🚗北近畿豐岡自動車道八鹿氷ノ山IC經國道9號往湯村溫泉方向車程20km Ｐ免費

公路休息站 村岡ファームガーデン
國道 9　香美町　みちのえきむらおかファームガーデン

MAP附錄 7C-3

將但馬特產品一網打盡的橘色屋頂建築

☎0796-98-1129
🕐9:00～19:00(餐廳為11:00～18:45) 休無休 🏠兵庫縣香美町村岡區大糠32-1 🚗北近畿豐岡自動車道八鹿氷ノ山IC經國道9號往湯村溫泉方向車程23km Ｐ免費

公路休息站 ようか但馬蔵
國道 9　養父市　みちのえきようかたじまのくら

MAP附錄 6D-3

以八鹿街景為設計意象的倉庫林立

☎079-662-3200
🕐9:00～19:00，餐廳為～11:00～18:30(週日、假日～19:00)、蔬菜直銷所為9:00～19:00 休無休 🏠兵庫縣養父市八鹿町高柳241-1 🚗北近畿豐岡自動車道八鹿氷ノ山IC經國道9號往鳥取方向車程800m Ｐ免費

公路休息站 但馬楽座
國道 9　養父市　みちのえきたじまらくざ

MAP附錄 6E-4

靠近天空之城「竹田城跡」的溫泉旅館

☎079-664-1000
🕐溫泉8:00～21:30，餐廳為11:00～14:30、17:00～20:30，住宿為IN14:00/OUT10:00 休無休 🏠兵庫縣養父市上野299 🚗北近畿豐岡自動車道養父IC經縣道6號・國道9號往和田山方向車程4km Ｐ免費

公路休息站 やぶ
縣道 104　養父市　みちのえきやぶ

MAP附錄 6E-4

錦鯉觀賞池和當地名產品一應俱全

☎079-665-0774
🕐10:00～18:30 休無休 🏠兵庫縣養父市養父市場1294-77 🚗北近畿豐岡自動車道和田山IC經國道312號、縣道104號往豐岡方向車程12km Ｐ免費

公路休息站 但馬のまほろば
國道 483　朝來市　みちのえきたじまのまほろば

MAP附錄 6E-4

離天空之城 竹田城跡最近的公路休息站

☎079-676-5121
🕐8:30～20:00(餐廳為11:00～19:30LO) 休無休 🏠兵庫縣朝來市山東町大月92-6 🚗北近畿豐岡自動車道山東PA內 Ｐ免費

公路休息站 フレッシュあさご
播但連絡道路　朝來市　みちのえきフレッシュあさご

MAP附錄 3C-2

播但連絡道路上的現代風格休息站

☎079-670-4120
🕐8:40～20:00(餐廳為9:00～19:25) 休無休 🏠兵庫縣朝來市岩津96 🚗播但連絡道路生野北IC往和田山IC方向車程1.5km Ｐ免費

公路休息站 あさご
國道 312　朝來市　みちのえきあさご

MAP附錄 3C-2

能參觀木工藝品的製作過程

☎079-678-0808
🕐8:00～18:00(餐飲處為9:30～15:45) 休無休 🏠兵庫縣朝來市多々良木牧野213-1 🚗播但連絡道路朝來IC經國道312號往豐岡方向車程4km

公路休息站 神鍋高原
國道 482　豐岡市　みちのえきかんなべこうげん

MAP附錄 19C-1

於神鍋火山群環繞的溫泉療癒身心

☎0796-45-1331
🕐9:00～18:00(有季節性變動) 休無休 🏠兵庫縣豐岡市日高町栗栖野59-13 🚗北近畿豐岡自動車道日高神鍋高原IC經國道482號往村岡方向車程13km

公路休息站 舟屋の里 伊根
府道 622　伊根町　みちのえきふなやのさといね

MAP附錄 17C-1

舟屋櫛次鱗比的伊根灣一覽無遺

☎0772-32-0680
🕐9:00～17:00(冬季有變動) 休無休 🏠京都府伊根町龜島459 🚗山陰近畿自動車道与謝天橋立IC經國道178號往伊根方向車程24km Ｐ免費

公路休息站 シルクのまち かや
國道 176　與謝野町　みちのえきシルクのまちかや

MAP附錄 5B-4

販售當地蔬菜及特產絲織品、食品

☎0772-43-9016
🕐9:00～15:00(週六日～17:00) 休週三 🏠京都府与謝野町字滝98 🚗山陰近畿自動車道与謝天橋立IC經國道176號往福知山方向車程9km Ｐ免費

公路休息站 丹後王国「美食之都」
府道 53　京丹後市　みちのえきたんごおうこくしょくのみやこ

MAP附錄 5A-2

樂享「海之京都」自豪的美食文化

☎0772-65-4193
🕐9:00～22:00(※視店鋪而異) 休視店鋪而異 🏠京都府京丹後市弥栄町鳥取123 🚗山陰近畿自動車道京丹後大宮IC經國道312號・府道17號往網野方向車程約15km Ｐ免費

公路休息站 くみはまSANKAIKAN
國道 178　京丹後市　みちのえきくみはまサンカイカン

MAP附錄 18E-4

久美濱的新鮮美味琳琅滿目

☎0772-83-2000
🕐8:00～18:00 休無休 🏠京都府京丹後市久美浜町浦明1709 🚗山陰近畿自動車道与謝天橋立IC經國道312・178號往久美濱方向車程35km Ｐ免費

公路休息站 てんきてんき丹後
國道 178　京丹後市　みちのえきてんきてんきたんご

MAP附錄 17A-1

可以盡情感受丹後魅力的情報站

☎0772-75-2525
🕐9:00～18:00(餐廳有季節性變動) 休第2、4週二 🏠京都府京丹後市丹後町竹野313-1 🚗山陰近畿自動車道京丹後大宮IC經國道312・482號往丹後松島方向車程20km Ｐ免費

公路休息站 舞鶴港 海鮮市場
國道 175　舞鶴市　みちのえきまいづるこうとれとれセンター

MAP附錄 16D-4

將舞鶴的新鮮海產與蔬菜等好料買回家

☎0773-75-6125
🕐9:00～18:00(餐廳為10:00～19:00) 休週三(視設施而異) 🏠京都府舞鶴市下福井905 🚗舞鶴若狹自動車道舞鶴西IC經國道27號・175號往宮津方向車程7km Ｐ免費

公路休息站 農匠の郷やくの
國道 9　福知山市　みちのえきのうしょうのさとやくの

MAP附錄 6F-4

具備住宿設施與溫泉等

☎0773-38-0000(久野高原溫泉)
🕐視設施而異(溫泉為12:00～22:00) 休週三(逢假日則翌日休) 🏠京都府福知山市夜久野町平野2150 🚗北近畿豐岡自動車道山東IC往福知山方向車程15km Ｐ免費

旅途中想順道去泡泡

不住宿溫泉

新溫泉町　Refresh Park Yumura
MAP附錄 19A-1

設有用心打造的7種健康浴池和露天浴池、能穿泳裝泡湯的5種露天浴池。

🚌 JR濱坂站搭町民巴士夢つばめ25分，湯村溫泉站下車，步行3分

🚗 距北近畿豐岡自動車道八鹿氷ノ山IC約35km

湯村溫泉
泉質 碳酸氫鈉泉、硫酸鹽氯化物泉
📞 0796-92-2002
💰 1100日圓　🕙 10:00～19:00
🏠 兵庫縣新溫泉町湯1371　♨ 男女各別室內溫泉、男女各別露天浴池、需著泳裝露天浴池區、低溫三溫暖、溫泉水柱、寢湯、氣泡湯、水柱按摩池　🚫 週四（逢假日則營業，春、暑、寒假無休）　🅿 免費　🍴 不可　🏨 不可

新溫泉町　ユートピア浜坂
MAP附錄 11A-2
● ユートピアはまさか

具有設備氣泡浴池及水柱按摩池等功能性浴池的室內溫泉，為您消除疲勞。

🚌 JR濱坂站步行10分

🚗 距北近畿豐岡自動車道八鹿氷ノ山IC約49km

濱坂溫泉
泉質 氯化鈉泉、氯化鈣泉
📞 0796-82-5080
💰 300日圓　🕙 10:00～21:30
🏠 兵庫縣新溫泉町浜坂1352-1　♨ 男女各別室內溫泉、水柱按摩池、氣泡湯、超音波氣泡池　🚫 週四（逢假日則翌日休）　🅿 免費　🍴 無　🏨 不可

豐岡市　たんたん溫泉 福寿の湯
MAP附錄 6F-2
● たんたんおんせんふくじゅのゆ

有能眺望山景的石砌露天浴池與大梁展現出豪放感的室內溫泉，皆享開闊景觀。

🚌 JR豐岡站搭全但巴士30分，到出石站轉乘往奧藤的巴士30分，中山站下車，步行30分

🚗 距山陰近畿自動車道与謝天橋立IC約17km

但丹溫泉
泉質 單純弱放射性泉
📞 0796-56-1511
💰 600日圓　🕙 11:00～22:00（週六日、假日為10:00~）
🏠 兵庫縣豐岡市但東町坂野470　♨ 男女各別室內溫泉、男女各別露天浴池、三溫暖　🚫 週二（逢假日則營業）　🅿 免費　🍴 有　🏨 不可

豐岡市　シルク溫泉やまびこ
MAP附錄 6F-3
● シルクおんせんやまびこ

從地下1100m古代花崗岩中湧出的溫泉以美肌著稱，設有具備水車的露天浴池和2種源泉浴池等。

🚌 JR豐岡站搭全但巴士30分，到出石站轉乘往奧藤的巴士16分，出合站下車，轉搭enacar河野邊線5分，正法寺站下車，步行5分

🚗 距山陰近畿自動車道与謝天橋立IC約27km

絲綢溫泉
泉質 碳酸氫鈉泉、氯化物泉
📞 0796-54-0141
💰 600日圓　🕙 6:00～22:00（第3週三為17:00~，1、2月為7:00~）
🏠 兵庫縣豐岡市但東町正法寺165　♨ 男女各別室內溫泉、男女各別露天浴池、乾式三溫暖、溫泉瀑布、溫泉水柱、寢湯、源泉浴池　🚫 第3週三的6:00~17:00（逢假日則翌日休）　🅿 免費　🍴 有　🏨 不可

香美町　かすみ・矢田川溫泉
MAP附錄 10F-3
● かすみ・やだがわおんせん

鄰近觀光景點便於順道泡湯，有附設三溫暖的室內溫泉及高雅的露天浴池。

🚌 JR香住站搭香美町民巴士6分，矢田川溫泉站下車即到

🚗 距北近畿豐岡自動車道八鹿氷ノ山IC約46km

香住矢田川溫泉
泉質 氯化鈉泉、氯化鈣泉、硫酸鹽泉
📞 0796-37-1126
💰 620日圓　🕙 10:00～20:30
🏠 兵庫縣香美町香住区三谷754　♨ 男女各別室內溫泉、男女各別露天浴池、遠紅外線三溫暖、溫泉水柱、水柱按摩池　🚫 週三（逢假日則翌日休）　🅿 免費　🍴 無　🏨 不可

新溫泉町　七釜溫泉ゆ～らく館
MAP附錄 11B-3
● しちかまおんせんゆ～らくかん

100%源泉放流的溫泉，因其不易冷卻的泉質又有"不再需要暖爐的溫泉"之暱稱。

🚌 JR濱坂站搭町民巴士11分，七釜溫泉站下車，步行3分

🚗 距北近畿豐岡自動車道八鹿氷ノ山IC約50km

七釜溫泉
泉質 硫酸鈉、硫酸鈣高溫溫泉
📞 0796-83-1526
🕙 9:00～21:15
🏠 兵庫縣新溫泉町七釜524　♨ 男女各別室內溫泉、男女各別露天浴池、大釜浴池、多功能浴池、足湯　🚫 第1、3週三（逢假日則週週三休）　🅿 免費　🍴 無　🏨 不可

💰 500日圓

豐岡市　竹野溫泉北前館 誕生の湯
MAP附錄 8D-1
● たけのおんせんきたまえかんたんじょうのゆ

面朝竹野海岸而建，可從浴場遠眺日本海。還備有露天浴池及三溫暖、餐廳。

🚌 JR竹野站搭市營巴士5分，竹野站下車即到

🚗 距北近畿豐岡自動車道日高神鍋高原IC約35km

竹野溫泉
泉質 氯化鈉泉、氯化鈣泉
📞 0796-47-2020
💰 600日圓　🕙 9:00～21:00（7・8月及11~翌年3月為~22:00）
🏠 兵庫縣豐岡市竹野町竹野50-12　♨ 男女各別室內溫泉、三溫暖、男女各別露天浴池　🚫 週四（逢假日則營業，7、8月無休）　🅿 免費　🍴 有　🏨 不可

豐岡市　出石溫泉館 乙女の湯
MAP附錄 6E-3
● いずしおんせんかんおとめのゆ

建於能俯瞰田渕川的丘陵地，具備大浴場和露天浴池，飽含碳酸氫鈉的溫泉有美肌功效。

🚌 JR豐岡站搭全但巴士30分，出石營業所站下車，搭計程車5分

🚗 距北近畿豐岡自動車道八鹿氷ノ山IC約16km

出石溫泉
泉質 碳酸氫鈉泉
📞 0796-52-2778
💰 500日圓　🕙 10:00～21:30
🏠 兵庫縣豐岡市出石町福住882　♨ 男女各別室內溫泉、男女各別露天浴池　🚫 第2週三（逢假日則翌日休）　🅿 免費　🍴 有　🏨 不可

京丹後市
丹後溫泉 はしうど荘
●たんごおんせんはしうどそう

公共住宿設施內的溫泉,正面能飽覽雄偉奇岩的浴場備受好評。

🚌 京都丹後鐵道網野站搭丹海巴士30分,丹後庁舍前站下車即到(有從網野站出發的接送服務,預約制)

🚗 距山陰近畿自動車道丹後大宮IC約27km

丹後溫泉
泉質 硫酸鈉泉·硫酸鈣泉
📞 0772-75-2212
💴 500日圓 🕐 16:00~21:30(週六日、假日、暑假期間為11:00~)
📍 京都府京丹後市丹後町間人632-1
🛁 男女各別室內溫泉、男女各別露天浴池、三溫暖 休 第2、4週二(暑假期間無休) Ｐ免費 🍴有(需預約) 宿可

京丹後市
淺茂川溫泉 静の里
●あさぎかわおんせんしずかのさと

建在能瞭望淺茂川漁港的高處,得以從露天岩石浴池欣賞日本海。還有源泉浴槽和溫水游泳池等。

🚌 京都丹後鐵道網野站搭丹海巴士11分,淺茂川溫泉静の里站下車即到

🚗 距山陰近畿自動車道京丹後大宮IC約22km

淺茂川溫泉
泉質 鹼性單純泉
📞 0772-72-4126
💴 600日圓、溫水游泳池400日圓
🕐 10:00~21:30 📍 京都府京丹後市網野町淺茂川1449 🛁 男女各別室內溫泉、男女各別露天浴池、遠紅外線三溫暖、寢湯、溫泉水柱、氣泡湯 休 週二(逢假日則翌日休) Ｐ免費 🍴有 宿不可

朝來市
黑川溫泉 美人の湯
●くろかわおんせんびじんのゆ

散發出秘湯風情氣氛沉穩的溫泉,能從露天浴池遠眺黑川水壩。

🚗 距北近畿豐岡自動車道青垣IC約17km

黑川溫泉
泉質 鹼性單純泉
📞 079-679-2067
💴 600日圓
🕐 11:00~19:00(10~翌年4月為~18:30)
📍 兵庫縣朝來市生野町黑川457-1
🛁 男女各別室內溫泉、男女各別露天浴池 休 週三(逢假日則營業) Ｐ免費 🍴有 宿不可

香美町
村岡溫泉
●むらおかおんせん

雖然是只有小型室內溫泉的設施,但可欣賞窗外一片庭園與蔥鬱山林。

🚌 JR八鹿站搭全但巴士50分,鹿田站下車,步行3分

🚗 距北近畿豐岡自動車道八鹿氷ノ山IC約25km

村岡溫泉
泉質 弱鹼性單純泉
📞 0796-98-1517
💴 500日圓
🕐 10:00~22:00(1~3月為~21:00)
📍 兵庫縣香美町村岡區鹿田51
🛁 男女各別室內溫泉 休 無休
🍴無 宿不可

宮津市
天橋立溫泉 智恵の湯
●あまのはしだておんせんちえのゆ

有將智慧之輪做成出水口的浴槽及手足湯、露天浴池等多種選擇。

🚌 京都丹後鐵道天橋立站即到

🚗 距京都縱貫自動車道宮津天橋立IC約5km

天橋立溫泉
泉質 氯化鈉泉
📞 0772-22-1515
💴 700日圓(京都丹後鐵道的乘客為600日圓) 🕐 12:00~21:00
📍 京都府宮津市文珠640-73 🛁 男女各別室內溫泉、男女換場制露天浴池、手足湯 休 週三(逢假日則翌日休) 🍴無 宿不可

京丹後市
外湯 花ゆうみ
●そとゆはなゆうみ

設有寬闊的大浴場、有著悦耳瀑布聲的露天浴池等,能感受自然微風與光線的溫泉。

🚌 京都丹後鐵道夕日浦木津溫泉站搭計程車5分

🚗 距山陰近畿自動車道京丹後大宮IC約25km

橘之鄉 上野溫泉
泉質 單純泉
📞 0772-74-1306
💴 700日圓 🕐 10:00~21:15
📍 京都府京丹後市網野町濱詰256-1 🛁 男女各別室內溫泉、男女各別露天浴池、遠紅外線三溫暖、水柱按摩池、寢湯 休 週四(黃金週及8、11~3月無休) Ｐ免費 🍴有 宿不可

養父市
但馬楽座
●たじまらくざ

兼具公路休息站與旅館的溫泉設施,水量豐沛的浴場非常舒適,也適合兜風途中來泡泡。

🚌 JR和田山站搭全但巴士25分,上野站下車,步行3分

🚗 距北近畿豐岡自動車道養父IC約4km

養父溫泉
泉質 弱鹼性單純泉
📞 079-664-1000
💴 500日圓
🕐 8:00~21:30
📍 兵庫縣養父市上野299
🛁 男女各別室內溫泉、遠紅外線三溫暖、水柱按摩池 休 無休 Ｐ免費
🍴有 宿可

香美町
ふれあい溫泉おじろん
●ふれあいおんせんおじろん

由有兵庫屋頂之稱的扇之山、冰之山所環抱,座落於翠綠美景中的溫泉。

🚌 JR八鹿站搭全但巴士1小時,小代地域局前站下車,步行5分

🚗 距北近畿豐岡自動車道八鹿氷ノ山IC約34km

小代溫泉
泉質 單純溫泉
📞 0796-97-3232
💴 500日圓
🕐 10:00~20:30
📍 兵庫縣香美町小代區大谷510-1
🛁 男女各別室內溫泉、男女各別露天浴池、三溫暖、溫泉水柱、寢湯 休 週一
Ｐ免費 🍴有 宿不可

與謝野町
天橋立岩滝溫泉 クアハウス岩滝
●あまのはしだていわたおんせんクアハウスいわたき

具備各式各樣浴池、需著泳裝的泡湯區深受歡迎,也可以租借泳裝。

🚌 京都丹後鐵道天橋立站搭丹海巴士12分,東町站下車,步行5分

🚗 距山陰近畿自動車道与謝天橋立IC約5km

天橋立岩瀧溫泉
泉質 硫酸鈉泉、氯化物泉
📞 0772-46-3500 💴 全館1200日圓、泡湯區800日圓、浴池500日圓 🕐 10:00~21:30(泡湯區至21:00) 📍 京都府与謝郡与謝野町字弓木470 🛁 男女各別室內溫泉、需著泳裝泡湯區(遠紅外線三溫暖、微霧三溫暖、溫泉水柱、寢湯、氣泡湯、按摩浴池、芳療浴、礦石浴) 休 週四(逢假日則翌日休) Ｐ免費 🍴有 宿不可

京丹後市
宇川溫泉よし野の里
●うかわおんせんよしののさと

浴場有天然木打造的室內溫泉及能欣賞竹林的優雅露天浴池等,呈現極具設計感的別緻空間。

🚌 京都丹後鐵道峰山站搭丹海巴士1小時,宇川溫泉よし野の里站下車即到

🚗 距山陰近畿自動車道丹後大宮IC約35km

丹後松島溫泉
泉質 鹼性單純泉
📞 0772-76-1000
💴 600日圓 🕐 11:00~20:30
📍 京都府京丹後市丹後町久僧1562 🛁 男女各別室內溫泉、男女各別露天浴池、遠紅外線三溫暖、水柱按摩池、熱湯、溫湯、氣泡湯、露天水池 休 週四(逢假日則營業) Ｐ免費 🍴有 宿不可

京丹後市
弥栄あしぎぬ溫泉
●やさかあしぎぬおんせん

可從露天浴池飽覽彌榮平原,室內溫泉的獨立浴槽也能多元令人開心。

🚌 京都丹後鐵道網野站搭丹海巴士15分,あしぎぬ溫泉前站下車即到

🚗 距山陰近畿自動車道丹後大宮IC約17km

弥栄あしぎぬ溫泉
泉質 硫酸鈉泉、硫酸鈣泉
📞 0772-65-2000
💴 600日圓 🕐 10:00~21:30
📍 京都府京丹後市弥栄町木津548 🛁 男女各別室內溫泉、男女各別露天浴池、乾式三溫暖、溫泉水柱、寢湯、氣泡湯、蒸氣浴、按摩浴池 休 週三(假日、8月無休) Ｐ免費 🍴有 宿不可

香美町
ハチ北溫泉 湯治の郷
●はちきたおんせんとうじのさと

佇立於鉢北高原旅館街的外湯,建築與周遭自然相輝映的和風令人印象深刻。

🚗 距北近畿豐岡自動車道八鹿氷ノ山IC約22km

鉢北溫泉
泉質 單純弱放射性泉
📞 0796-96-1666
💴 620日圓 🕐 12~翌年4月的11:00~20:00
📍 兵庫縣香美町村岡區大笹129-1
🛁 男女各別室內溫泉
休 開放期間無休
Ｐ免費 🍴有 宿不可

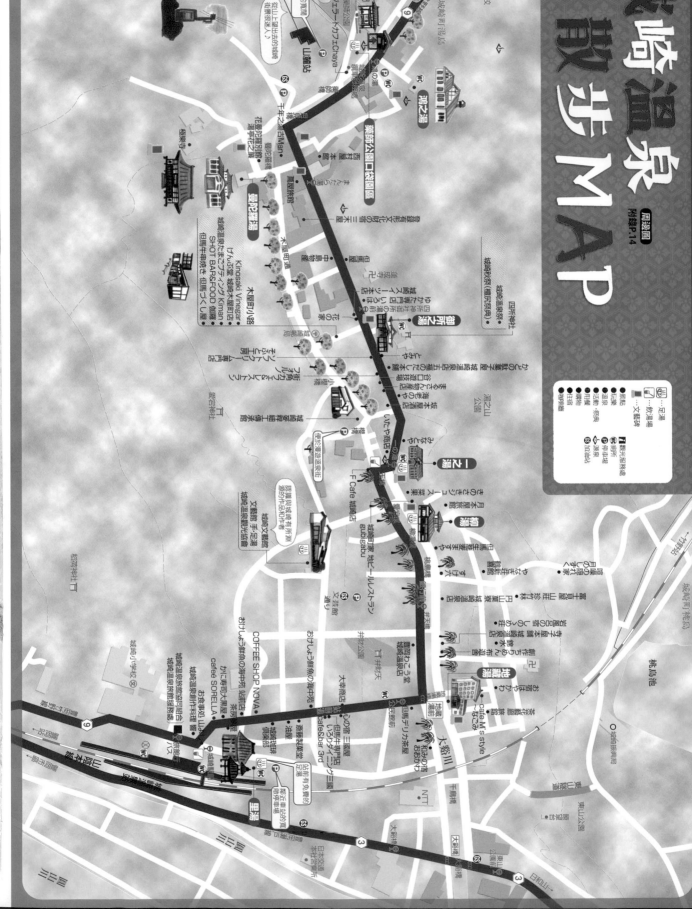

CONTENTS①

哈日情報誌
MAPPLE 城崎・天橋立 竹田城跡

可以拆下使用
特別附錄
城崎・天橋立
兜風自駕
詳細MAP

10 坐擁壯闊全景的日本三景 天橋立

三大熱門區域

40 雲海上的天空之城遺址 竹田城跡

46 西日本屈指的人氣溫泉街 城崎溫泉

請仔細閱讀下列事項

■本書刊載的內容是2017年1月～5月所採訪、調查時的資訊。

本書出版後，餐飲店菜單和商品內容、費用等各種刊載資訊可能有所變動，也可能因季節性的變動或臨時公休等因素而無法利用，或是因消費稅的調整而使各項費用有可能變動，因此會有部分設施的費用以未稅價標示，消費之前請務必事先確認。此外，因本書刊載內容所造成的紛爭和損害等，敝公司無法提供補償，請在確認此點之後再行購買。

■各項資訊以下列規則刊載。

☎…電話號碼／本書標示的各設施的洽詢用號碼，需留意可能與實際設施的號碼不同，且基本上使用的語言為日文，撥打時可能採國際電話費用計費。

⏰…營業時間・開館時間／營業時間、開館時間的標示為可實際入內的時間。餐飲店為開店到最後點餐時間、各種設施則是開館到可入館的最後時間。

🗓…公休日／原則上只標示公休日，過年期間及黃金週、盂蘭盆節、臨時公休等不予標示。

🪑…座位數 標示各店家包含吧檯座在內的所有座位數。

💴…費用・價格

●各種設施的使用費基本上為1位成人的費用。

●住宿費用標示為該住宿一般客房的費用，若有餐則代表2名1室時的1人份費用。雖然標示上為包含服務費、消費稅的費用，但金額會視季節或平日假日、房型等不同因素而有所差異，預約時請務必加確認，有時也會加收泡湯稅、泡湯費。

🚃…交通方式／原則上標示出從最近車站出發的交通方式。所需時間為參考值，有可能因季節或天候、交通營運狀況等而更動。

🅿…停車場／標示有無停車場，若有會標示為「收費」或「免費」，若無則標示為「無」。

🚇…景點 🎡…玩樂 🍴…用餐 ☕…咖啡廳 ♨…溫泉 🛍…購物

 地圖符號範例 ●景點 ●玩樂 ●用餐 ●咖啡廳 ●溫泉 ●購物 ●住宿 ●活動・祭典

高效率 一目瞭然！北近畿 熱門區域 指南

悠閒漫步在 柳葉搖曳

↑泡完溫泉後一定要吃甜點！

蘊含山林大海的恩惠、全年吸引許多觀光客造訪的京都府與兵庫縣的北部。夏天可享海水浴及兜風，冬天有松葉蟹等，一年四季樂趣無窮！

↑在擁有但馬小京都之美稱的出石城下町散步

↑傘松公園的吉祥物Kasabou

天橋立 P.10
●あまのはしだて

天橋立區域由大自然斧鑿出的天然美景震懾人心，可以透過散步或騎自行車橫渡、從船上眺望、自瞭望台俯瞰等方式，從各種角度來感受天橋立，日本海的美味也很值得一嘗。

因日本三景的美景和求姻緣的皇京點而遠近馳名

↑白砂青松與湛藍海洋非常優美，讓人百看不厭

↑天橋立神社及真名井神社等能量景點也很受歡迎

↑天橋立View Land的吉祥物View、Lan

從城崎溫泉稍微走遠一些 P.68 P.72
出石・豐岡

在城下町品嘗的傳統美食和復古氛圍深具魅力的城鎮

出石是保有江戶時代風情的城下町，能漫步在棋盤式的街道間、品嘗著名的出石蕎麥麵。以東方白鶴之城而聞名的豐岡，近年來也以包包和點心吸引大批人潮。

↑豐岡是包包的產地

來豐岡可以去看看列為特別天然紀念物的東方白鶴

從天橋立稍微走遠一些
舞鶴・丹後半島 P.25
●まいづる・たんごはんとう

鳴砂加上舟屋…盡情享受日本海特有的絕景與美食

伊根有舟屋和琴引濱等許多日本海才看得到的稀奇景點，而曾以軍港發展起來的舞鶴則務必參觀其厚實的磚造建築。品牌螃蟹與新鮮海產美食也不容錯過！

↑約有230間舟屋排排站的伊根風景

↑盛上多種當令海鮮的名菜

旅遊基礎 Q&A

Q 住幾晚為佳？
A 由於觀光景點雲集，區域不大，移動上不若想著住超過2晚，只玩2天1夜也OK。若要住超過2晚，可將住宿區域從溫泉街改成山間等地也不錯。

Q 住宿上的推薦區域是？
A 選擇住溫泉區的話還是以著名的城崎溫泉最具代表性，若想感受秘湯湯般的氣息可以走進，些到位於山區的湯村溫泉。如果想沉浸於夢幻氛圍則推薦飄浮雲海上的竹田城跡下町。

Q 前往各區域的交通方式該怎麼辦？
A 由於區域內的觀光名勝都散布在步行範圍，比起自駕更推薦活用大眾交通工具。1天就買購買優惠票券還能省下1筆錢！如果玩，無論電車或巴士則能自由搭乘。連住多天則買幸福通票較方便。如果是從遠方來訪，由於沒有直達城崎、天橋立的交通工具，可先到京都或大阪再由此前往目的地。

Q 有什麼好吃的？
A 面海的丹後，但馬地區有松葉蟹以及岩牡蠣、寒鰤魚等五花八門的新鮮海產，而在內陸地區還有豬肉和山菜、松茸等豐富的山珍，也千萬別忘了高級品的但馬牛和在地美食出石蕎麥麵。

旅遊的味覺行事曆

12月	1月	2月	3月	4月	5月	6月	7月	8月	9月	10月	11月
松葉蟹・間人蟹(濱坂・京都丹後)										松葉蟹・間人蟹(濱坂・京都丹後)	
		赤鯥(香住)									
豬肉(丹波・篠山)							豬肉(丹波・篠山)				
			日本鳥尾蛤(久美濱・宮津・舞鶴)					黑豆(丹波・篠山)			
	山菜(丹波・篠山)							山菜(丹波・篠山)			
				岩牡蠣(舞鶴)							
蟹火鍋(濱坂)											
				花枝(香住)				松茸(丹波・篠山)			
寒鰤魚(香住)				蝦(香住)				蝦(香住)			
			但馬牛(但馬)								
野山藥(丹波・篠山)							野山藥(丹波・篠山)				
出石蕎麥麵(出石)				半帶水珍魚(香住)				出石蕎麥麵(出石)			

↑以「山陰海岸地質公園」而享譽盛名的但馬海岸

城崎溫泉

● きのさきおんせん

P.46

日 本數一數二的熱門溫泉街，能泡遍7間公共浴場的「外湯巡遊」十分出名，穿著浴衣的人群來往於柳樹林立的河岸步道。美食、購物、歷史漫步再加上懷舊的遊樂場所，樂趣無窮。

↑香住和濱坂以品牌螃蟹的聖地而出名

↑但馬牛的絕品漢堡
↑必吃海鮮蓋飯及螃蟹等美味海產！

↑換上浴衣來享受一趟饒富韻味的遊街趣

從城崎溫泉稍微走遠一些
但馬海岸·湯村溫泉

P.64 P.76

擁有松葉蟹等海產以及溫泉熱氣的鄉里

由日本海的大浪雕塑出優美曲線的但馬海岸，坐擁柴山和香住、濱坂等可捕撈松葉蟹的港口，冬季能品嘗到產地特有的螃蟹料理。湯村溫泉則座落於山林間，以秘湯般的氛圍享有高人氣。

↑流經湯村溫泉中心的春來川沿岸風景

約1小時15分（約48km）
約1小時30分

日本海 間人

天橋立

城崎溫泉

★伊根
約40分（約23km）

約1小時（約30km）
約40分

舞鶴

約40分（約22km）
約1小時（約39km）

出石

走高速道路 約1小時40分（約86km）

約1小時15分（約54km）

約50分（約32km）

美山

來去看看能一望夢幻絕景的天空之城♪

竹田城跡

走高速道路 約1小時（約60km）

篠山

城崎·天橋立就在這一帶！

↑所需時間為約略值，可能因行駛路線而有所差異。

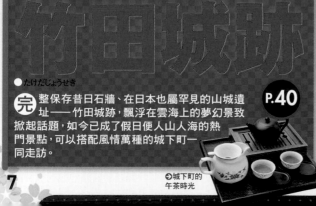

竹田城跡

● たけだじょうせき

P.40

完 整保存昔日石牆、在日本也屬罕見的山城遺址──竹田城跡，飄浮在雲海上的夢幻景致掀起話題，如今已成了假日便人山人海的熱門景點，可以搭配風情萬種的城下町一同走訪。

↑城下町的午茶時光

● ささやま·みやま

P.99

豬肉和山菜等美味山珍茅草屋、城下町等地的街景深具魅力

在擁有老故事般風景的茅草屋鄉里──美山，能盡享山村獨有的悠閒氣息；在以豬肉等山林美食聞名的城下町──篠山，則能造訪將古民宅改建而成的精美藝廊及餐飲店。

↑當地人的溫馨款待也令人窩心的美山

↑留有篠山城及武家屋敷遺跡等江戶時代風情的篠山

北近畿的 最新出遊 NEWS

先做功課讓旅行更好玩！

好好做功課再出發！

在挑選來到遼闊的北近畿想做的事和想去的地方時，可以參考最新資訊。以下介紹現在最受矚目的活動及設施、景點等城崎・天橋立區域的第一手消息。

NEWS 1　2017年6月

「暢遊近畿的北邊・北近畿！」特別活動開跑！

日本也非常罕見連結JR與地方鐵路的觀光列車登場

「暢遊近畿的北邊，北近畿！」是從2017年起的3年期間，推動聚焦於近畿北部的「風景」、「美食」、「人」的旅遊方案。活動舉辦期間伴隨著JR與京都丹後鐵道共同推出的觀光列車「周遊北近畿」，預計帶來各式各樣能更深入感受各區域魅力的觀光體驗（搭乘周遊北近畿需購買專用的旅行商品）。2018年度舉辦至11月30日截止，詳情請見活動專用的官方網站。

洽詢 📞0773-22-4303（JR西日本 福知山支社）
主辦單位 JR西日本福知山支社、WILLER TRAINS、京都府 中丹廣域振興局、丹後廣域振興局、兵庫縣但馬縣民局、日本旅行
HP http://trains.willer.co.jp/news/jr-tantetsu/

預計推出這些精彩方案

↑近畿最古老的小劇場——永樂館的後台導覽（兵庫縣豐岡市）

↑評比品嘗但馬牛的稀少部位（兵庫縣香美町）

※照片僅供參考

NEWS 3

來列入日本遺產的 歷史老城 走一走吧！

曾為日本近代化帶來重大貢獻的港都「舞鶴鎮守府」，與300年來為傳統絲織品一大產地的「丹後縐綢迴廊」，分別於2016年4月和2017年4月列入日本遺產。可以連同天橋立等北近畿著名的觀光名勝，將行程拉遠一些來這裡走走。

洽詢 舞鶴鎮守府
📞0773-66-1024（舞鶴市 觀光商業課）
丹後縐綢迴廊
📞075-414-4181
（京都府 文化運動部 文化運動總務課）

↑關靜的農漁村集結了當時的尖端技術，進而發展成軍港城市的舞鶴鎮守府（照片為紅磚倉庫群）

↑丹後縐綢迴廊還留有機房和商家、織物工廠的街景（照片為與謝野町的縐綢街道）

NEWS 2

京都縱貫自動車道全線開通「海之京都」萬眾矚目！

2015年丹後IC～京丹波わちIC路段通車後全線開通的京都縱貫自動車道，使遊客前往京都府的宮津、伊根、京丹後、舞鶴、與謝野、福知山、綾部等北部區域的觀光景點變得更加方便，觀光人潮也跟著竄升。不妨來趟「海之京都」兜風之旅，暢遊由日本海和歷史街道、文化所交織成的明媚風光。

↑緊貼著海邊興建而成的伊根舟屋群

必遊日本三景天橋立！

NEWS5 北近畿力推！來看看 話題的在地美食！

來到北近畿一定要吃吃看「宮津咖哩炒麵」、「舞鶴馬鈴薯燉肉」、「天橋立海鮮蓋飯」這三樣當地美食，每一道都是活用在地特有的食材及食譜，能吃到各家店獨具特色的風味，到各區域觀光時即可順道一飽口福。

舞鶴馬鈴薯燉肉

↑重現昔日海軍馬鈴薯燉肉風味的Bell cafe元祖馬鈴薯燉肉午餐（→P.27）

宮津咖哩炒麵

↑カフェ・レスト絵梨奈的咖哩炒湯麵700日圓（→P.36）

天橋立海鮮蓋飯

↑擺滿五顏六色食材的橋立大丸 本店的海鮮蓋飯（→P.19、81）

日本最長的半水面洞窟「愛的洞窟」

NEWS4 丹後海洋的絕景景點 高人氣的「愛的洞窟」！

位在丹後半島犬岬的「青色洞窟」及「愛的洞窟」，是能欣賞有丹後義大利美稱之海洋絕景的地方，尤其因「愛的洞窟」入口的一部份呈愛心形，深獲情侶及夫妻觀光客的歡迎。當地的溫泉旅館「海辺のうまし宿 と卜屋」（→ P.94）還提供能夠探險這些洞窟、飽嘗海鮮美食的旅遊方案，不妨來試試吧。

大人氣！推薦兜風自駕順道去逛逛！2大公路休息站

城崎・天橋立區域周邊有多個公路休息站，其中規模龐大、彙集多元設施而備受歡迎的是丹後王國「美食之都」和舞鶴港海鮮市場。若來到這附近務必順道來看看。

集結丹後飲食文化的西日本最大級公路休息站
公路休息站 丹後王國「美食之都」
●みちのえきたんごおうくしょくのみやこ

占地廣約8個甲子園球場，其寬廣程度在公路休息站中屬西日本最大規模。備有新鮮的當地蔬菜及海產雲集的市集區，可一嘗丹後食材的餐廳，提供多元的美饌享受，更具備能貼近大自然和動物的體驗活動及體育器材等遊樂設施、住宿設施。

☎0772-65-4193 MAP附錄 5A-2
⏰9:00～22:00（視店鋪而異）
休視店鋪而異
京都府京丹後市弥栄町鳥取123
山陰近畿自動車道京丹後大宮 IC經國道312號・府道17號往網野方向車程約15km
P免費

伴手禮也很豐富！

↑瓶身圖案頗可愛的丹後標籤啤酒（宴享用小紙盒，1罐330ml）540日圓（含稅）

↑七種口味的一口羊羹，七姬羊羹（7個裝）1080日圓（含稅）

↑以宛如主題樂園般的大門迎接遊客

↑午餐推薦「レストラン七姬殿」的海鮮蓋飯1580日圓（含稅）

↑滑草（20分200日圓）和卡丁車（1圈500日圓）很受家庭遊客喜愛

舞鶴大自然孕育出的山珍海味齊聚一堂
公路休息站 舞鶴港 海鮮市場
●みちのえきまいづるこうとれセンター

伴手禮就買海產！

休息站內設有日本海側規模最大的海鮮市場，店家為漁獲量高居京都府第一的漁協鮮魚批發商，能以合理的價格買到鮮度一流且種類多元的海產，請師傅在面前料理海產、當場享用烤海鮮和生魚片的服務也好評如潮。也別忘了專賣舞鶴產蔬菜的農夫市集。

↑可用實惠的價格買到舞鶴產的新鮮海產

↑寒冷時節的首推伴手禮就是冬季的美味之王——松葉蟹（時價）

↑養殖到又大又肥滿的初夏岩牡蠣（時價）風味濃郁

↑一整年都擠滿了為日本海新鮮水產而來的人群

☎0773-75-6125 MAP附錄 16D-4
⏰9:00～18:00（餐廳為10:00～19:00）
休週三（視設施而異）京都府舞鶴市下福井905
舞鶴若狭自動車道舞鶴西IC經國道27・175號往宮津方向車程7km P免費

天橋立

あまのはしだて

經過將近一萬年的歲月，由大自然雕塑出遼闊絕景的天橋立。
以能量景點而擁有高人氣的神秘風景、
聚集於周邊的觀光名勝和著名美食，
就讓我們來去盡情享受吧。

就是這樣的地方！

1 由自然現象而生的 跨海大橋 天橋立

起因於1萬5000年前上升至海面而引起變動，約在8000年前於現在的地點開始形成沙洲。據傳沙洲約在5000年前浮現於陸地，再加上從野田川與外海灌入的沙粒堆積而成為如今的樣貌。

2 羅曼蒂克的 神話流傳至今

傳說天上的男神為了想前往地上祭祀的女神身邊、所架設的梯子倒了下來才成為天橋立。被喻為連結天上與人間、男與女之間愛的橋梁，天橋立也因這段佳話而變成了知名的締結良緣之地。

3 依觀賞地點會有 不同的風景

從不同地點會呈現出千變萬化風貌正是天橋立的最大魅力。俗稱「天橋立四大觀」能欣賞到著名景致的有4處地點，務必事先做功課。

【府中區域】
天橋立的北側區域，有歷史悠久可上溯至神話時代的元伊勢籠神社、作為西國28號札所的成相寺等深具淵源的文化財產散布於此。

天橋立海水浴場
美麗沙灘廣布，夏天吸引許多前來享受海水浴的人潮。
LINK→P.109

全長3.6km
約有8000棵松樹

趕快來去
海之京都的
人氣No.1景點！

迴旋橋
看點在於船隻通過時部分橋梁會90度旋轉。

**別漏看觀光列車！
丹後黑松號**
行駛於福知山～天橋立、豐岡～西舞鶴之間的京都丹後鐵路觀光列車。可以在車廂內享用午餐，還有設置舒適沙發座的丹後黑松號及丹後青松號等列車。 LINK→P.35
工業能設計師水戶岡銳治操刀設計，以優黃空間而深受歡迎的列車。

ACCESS

開車...
所需時間 單程3小時10分
名神高速道路·吹田IC
大山崎JCT 名神高速
綾部JCT 京都縱貫道
宮津天橋立IC 京都縱貫道
天橋立 9 176 2 約5.1km

電車
所需時間 2小時20分 單程4760日圓
JR大阪站
JR福知山站
天橋立

每個都想看！
天橋立四大觀

昇龍觀
しょうりゅうかん

又有斜一文字之稱的風景，以胯下觀景著稱

VIEW POINT 傘松公園

飛龍觀
ひりゅうかん

貌似龍飛上天的景致

VIEW POINT 天橋立View Land

一字觀
いちじかん

橫看就像一字般的景色

VIEW POINT 大內峠一字觀公園　MAP附錄 5B-3

雪舟觀
せっしゅうかん

因畫家雪舟曾繪成圖而聞名的景觀

VIEW POINT 天橋立雪舟觀展望休憩所　MAP附錄 5B-3

可以從這裡觀景
天橋立四大觀

昇龍觀
傘松公園 P.13、14
大內峠一字觀公園
一字觀
178
天橋立雪舟觀展望休憩所
天橋立站
雪舟觀
岩瀧口站
176
飛龍觀
天橋立View Land
P.12、14　宮津站
京都丹後鐵道

傘松公園
「從胯下」欣賞天橋立的起源地。
LINK→P.14

來試試「從胯下觀景」吧！

動人的遼闊全景！

天橋立神社
保佑戀情圓滿的能量景點，深受女性歡迎。
LINK→P.15

智恩寺
以賜予智慧著稱的寺院，是日本三文殊之一。
LINK→P.12

【文珠區域】
鄰近天橋立站的南側區域，有通往天橋立的迴旋橋、以賜予智慧的文殊菩薩而備受推崇的智恩寺，也有許多伴手禮店等。

天橋立View Land
位於文珠山山頂的遊樂園，是可從南邊眺望的觀景點。
LINK→P.14

有3種方法可以渡海

若想渡過天橋立，有步行、自行車、搭船3種方法。雖然步行約需花上50分鐘，但能在松樹林蔭道漫步、踏上沙灘也別具樂趣。自行車的話可以活用租借服務，所需約20分鐘。搭觀光船約需12分鐘即可渡海。
LINK→P.13

以水路直通舟屋小鎮
KAMOME6
往來天橋立～伊根之間的觀光船，航程約50分鐘。能在欣賞成排松樹及丹後半島、若狹灣等自然風光的同時，愜意地遊覽舟屋。

也想搭看看這艘船

☎0772-22-2164（丹後海陸交通）
🕐宮津棧橋9:50出發、天橋立棧橋10:00出發（2017年僅於11月5日前的週六日、假日行駛）　¥單程1500日圓、來回2700日圓　所京都府宮津市 天橋立棧橋・伊根　P無　→伊根為P.30

來挑戰投瓦片吧

踩著空中腳踏車就好像飛上天一樣

一生至少要看一次的景色♥

遊覽絕景＆名勝的最佳路線

1日 天橋立黃金旅遊方案

一路延伸的天橋立長度約3.6km，
其兩端設有必遊景點。
能夠順路走訪天橋立經典觀光景點的
推薦1日行程盡在這裡。

行程路線

所需時間	①	②	③	④	⑤
京都丹後鐵道 天橋立站	天橋立View Land（約1小時）	智恩寺（約30分）	天橋立（約20分）	はしだて茶屋（約30分）	傘松公園（約1小時）

步行5分 → 登山吊椅·單軌電車搭乘處步行10分 → 步行5分（至迴旋橋附近）→ 步行5分 → 步行40分＋纜車5分

所需時間 約4小時30分

1 來天橋立View Land 欣賞飛龍觀

從這裡 START

LINK→P.14

從京都丹後鐵道天橋立站步行5分的地方設有登山
吊椅及單軌電車的車站，能通往位在文珠山山頂的
天橋立 View Land，不妨擇一搭乘入園，從瞭望點
欣賞絕美的「飛龍觀」。推薦您參觀後可到遊樂園
玩耍，或在觀景餐廳稍作休息。

天橋立MAP

GOAL

⑤傘松公園

成相寺

五重塔

真名井神社

纜車·登山吊椅搭乘處

元伊勢籠神社

天橋立觀光船一之宮棧橋

天橋立觀光船

178

阿蘇海

暮光鐵路林蔭道

宮津灣

（觀光船12分）

②智恩寺

③天橋立

④はしだて茶屋

天橋立神社

大天橋

天橋立海水浴場

天橋立觀光船
天橋立棧橋

文殊堂

日本三景之碑

迴旋橋

智慧之輪燈籠

山門

天橋立站 京都丹後鐵道 宮津

START 登山吊椅·單軌電車搭乘處

天橋立View Land 1

於江戶初期奠定了現今外觀的本堂

2 祈求智慧 參拜智恩寺

位於文珠區的智恩寺是在大同3（808）年
奉平城天皇之命所創建的日本三文殊之
一。屬於室町時代建築物的多寶塔獲選為
國家重要文化財，山門更安置了釋迦如來
與十六羅漢。

MAP附錄 12F-3

☎0772-22-2553

境內自由參觀 ¥免費
京都府宮津市文珠466 P1次600日圓

「智慧之輪燈籠」位
在境外不遠處的海邊，
來這拍張照片吧

↑可愛的扇形神籤（300
日圓）可以隨意開闔

↑懸掛著大燈籠的山門為三黃
三戶結構的二重門

4 到はしだて茶屋 休息一下

↑座落在天橋立的松樹林內，可以順道造訪

位在天橋立海水浴場附近的休憩處。供應將當地產海瓜子入菜的蓋飯和烏龍麵，定食和正餐等鹹食菜色多元，智慧紅豆湯及智慧糰子等甜品也一應俱全。

↑鎮店名菜的海瓜子蓋飯1000日圓

📞0772-22-3363　MAP附錄 12F-3
🕐9:00～17:00　休週四（逢假日則前日休）　84席
💴手工黑竹輪（1枝）430日圓、智慧紅豆湯600日圓、智慧糰子400日圓　所京都府宮津市文珠（天橋立公園內）　P無

吹拂過步道的海風令人神清氣爽

如果想橫渡天橋立…

橫渡天橋立的方式有步行、租借自行車、搭觀光船3種選擇，租借自行車還有搭配船的套裝行程和騎到對岸還車的選擇可供參考。

步行or自行車

步行的話單程約50分，騎自行車則是單程約20分可到。自行車租借店多聚集在天橋立周邊，費用為2小時400日圓～。

天橋立觀光船

●あまのはしだてかんこうせん

連結天橋立兩岸的觀光船航程約12分鐘，還能餵食飛近船隻的海鷗。

MAP附錄 12F-1、12F-3

📞0772-22-2164（丹後海陸交通）
🕐8:30～17:30（平日每30分、週六日、假日每20分開出一班）　休無休　單程530日圓、來回960日圓
所京都府宮津市天橋立棧橋‧一之宮棧橋　P無

3 在成排松樹美不勝收、神秘的天橋立散步

MAP附錄 12E-2

一踏入天橋立裡頭，四處可見句碑和歷史悠久的松樹。繼續走下去，從林蔭間可見的白色沙灘及粼粼波光令人雀躍不已。從天橋立觀光船上能貼近海洋與松樹林的魄力十足景觀也是絕景。

📞0772-22-8030（天橋立站觀光服務處）
所京都府宮津市文珠（天橋立公園）

5 從傘松公園眺望昇龍觀

這裡是GOAL

宛如龍飛上天般的風景！

位於天橋立北邊、成相山山腰的公園，可從視野開闊的圓形木頭露台、設置桌椅的天空露台等園內多處欣賞天橋立震懾人心的景致。

LINK ▶ P.14

↩務必試試「從胯下欣賞」海天顛倒的絕景

↑租借自行車過海也很舒適宜人

名產 來吃吃看 智慧之餅！

源於「三人成群即可集思廣益」俗諺的天橋立名產「智慧之餅」。甜而不膩的糕餅可以在店內品嘗，也可以當伴手禮買回家。

以懷舊氣息為賣點
文珠莊 勘七茶屋

●もんじゅそう かんしちちゃや
店內設有地爐，散發出沉穩的氛圍。也很推薦撒上黃豆粉的重太郎餅（260日圓）。

↪智慧之餅一盤3顆260日圓

📞0772-22-2105　MAP附錄 12F-4
🕐8:00～17:00　休無休　20席
所京都府宮津市文珠堂山門前　P無

顆粒紅豆餡是美味亮點
松吟樓 彥兵衛茶屋

●しょうぎんろう ひこべえちゃや
在幾乎不含添加物的軟綿麻糬上，大量放上口感獨特的「紅豆顆粒餡」。

↪智慧之餅一盤3顆260日圓

📞0772-22-3285　MAP附錄 12F-4
🕐9:00～17:00（售完打烊）　休不定休
20席　所京都府宮津市文珠470-1　P無

如果有時間 也可來這走走

成相寺‧なりあいじ

慶雲元（704）年創建，以有求必應之寺院而名聞遐邇，躋祀以美人懺曾奇譚的聖觀世音菩薩。有不撓鐘與蟆底池等七大不可思議傳說流傳。

MAP附錄 5B-2

📞0772-27-0018
🕐8:00～16:30　💴500日圓
所京都府宮津市成相寺339　P免費

↪據傳為寺院背後的日本古時候山岳宗教的修練場

↩聳立於參道旁廣場上的五重塔

一定要「從胯下」欣賞名景

來去這裡欣賞
極致美景!!

天橋立2大觀景景點

位於文珠區的天橋立View Land與府中區的傘松公園從兩邊包夾著天橋立,是能夠眺望天橋立全景的兩大觀景點,走訪兩邊盡情感受壯麗美景吧。

望出去的景色長這樣!
飛龍觀

俯瞰絕景的空中漫步令人心跳加速
天橋立View Land
●あまのはしだてビューランド

天橋立 View Land的吉祥物 View、Lan

遊樂園位於能夠從南端瞭望天橋立之角度的山上,可以從觀景台欣賞有「飛龍觀」之稱的生動景致。透過空中腳踏車或摩天輪等所見的天橋立也非常迷人。

☎0772-22-1000 **MAP附錄 12D-4**
🕐9:00〜17:00(有季節性變動) 🈺無休 💴登山吊椅・單軌電車850日圓(含來回、入園券) 📍京都府宮津市文珠437 🚃京都丹後鐵道天橋立站步行5分,從登山吊椅山麓站搭6分,天橋立ビューランド站下車即到 🅿無

提供多種觀景方式!

登山吊椅
所需時間約6分。不提供登山吊椅的單獨車票,需購買登山吊椅加單軌電車的共通往返車票。

飛龍觀迴廊
以龍為造型的迴廊,可以從更高的位置將天橋立與周邊全景盡收眼底。

單軌電車
每20分發出一班,單程所需時間約7分。並無販售單軌電車的單獨車票。

在**展望餐廳**悠閒享受♥
有擺上炸海瓜子串的獨特蓋飯與自創口味的漂浮茶飲等,以平價供應這裡才吃得到的風味。

●宮津漁醬汁雞排蓋飯750日圓
●餐廳位在能俯瞰天橋立的絕佳景觀處
●和風白玉漂浮茶飲400日圓

望出去的景色長這樣!
昇龍觀

從胯下欣賞天上橋梁
傘松公園
●かさまつこうえん

傘松公園的觀光大使 Kasabou

提供多種觀景方式!

登山吊椅
所需時間約6分。遇雨天或強風時可能停駛。

纜車
每15分開出一班,單程所需時間約4分。車票為纜車、登山吊椅通用。

天空露台
也很推薦在由植物妝點的木製露台一面放鬆一面欣賞美景。

能夠從北端遠眺天橋立的景點。從這裡望出去的天橋立景觀被稱為「昇龍觀」,有著彷彿青龍升天般的姿態。這裡也是著名的「從胯下觀景」方式的起源地。

☎0772-27-0032(纜車府中站) **MAP附錄 5B-2**
自由入園(纜車為8:00〜17.30,登山吊椅僅限3〜11月的9:00〜16:00,有季節性變動) 💴登山吊椅・纜車通票單程330日圓、來回660日圓 📍京都府宮津市大垣75 🚃京都丹後鐵道天橋立站搭乘開往伊根方向的丹海巴士25分,傘松ケーブル下巴士站下車後轉乘天橋立纜車4分,傘松站下車即到 🅿無

在**AmaTerrace**悠閒享受♥
能飽覽眼前一片海洋與天橋立美景,同時享用使用丹後產越光米製作的糰子和當地特色美堡。

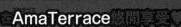
●餐廳設於玻璃落地窗環繞的2樓

●傘松糰子300日圓
●沙丁魚漢堡500日圓

還可以挑戰投瓦片(3片200日圓)試試運氣

能量 3社 參拜 景點

祈求戀愛 圓滿好運到！

流傳著愛情神話的天橋立，有天橋立神社、元伊勢籠神社、真名井神社3大能量景點。不妨在欣賞美景後順道參拜3座神社來祈求戀愛圓滿吧？

吸引許多情侶來此許下永恆戀愛，並將石頭放置於拜殿前的鳥居上頭

【遊玩建議】

天橋立因樹蔭籠罩即使酷暑時期也很適宜觀光，但若想縮短移動時間也可搭乘觀光船（LINK→P.13）。穿過元伊勢籠神社販售伴手禮等的參道，爬上坡即可抵達真名井神社。

推薦的遊玩方式

天橋立站 → 步行15分 → 天橋立神社 → 步行35分 → 元伊勢籠神社 → 步行10分 → 真名井神社

靜靜佇立在天橋立裡頭的神社，在留有巨龍傳說的天橋立內供奉著八大龍王

想和戀人一同造訪的戀愛祈願聖地
天橋立神社

●あまのはしだてじんじゃ●

座落於天橋立松樹林中的小神社，為參拜三神社的起點。這裡是文殊堂的鎮守社，又被稱為橋立明神。在一片海水圍繞下仍有淡水涌出，名為磯清水的水井就在附近。

MAP附錄 12E-3

☎0772-22-8030（天橋立觀光服務處）

境內自由參觀 ■京都府宮津市文珠天橋立公園內 ■京都丹後鐵道天橋立站步行15分 P無

四周為海洋卻有淡水涌出的神奇水井「磯清水」，參拜時還能沾染神聖氣息

守護神話之地至今的歷史悠遠神社
元伊勢籠神社

●もといせこのじんじゃ●

在天照大神及豐受大神遷至伊勢前，因曾將其供奉於此而取名為元伊勢，也以長達82代直系世襲的宮司持續守護此神社著稱。

☎0772-27-0006 **MAP附錄 12F-1**

■7:00~17:00（有季節性變動）

■京都府宮津市大垣430 ■天橋立觀光船一之宮棧橋即到 ■免費

高欄上裝飾著只許伊勢神宮和籠神社可使用的五色（綠、黃、紅、青、黑）座玉

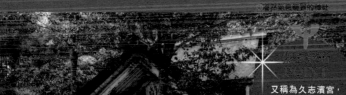

又稱為久志濱宮，久志意指靈妙力量的泉源。不妨踏上參道中央一帶，感受強烈的能量

在清泉流淌的森林神社 徹底洗滌身心靈
真名井神社

●まないじんじゃ●

爬上聳立於後方的御神山，隨即可看見元伊勢籠神社的奧宮。神社的後方有維持了超過2500年原始風貌的古代祭祀場「磐座」。（現在本殿正拆除整修中，仍可參拜磐座）

☎0772-27-0006（元伊勢籠神社）

境內自由參觀 ■京都府宮津市大垣諸岡86 ■從天橋立觀光船一之宮棧橋穿過元伊勢籠神社步行15分 P無

境內入口處有傳說由天村雲命將神明使用的水帶來人間的「天之真名井水」涓涓流淌

社殿共有3處，分別祭祀著不同的神明

被遺為伊勢神宮故鄉的舟後一之宮

能招運的水琴鈴勾玉守800日圓

這裡有傳承男神伊邪那歧大神走過天橋立去見女神伊邪那美大神之傳說的御守

結緣御守（繪馬形）售500日圓，推薦給前來求姻緣的人

在與名畫相同的美景前
大口享用新鮮的握壽司

可同時大飽眼福的頭等席！

海邊的私房餐廳

山環海抱的丹後
有著無盡的美味食材！
採用滿滿自然風味的
當令食材烹製的奢華菜色與
美麗景致一定能讓
這趟旅行更加充實。

雪舟庵
せっしゅうあん

走現代和風散發雅致氣息的店內，吧檯座後方的大面玻璃窗格外吸睛，橫跨阿蘇海的天橋立美景更宛如一幅畫。可在這般景色的陪襯下，品嘗使用鮮度絕佳的海產烹製的宴席料理和壽司、單點料理，以肥滿鯖魚製作的特製鯖魚壽司也很受好評。

MAP附錄 12D-1
☎0772-27-1530
🕐11:30～14:00、17:00～20:00
休週三、第1週二(逢假日則營業)
🪑32席 所京都府宮津市溝尻247
🚃京都丹後鐵道天橋立站搭丹海巴士25分，國分站下車，步行5分
Ｐ免費

─ 費用 握壽司2700日圓～、
每日定食(限平日午餐)2160日圓～

推薦美食
壽司定食
2700日圓
會直接在客人面前捏製壽司的著華定食，是午餐的限定菜色

盡情品味武將也曾深愛的景色和丹後食材

⊙甜點是大吟釀酒粕的義式冰淇淋

⊙油炸密點多紀鮑佐甜辣醬

amano-hashidate 幽斎
アマノハシダテゆうさい

建於二本松所在地的旅館，據傳這兩棵松樹是曾任丹後國主的細川幽齋親自種植。為了體現頂級的服務，住房只有2間。而在得以從幽齋觀眺望天橋立的預約制餐廳，可以一嘗從食材到調味料都講求當地生產的新形態和食全餐。

MAP附錄 13C-3
☎0772-46-6878
🕐12:00～13:00、18:00～19:00
(採完全預約制，最遲須於前一天訂位) 休不定休 🪑42席 所京都府宮津市須津2653 🚃京都丹後鐵道天橋立站搭計程車3分 Ｐ免費

─ 費用 優惠午餐3780日圓～
(週六日、假日除外)、
午・晚間全餐6480日圓、
8640日圓、10800日圓

⊙前菜是嫩煮章魚

推薦美食
京・新感和食全餐
6480日圓
以和食為基底精心調製出共11道菜為主的宴席料理，擺滿了從宮津漁港和丹後捕撈的海產、在豐沛大自然中成長的丹後牛及米、蔬菜等用心烹製的菜餚，有時還會碰上當地才吃得到的珍稀食材

在清爽的空間內享受香草芬芳的法國菜

Fines herbes
フィーヌズ・エルブ

位在建於高處上的飯店內，採落地窗的開放式廚房帶來明亮開闊感。使用廚師親自栽種的香草與蔬菜所烹調的創意法國菜呈現出輕盈口感，擄獲各年齡層的胃。天氣晴朗時還可坐在露天座，眼前一片耀眼閃爍的海洋很值得一看。

MAP附錄 13B-2

☎0772-46-1600
🕐6:45～9:15（週日、假日～9:45）、11:30～16:30、17:30～21:00 休無休 🪑18席 📍京都府与謝野町岩滝68 橋立灣酒店1F 🚃京都丹後鐵道天橋立站搭丹海巴士12分，東町站下車，步行5分 Ｐ無料

費用 主廚全餐 午間3024日圓～、晚間3564日圓～

推薦美食
每日餐館午餐
1188日圓
主菜依主廚當天的心情決定，佐盤的蔬菜和香草為自家栽種

一面眺望著寂靜大海，讓當地美味療癒身心

Restaurant Un Son Benir
レストラン アン・ソン・ベニール

善用木質溫潤感的旅館內餐廳，以地產地銷為宗旨，為了發揮新鮮食材的風味，推出不拘泥於類型、以自由發想來烹飪的創意菜餚。而在師傅呼應老闆理念所打造出富含創造性的店內，能夠瞭望宮津灣的悠然景色。

頭等席在這裡！
平穩的海面上有海鷗飛舞，洗滌心靈的美景就在眼前

☎0772-27-1225 **MAP附錄 12F-1**
🕐11:30～14:00、17:30～21:00 休週二（有訂位則營業）🪑46席 📍京都府宮津市江尻924 🚃京都丹後鐵道天橋立站搭丹海巴士30分，江尻下站下車即到 Ｐ免費

費用 義大利麵午餐1600日圓～、晚間全餐4200日圓～

推薦美食
午間全餐Cielo
1900日圓
獻上前菜、肉類料理、魚類料理等繽紛佳餚

能一次盡享由丹後大自然孕育出的葡萄酒和美食

天橋立葡萄酒廠
あまのはしだてワイナリー

以丹後等地出產的日本產葡萄釀造而成，不經過加熱處理的新鮮葡萄酒深獲好評。在酒廠所附設的自助式餐廳內，能搭配酒廠自豪的葡萄酒享用美饌。

絕景席位在這裡！
俗稱為一文字觀的天橋立景觀近在眼前

☎0772-27-2222 **MAP附錄 12D-2**
🕐10:00～17:00（餐廳為11:00～14:00）
休週三 🪑60席 📍京都府宮津市国分123
🚃京都丹後鐵道天橋立站搭丹海巴士20分，天橋立ワイナリー前站下車即到 Ｐ免費

費用 全餐菜色需洽詢

推薦美食
葡萄園的市集＆餐廳自助餐
平日**1300日圓**～
天橋立葡萄酒廠附設的自助餐廳，選用直接向當地漁民和農夫進貨的新鮮食材用心烹製的菜餚大受歡迎。採吃到飽的用餐方式，限時90分鐘！

在漫步天橋立的沿途順道來坐坐♪

小憩片刻 咖啡廳

以白色為基底營造出沉穩氛圍的店內

遙望清澈海水一面品茶，
或是品嘗使用在地食材
製作的甜點或輕食。
為您介紹在漫遊天橋立的
沿途能順道造訪的咖啡廳。

↓揉入麵糰的柑橘酸甜帶來絕妙風味的法式吐司650日圓

露台座也可以帶寵物入座

在麵包剛出爐的香氣圍繞下
愜意品味咖啡

JouJou coffee and bread
●シュジュコーヒーアンドブレッド

使用日本產小麥和有機食材，每天早上推出在店內烘焙的麵包和糕點。曾赴溫哥華進修的老闆所沖泡的卡布奇諾（450日圓）也有著香醇風味。

☎0772-25-2518　**MAP附錄** 12F-4
🕐10:00～18:00　休週四　🪑15席　所京都府宮津市文珠640-6　🚃京都丹後鐵道天橋立站即到　P無

↑可以吃到當日主打麵包和湯品的套餐為1080日圓

能欣賞來往船隻的靠海座位深受歡迎

↑店門口還提供自行車的租借服務（1次400日圓）

遠眺大自然
樂享放鬆的片刻

ST. JOHN'S BEAR
●セントジョンズベア

當地人也推崇的咖啡廳，吃得到運用新鮮蔬菜的菜色和手工甜點。設有能飽覽天橋立的露台座，可以忘卻時光悠度過。

☎0772-27-1317　**MAP附錄** 12E-1
🕐9:00～17:00（週三～13:00）　休不定休　🪑80席　所京都府宮津市江尻22-2　🚃京都丹後鐵道天橋立站搭丹海巴士30分，江尻下站下車，步行5分　P免費

↑數量有限的戚風蛋糕（540日圓）與咖啡（486日圓）配成套餐可折價108日圓。咖啡可續杯
↑欣賞店家蒐藏的招牌和徽章也很有趣

亮點在於能在海景陪襯下
大吃在地風味漢堡

Café du Pin
千歳
●カフェドパンちとせ

天橋立的松樹林與迴旋橋近在眼前的咖啡廳。春季到秋季時左右沿海的落地窗會開啟，可以在涼爽海風吹拂下享受舒適宜人的午茶時光。

☎0772-22-1313　**MAP附錄** 12F-4
🕐9:00～18:00　休無休　🪑60席　所京都府宮津市文珠468　🚃京都丹後鐵道天橋立站步行5分　P無

↑夾入當地特產油漬沙丁魚的宮津漢堡（附飲品）900日圓，單點550日圓

雅致復古的空間很迷人

龍燈の松
●りゅうとうのまつ

↑天橋立周邊的老字號咖啡廳

既是店名由來也是一大象徵的龍燈松樹所製成的大桌非常搶眼。來喝一口由伊根工作室手工製作的咖啡杯盛裝的焙煎咖啡放鬆一下。

MAP附錄 12F-4
☎0772-25-1594（ちりめん問屋）
🕐9:00～18:00（有季節性變動）　休無休　🪑50席　所京都府宮津市文珠479-1　🚃京都丹後鐵道天橋立站步行5分　P無

↑能感受靜謐時光流逝的一家店

→智慧銅鑼燒霜淇淋（600日圓）能一次吃到霜淇淋加上銅鑼燒餅皮、智慧之餅

天橋立

小憩片刻 咖啡廳／新名產 海鮮蓋飯

請來此享用 **つるや食堂**
つるやしょくどう

位於傘松公園纜車站通往元伊勢籠神社的參道上，這間食堂的丹後御寶蓋飯是以丹後特產的海鮮為主，僅再加上在地食材而成的講究菜色，美味到當戳破蓋飯上的蛋黃時會令人不禁露出笑容。

MAP附錄 12F-1
☎0772-27-0114
🕗8:00～17:00 📅無休 💺30席 📍京都府宮津市中野848 🚃天橋立觀光船一之宮接橋步行3分 🅿無

能完整品嘗丹後地區鮮味的奢華逸品

丹後御寶蓋飯
（附紅米烏龍麵、湯品）
1650日圓
鋪上滿滿的當地產軟翅仔及銅藻、日本鳳螺，海鮮會依季節更換

請來此享用 **お食事処 阿蔵**
おしょくじどころあぐら

來到旅館對橋樓內的餐廳阿蔵，可以吃到綻上當地捕撈大鯨蠑螺的蠑螺蓋飯，口感膨軟的半熟蛋汁加上濃郁的蠑螺肝高湯可調靈能點睛。使用大量當令食材的海鮮蓋飯（1400日圓）也很熱門。

☎0772-22-2101 MAP附錄 12F-4
🕗11:00～14:00（週六日、假日～14:30） 📅不定休 💺66席 📍京都府宮津市文珠471對橋樓內 🚃京都丹後鐵道天橋立站步行3分 🅿無

能夠在風雅的空間內一富限量風味

濱海氣味令人食指大動1天10份的限量菜色！

丹後蠑螺蓋飯
1650日圓
口感扎實的蠑螺與膨軟的半熟蛋汁形成絕配，1天限量10份

\將當地風味濃縮成一碗/
新名產 海鮮蓋飯 不可錯過！

天橋立堪稱美食寶庫，能飽嘗自日本海捕撈的新鮮海產、由清流與富饒大地孕育出的蔬菜和米等，務必來試試盛滿大量在地食材的知名菜色「ばんばらこ丼（海鮮蓋飯）」。

ばんばらこ丼是什麼？
ばんばらこ（Banbarako）是丹後地區的方言，意指「四處散落」，堅持以丹後盛產的魚貝類、蔬菜和米飯等當地食材製作，集滿滿丹後魅力於一碗正是「ばんばらこ丼」的精神。

請來此享用 **石窯レストランMON**
いしがまレストランモン

可以在旅館文珠莊的附屬品嘗到的海鮮蓋飯，特別推薦給想試試多種丹後當季海鮮的人。另有蓋飯淋上高湯變成茶泡飯享用的鯛魚飯三吃（2500日圓），是還會附上生魚片、醬菜、小菜的一鯛多吃珍饌。

MAP附錄 12F-4
☎0772-22-7111
🕗11:00～13:45 📅無休 💺70席 📍京都府宮津市文珠510文珠莊內 🚃京都丹後鐵道天橋立站步行3分 🅿無

高雅精緻的蓋飯令人眼睛為之一亮

ばんばらこ丼
1500日圓
新鮮度一流的海產加上蔬菜，更豪邁擺上蠑螺殼的華麗蓋飯

五顏六色玩心大發的擺盤超級吸睛！

能夠眺望天橋立的箱庭屬為一大特色

天上海鮮蓋飯
1800日圓
擺滿色彩繽紛的海產、以時尚白碗盛裝的人氣蓋飯

請來此享用 **橋立大丸 本店**
はしだてだいまるほんてん

用上3～4種當天捕獲的丹後海鮮，再以特製味噌美乃滋調味，這碗蓋飯除了海鮮還放上許多新鮮蔬菜，傳受女性歡迎。在休息站的海濱中心店也能吃到同樣的餐點。

LINK→P.81

請來此享用 **天橋立View Land 展望餐廳**
あまのはしだてビューランドてんぼうレストラン

能品嘗到天然日曬的閒人產海帶板、蛋汁綿軟口感的海帶板蓋飯。既可以大口咬下鬆脆海帶，也可以沾上蛋汁讓海帶變軟，依個人偏好享受雙重滋味。

LINK→P.14

聳立的海帶板很值得拍張照的著名蓋飯

海帶板蓋飯
750日圓
丹後名產海帶板蘊含濃濃的海潮味。由於數量有限，點餐時務必先詢問一下

天橋立

盡享溫泉與當令風味

天橋立充滿著無窮的魅力，有興建於能瞭望天橋立之絕佳地點上的旅館、能療癒身心的壯麗海景溫泉，以及日本海的海味美饌。就來盡情感受日本三景之一的美好吧。

使用丹後當令食材與自栽香草的創意法國菜

用於料理中的是由工作人員親自在腹地內香草園所栽種的香草與蔬菜，以及當地農民所種植的多種有機栽培蔬菜。

晚餐為創意法國菜全餐，主廚會帶來一道道將食材風味發揮至極致的佳餚（照片僅供參考）

橋立灣酒店
はしだてベイホテル

都市風與度假風情完美交織的歐式度假飯店

佇立在能飽覽天橋立美景之高地上的歐風度假飯店。館內香草香氣繚繞，能悄悄療癒旅途的舟車勞頓。用上大量日本海新鮮海產等在地當季食材的創意法國菜也是一大招牌。

MAP附錄 13B-2 ☎0772-46-6100
🕐IN15:00、OUT11:00 ¥1泊2食14580日圓（螃蟹創意法國菜A）～ 🏠京都府与謝野町岩滝68 🚃京都丹後鐵道天橋立站搭丹海巴士12分，東町站下車，步行5分 Ｐ免費

全館打造成可讓輪椅自由移動的無障礙空間，也備有適用輪椅的客房

讓身心都飽足的
美食旅館

大口品嚐採用新鮮當令海鮮與特產和牛、當地出產的蔬菜和水所烹煮的菜餚，也務必搭配在地日本酒&葡萄酒一同享用。

余花の宿 花笑舞
よかのやどはなしょうぶ

在這家美食飯店能吃到使用合作農家栽種的蔬菜、當地捕撈的新鮮海產所做出的創意法國菜。客房有靠海和靠山的房型，靠海的房間會有海浪聲與海潮味開啟您的五觀，激發遊興。

MAP附錄 12F-1 ☎0772-27-2478
🕐IN15:00、OUT10:00 ¥1泊2食16800日圓～ 🏠京都府宮津市江尻924 🚃京都丹後鐵道天橋立站搭丹海巴士30分，江尻下站下車即到（有從一之宮棧橋出發的接送服務，預約制） Ｐ免費

能品味季節推移創意菜色的美食飯店

靠海的客房「木花」能享受海風與海浪聲

推出不拘泥於日式西式、自由發想的前衛風格料理。晚餐是創意法國菜，早餐則是供應和食。

冬季還會推出松葉蟹的薄切生蟹肉和焗烤

以兩種木材裝飾令人留下深刻印象的櫃檯

文珠莊酒店
もんじゅそう

透過開放式廚房的大面玻璃窗可以欣賞天橋立運河，能夠一面享受美景、一面品味以特製石窯烘烤丹後季節食材的「石窯料理」。天橋立溫泉的100％天然湧泉浴池也是飯店的主打賣點。

MAP附錄 12F-4

☎0772-22-7111
🕐IN15:00、OUT10:00 ￥1泊2食21750日圓～
🏠京都府宮津市文珠510
🚃京都丹後鐵道天橋立站步行5分
Ｐ免費

望著天橋立運河
大啖特製石窯料理

18片福福米大的「丹後之間」設有風雅的竹製緣廊

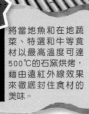

將當地魚和在地蔬菜、特選和牛等食材以最高溫度可達500℃的石窯烘烤，藉由遠紅外線效果來徹底封住食材的美味。

房客用餐是在文珠莊腹地內的餐廳「MON」

備有前廳的和室「月見亭」，可從窗戶欣賞天橋立

山海珍饈搭配
在地葡萄酒一同品味

ワインとお宿 千歳 chitose
ワインとおやどチトセ

能品味100％使用京都產葡萄的自創「天橋立葡萄酒」的溫泉旅館，更能搭配在地葡萄酒一次品嘗山海當令風味。採用土牆與古材營造出溫馨感，挑高等設計雅趣的客房也很受好評。

MAP附錄 12F-4

☎0772-22-3268
🕐IN15:00、OUT10:30
￥1泊2食〔別館〕17042日圓～
🏠京都府宮津市文珠472
🚃京都丹後鐵道天橋立站步行3分
Ｐ免費

客房採土牆、古木、挑高等設計，每一間都是匠心獨具

靠海大套房「黎明」，能在設有床鋪的和洋房舒適下榻

酒窖不但有「天橋立葡萄酒」，還儲藏了法國出產等多達5萬瓶來自全球的葡萄酒，可以在葡萄酒吧盡情品酒。

「SAKE侍酒師」將為您帶來幸福時光

用上大量新鮮丹後海產的餐點方案很受歡迎

天橋立 酒鮮の宿 まるやす
あまのはしだてしゅせんのやどまるやす

由全世界只有32位的專屬品酒師兼酒匠、日本酒學講師、利酒師的老闆所經營的隱密旅館。不但能一嘗當季海產和但馬牛等美食，還可以請專家依照個人喜好來挑酒。

MAP附錄 12F-4

☎0772-25-5001
🕐IN15:00、OUT10:00
￥1泊2食14040日圓～
🏠京都府宮津市文珠640-3
🚃京都丹後鐵道天橋立站即到
Ｐ免費

全館使用對身體有益的矽藻土，讓人能惬意享受

在附設的「dining bar珠庵」能品吟由身兼酒匠的老闆所挑選的美味日本酒、燒酒，早上還會供應自家烘焙的咖啡。

天橋立 宮津皇家度假大飯店

○あまのはしだてみやづロイヤルホテル

位處高地的大型溫泉度假飯店能將宮津灣盡收眼底，從客房望出去的海景、沉入日本海的夕陽、滿天的星空都讓人震懾不已。設有露天浴池和游泳池、酒吧、餐廳等，在設施上十分充實的這點也很用心。

用上大量季節性食材的中國菜示例（照片僅供參考）

MAP附錄 5C-3
☎0772-25-1800
🕐IN15:00、OUT11:00
¥1泊2食13000日圓～
🏠京都府宮津市田井岩本58
🚃京都丹後鐵道宮津站搭計程車12分（提供接送，需預約）
P免費

可以從寬敞且視野開闊的客房飽覽海景

宮津灣的絕景
令人忘卻日常徹底放鬆

天橋立 推薦住宿

遼望如詩如畫的美麗風景 美景旅館

在客房或露天浴池奢華獨享
自古以來便備受喜愛的天橋立絕景。
此外，也不可錯過擁有美麗庭園的旅宿。

廣布於眼前的宮津灣景致，會隨著四季遞展展現出不同風情

還有這樣的旅館！

讓旅行宛如居住當地般的高格調空間

Villa Pescador 釣りびとの別荘

○ヴィラペスカドールつりびとのべっそう

位在宮津灣附近海景清新宜人的別墅，採整棟包租的方式，最多可供6人住宿。來這裡或許能更自在地過假期。

MAP附錄 5C-3
☎0120-672-088
🕐IN14:00、OUT10:00
¥1泊2食平日59400日圓～，週日、假日前日64800日圓
🏠京都府宮津市波路405-8
🚃京都丹後鐵道宮津站搭計程車5分
P免費

可以從特別房的露天浴池一望天橋立絕景

感受和洋融合的風雅與遼闊海景

面海52間客房中有48間

天橋立酒店

○あまのはしだてホテル

離天橋立站步行僅需1分，可從客房、溫泉大浴場眺望日本三景「天橋立」的旅館，還能在1樓「Seaside Salon」靠海處泡泡足湯。

MAP附錄 12F-3
☎0772-22-4111
🕐IN15:00、OUT10:00 ¥1泊2食19590日圓～
🏠京都府宮津市文殊310
🚃京都丹後鐵道天橋立站即到 P免費

可以選擇和食宴席或者是隔壁餐廳的法式全餐（照片僅供參考）

茶六別館

○ちゃろくべっかん

設計上無微不至的茶屋風格建築之美，散發出歷史與格調的老字號旅館，依四季遞移而變換風貌的日本庭園也深具魅力。丹後京風懷石及螃蟹三吃的宴席、鰤魚涮涮鍋等菜色也備受好評。

MAP附錄 17B-3
☎0772-22-2177
🕐IN14:30、OUT10:30 ¥1泊2食20520日圓～
🏠京都府宮津市島崎2039-4 P免費
🚃京都丹後鐵道宮津站步行10分

客房有書院風格和茶室風格等，每個房間都打造出不同韻味

備有青石露天浴池的大浴場，來泡泡美肌溫泉吧

精緻的和風氛圍洗滌人心的老旅館

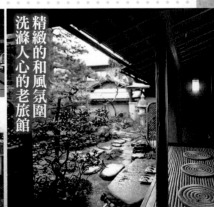
前庭・中庭、後庭各有風情，展露出截然不同的姿態

♨溫泉 ♨露天浴池 ♨包租浴池 ♨不住宿溫泉 🍴房內用餐 ■有 □無 CARD可用信用卡 CARD不可用信用卡

22

能充分品嘗到緊鄰大海才有的新鮮與四季變化的
海鮮料理很受歡迎（照片僅供參考）

悠閒享受
日本海近在眼前的露天溫泉

汐汲苑
しおくみえん

位處由良濱海岸正前方的溫泉旅館，以能眺望大海的露天浴池、使用新鮮日本海產的海鮮料理廣受好評。平日和假日前日有推出優惠方案，家庭遊客、情侶、成群好友都能輕鬆入住。

MAP附錄 5C-3
☎0772-26-0234
🕐IN15:00、OUT10:00
¥1泊2食11880日圓～
🏠京都府宮津市由良234
🚉京都丹後鐵道由良站步行5分
Ｐ免費

想在飄蕩海潮味的露天浴池悠哉泡湯

★最便宜方案★
能飽享土廚自豪菜色的推薦住宿方案，即使週六也能以平日價格入住更是開心。

價格實惠的旅館
稍微控制預算就一切更實惠，
輕鬆省錢玩也是旅行的精髓之一。

原本務農的民宿旅館

★最便宜方案★
晚餐為使用當季魚貝類的丰廚特別席全餐，很受商務客及觀光客喜愛。

里のやど 川尻
さとのやどかわじり

以家庭式服務和自家栽種的蔬菜、日本海新鮮海味來款待房客，部分客房可以攜帶寵物入住（一隻加收2000日圓）。還設有迷你寵物運動場，對愛犬人士來說是一大福音。

☎0772-27-0333 **MAP附錄** 12F-1
🕐IN15:00、OUT10:00
¥1泊2食(一般時期)8650日圓～
🏠京都府宮津市江尻115
🚉京都丹後鐵道天橋立站搭丹海巴士30分，江尻下站下車，步行3分
Ｐ免費

★最便宜方案★
能夠在「客房內」悠閒享用美味丹後海產的超優惠方案，光新鮮生魚片就有多達5種類。

還能帶寵物同行
能輕鬆下榻的溫泉旅館

坂元家
さかもとや

鄰近傘松公園、便於參觀天橋立，奉自然派為宗旨的家庭式旅館。對食材很講究，以自家農園所栽種的無農藥蔬菜與水果、自製味噌和梅乾等來供餐，也備有豐富的丹後在地酒收藏。

☎0772-27-0045 **MAP附錄** 12F-1
🕐IN14:00、OUT10:00 ¥1泊2食8640日圓～
🏠京都府宮津市江尻70-3 🚉京都丹後鐵道天橋立站搭丹海巴士30分，元伊勢籠神社站下車即到（有從天橋立站出發的接送服務，需確認）Ｐ免費

萬分講究手工
善待身體與自然的旅館

旅館力推將丹後的新鮮食材與無農藥、有機栽種的自家蔬菜入菜的料理，連水和調味料也有所堅持。

從天橋立
稍微走遠一些

丹後半島

たんごはんとう

舞鶴
まいづる

保留古早風貌
滿溢日本海鄉愁的風景

『丹屋』沿海林立的漁港小鎮伊根➡P.30

這個區域的推薦景點！

自衛隊棧橋 P.26
吃得到活跳跳海鮮的伊根漁港➡P.32
縕藏海軍歷史的港都「舞鶴紅磚公園」➡P.26
能飽覽久美濱灣的兜山公園➡P.33

伊根灣遊覽船 P.33

琴引濱 P.38

區域MAP

日本海

琴引濱
網野 P.38
網野站

久美濱 P.38

京都丹後鐵道宮豐線

峰山站

京丹後 P.38

312

312

京丹後大宮站

京丹後大宮IC

伊根田

丹後半島
京都府

178

482

178

伊根 P.30

天橋立 P.10

與謝野 P.36

與謝野站

宮津天橋立IC

宮津 P.36

宮津站

178

若狹灣

兵庫縣

426

176

482

京都丹後鐵道宮福線

舞鶴大江IC

175

舞鶴西IC

西舞鶴站

舞鶴 P.26

東舞鶴站

舞鶴東IC

27

福知山

9 山陰本線

大江高校前站

綾部Jct
綾部安国寺IC

梁瀨站

山陰道

上夜久野站

綾部IC

綾部

27

從天橋立出發的ACCESS

往舞鶴

宮津站	京都丹後鐵道宮舞線普通車32分	西舞鶴站
	1小時1、2班／570日圓	

往丹後半島

網野	天橋立站	京都丹後鐵道宮豐線普通車33分	網野站
		1小時1、2班／570日圓	
	宮津站	京都丹後鐵道宮豐線普通車39分	網野站
		1小時1、2班／700日圓	
伊根	天橋立站	丹後海陸交通巴士56分	伊根巴士站
		1小時1、2班／400日圓	
間人	峰山站前	丹後海陸交通巴士40分	間人巴士站
		1小時1班／200日圓	

自衛隊棧橋
●じえいたいさんばし
MAP附錄 **16E-3**

每逢週六日及假日，可以從腹地內的碼頭欣賞舞鶴海上自衛隊的艦艇。比想像中還龐大的軍艦令每個人興奮不已！請事先上官網查詢可參觀日。

☎0773-62-2250（舞鶴地方總監部廣報係）
🕐10:00〜15:00 🈺僅週六日、假日可參觀（有可能變動，團體需預約）📍京都府舞鶴市余部下1190 🚃JR東舞鶴站搭京都交通巴士10分，自衛隊棧橋前站下車即到 🅿免費（利用舞鶴紅磚公園停車場或總監部停車場）🌐 http://www.mod.go.jp/msdf/maizuru/kengaku/index.html

最尖端的護衛艦就在眼前，軍事迷看了絕對會大為感動

能近距離欣賞巨大艦艇

以兩隻鶴作為造型的名勝「鶴橋」

遊覽船1天4班

能欣賞灣內的秀麗風景

海軍&撤退關聯的繞港遊覽船
●かいぐんアンドひきあげゆかりのみなとめぐりゆうらんせん

能近距離欣賞與海軍相關的造船廠和護衛艦的30分鐘熱門船遊，11時及12時出發的班次還有海上自衛隊的退役人員做導覽（關於海軍）。也有推出講述撤退歷史的45分鐘船遊（關於撤退）。

MAP附錄 **16F-3**
☎0773-75-8600（舞鶴觀光站）
🕐3月下旬〜11月底的11:00、12:00、13:00（關於海軍），14:00（關於撤退）🈺週一〜五（逢假日則營業）💴成人1000日圓（關於海軍）、成人1200日圓（關於撤退）📍京都府舞鶴市北吸東舞鶴港內 紅磚博物館西側 🚃JR東舞鶴站搭京都交通巴士5分，市役所前站下車即到 🅿免費（利用舞鶴紅磚公園停車場）

從棧橋和遊船上眺望驚人的自衛隊艦艇，或是在韻味十足的紅磚倉庫喝杯茶…快來這散發奇妙魅力的港都感受海風散散步吧。

漫步在蘊藏海軍歷史的港都

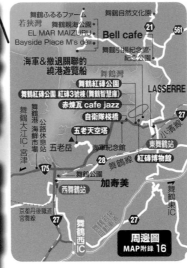

舞鶴
まいづる

海軍復古建築與舞鶴軍港

是這樣的地方！

因明治時代設置海軍鎮守府而發展成軍港的舞鶴，有將昔日海軍建造的紅磚倉庫翻修而成的咖啡廳，以及全日本也很罕見有現役自衛隊艦艇停泊的棧橋。在新舊交織的風景中，能感受到歷史情懷。

ACCESS

🚆鐵道
JR京都站 ──特急舞鶴號 1小時35分、3340日圓── JR東舞鶴站

🚗開車
舞鶴若狹自動車道
舞鶴東IC ──府道28號、國道27號 約5km── 東舞鶴市區

透過舉辦藝術活動等，持續展露出新穎魅力

[周邊地圖]
舞鶴ふるるファーム
若狹灣 舞鶴親海公園
EL MAR MAIZURU
Bayside Place M's deli
舞鶴自然文化園
Bell cafe
舞鶴引揚紀念館・紀念公園
海軍&撤退關聯的繞港遊覽船
舞鶴紅磚公園 紅磚3號棟（舞鶴智慧庫）
赤煉瓦 cafe jazz
自衛隊棧橋
五老天空塔
LASSERRE
小貝川
舞鶴灣
舞鶴港遊休息所
五老岳
海軍紀念館
東舞鶴站
舞鶴大江IC・宮津
紅磚博物館
舞鶴公園
加壽美
舞鶴線
舞鶴西IC
西舞鶴站
京都丹後鐵道
宮舞線
舞鶴東IC
周邊圖 MAP附錄 16

散發濃濃情調的紅磚倉庫群

舞鶴紅磚公園
●まいづるあかれんがパーク
MAP附錄 **16F-3**

留存於東舞鶴地區的這些紅磚建築原本是作為海軍的軍用品保管庫，如今保存下來的12棟中有8棟被列為重要文化財，作為咖啡廳和商店、博物館、活動會場等使用。

☎0773-66-1096 🕐自由參觀（內部為9:00〜17:00）🈺無休 💴300日圓 📍京都府舞鶴市北吸1039-2 🚃JR東舞鶴站搭京都交通巴士5分，市役所前站下車即到 🅿免費

海軍食譜的馬鈴薯燉肉美食♪

據傳馬鈴薯燉肉是源自舞鶴鎮守府的首任司令長官東鄉平八郎，試圖在日本重現他曾於英國吃過的紅酒燉牛肉。快來起源地盡情品嘗吧。

由師傅烹製的絕品馬鈴薯燉肉500日圓

加寿美
●かすみ

能吃到各式定食及單點料理的和食餐廳，所有定食都會附上一小盤馬鈴薯燉肉的這一點十分窩心。岩牡蠣蓋飯（1900日圓）也很熱賣。

MAP附錄 16D-4

📞 0773-75-0428

🕐 11:30～14:30、17:30～21:00 🈺 週二 🪑 22席 🏠 京都府舞鶴市円満寺139 🚉 JR西舞鶴站步行3分 🅿 免費

非常下飯的元祖馬鈴薯燉肉午餐700日圓

Bell cafe
●ベルカフェ

依照舊海軍食譜製作的元祖馬鈴薯燉肉為週六日、假日的限定菜色，可以吃到入味得恰到好處的古早風味。

MAP附錄 4D-3

📞 0773-60-2216

🕐 9:00～16:30 🈺 第3週四 🪑 32席 🏠 京都府舞鶴市平1584舞鶴引揚紀念館內 🚉 JR東舞鶴站搭京都交通巴士15分，引揚記念館前站下車即到 🅿 免費

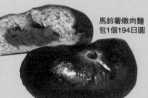

馬鈴薯燉肉麵包1個194日圓

LASSERRE
●ラセール

昭和31（1956）年創業，已在當地落地生根的老字號麵包店。除了馬鈴薯燉肉麵包外，還有海軍咖哩麵包，也很適合當伴手禮。

MAP附錄 16F-3

📞 0773-62-4512

🕐 7:00～19:00 🈺 週二 🏠 京都府舞鶴市浜601 🚉 JR東舞鶴站步行11分 🅿 無

從海拔325m一覽美麗的谷灣式海岸

獲選為近畿百景第1名的絕景，日落和夜景也很迷人

台座悠閒享受也可以在天空塔旁邊的咖啡露

五老天空塔
●ごろうスカイタワー

大約位在舞鶴市的正中央，聳立於五老岳山頂上的天空塔。能夠從擁有全日本數一數二高度、海拔達325m的瞭望室欣賞360度全景，將舞鶴灣及市區盡收眼底。

MAP附錄 16E-4

📞 0773-66-2582 🕐 9:00～18:30（週六日、假日～20:30，12～3月～16:30）🈺 無休 💴 200日圓 🏠 京都府舞鶴市上安暮谷237 🚉 JR西舞鶴站搭計程車18分 🅿 免費

紅磚博物館
●あかれんがはくぶつかん

展示出全世界的紅磚

日本現存最古老的鋼骨構造建築，展出富岡製絲廠的磚塊及美索不達米亞遺跡、萬里長城的磚塊等。

MAP附錄 16F-3

📞 0773-66-1095 🕐 9:00～17:00（最後入館16:30）🈺 無休 💴 300日圓（與舞鶴引揚紀念館的通票400日圓）🏠 京都府舞鶴市浜2011 🚉 JR東舞鶴站搭京都交通巴士5分，市役所前站下車即到 🅿 免費

由舊海軍的魚雷倉庫改造而成

赤煉瓦cafe jazz
●あかれんがカフェジャズ

以爵士為背景音樂隨興小憩

2號棟舞鶴市政紀念館內的爵士咖啡廳。除了提供飲品外，還有海軍馬鈴薯燉肉蓋飯和海軍咖哩飯等輕食，也會舉辦爵士音樂會。

MAP附錄 16F-3

📞 0773-63-7177 🕐 10:00～19:30（週一～17:00）🈺 週一 🪑 43席 🏠 京都府舞鶴市北吸1039-2 🚉 JR東舞鶴站搭京都交通巴士5分，市役所前站下車即到 🅿 免費

蛋糕320日圓、咖啡420日圓

置於1樓紅磚倉庫復原展示區的電動堆貨機

介紹舞鶴的歷史與文化

舞鶴紅磚公園 紅磚3號棟（舞鶴智慧庫）
●まいづるあかれんがパークあかれんがさんごうとう（まいづるちえぐら）

明治35（1902）年曾作為彈藥庫使用的建築物，樓梯和窗戶等都還保留昔日的原始風貌。1樓設有關於近代鐵路歷史的展覽和販賣舞鶴特有商品的商店。

MAP附錄 16F-3

📞 0773-66-1035 🕐 9:00～17:00 🈺 無休 💴 免費入場 ※舉辦活動時需另收費 🏠 京都府舞鶴市北吸1039-12 🚉 JR東舞鶴站搭京都交通巴士5分，市役所前站下車即到 🅿 免費

還設有販售舞鶴伴手禮的商店

想**了解**更多！

舞鶴
まいづる

城址	MAP附錄 16D-4

舞鶴
舞鶴公園（田邊城跡・田邊城資料館）
● まいづるこうえん（たなべじょうせきたなべじょうしりょうかん）　景點

以賞櫻名勝而聞名的歷史公園

將戰國時代由細川幽齋所興建的田邊城跡本丸遺跡整修而成的公園，設有展示歷任藩主資料的田邊城資料館。春天以賞櫻名勝而著稱。

☎ 0773-76-7211（田邊城資料館）
🕐 自由入園（資料館為9:00～17:00）
休 資料館週一休（逢假日則後天休）、假日翌日　¥ 免費　所 京都府舞鶴市南田辺15-22　交 JR西舞鶴站步行5分　P 免費

ⓖ 平成4（1992）年整修過的田邊城城門，2樓是資料館

紀念館	MAP附錄 16E-3

舞鶴
海軍紀念館
● かいぐんきねんかん　景點

展示舊海軍的珍貴文獻

位於海上自衛隊舞鶴地方總監部內，將舊海軍機關學校大講堂重新利用的展覽設施，展出有關東鄉平八郎的資料與200多件舊海軍相關物品。

☎ 0773-62-2250（舞鶴地方總監部廣報係）
🕐 10:00～15:00　休 僅週六日、假日可參觀（有可能變動，團體需預約）　所 京都府舞鶴市字余部下1190　交 JR東舞鶴站搭京都交通巴士10分，造船所前站下車，步行3分　P 免費（利用總監部停車場）

ⓖ 展出許多日俄戰爭相關的珍貴資料

寺院	MAP附錄 4E-3

舞鶴
松尾寺
● まつのおでら　景點

靈驗無比的馬頭觀音

西國三十三所第29號札所，供奉著以保佑身體康復和交通安全的觀音而知名的馬頭觀音，並收藏國寶絹本著色普賢延命像等許多寺寶。每年5月8日會獻上佛舞。

☎ 0773-62-2900　🕐 8:00～17:00（寶物殿為9:00～16:00）　休 無休（寶物殿僅春秋季開放）　¥ 無料（寶物殿800日圓）　所 京都府舞鶴市松尾532　交 JR東舞鶴站搭計程車20分　P 1輛400日圓

ⓖ 西國三十三所的札所之一

寺院	MAP附錄 4D-4

舞鶴
金剛院
● こんごういん　景點

曾被選為小說背景的山間名寺

相傳是高岳親王在天長6（829）年所創建的古寺，也是三島由紀夫的小說《金閣寺》的故事背景。境內的三重塔已列為重要文化財，亦為紅葉名勝。

☎ 0773-62-1180　🕐 9:00～16:00　休 不定休　¥ 拜觀費300日圓、寶物殿500日圓　所 京都府舞鶴市鹿原595　交 東舞鶴搭京都交通巴士15分，鹿原站下車，步行10分　P 免費

ⓖ 三重塔建於綠意繚繞的山麓間

展示館	MAP附錄 4D-3

舞鶴
EL MAR MAIZURU
● エル・マール まいづる　景點

備有天文館的博物館

日本首艘搭載海上天文館的休閒娛樂設施。除了天文館以外，還有動力體驗館、能享受世界船遊的船之體驗館。

☎ 0773-68-1090　🕐 9:30～17:30　休 週二、三（逢假日則翌營業日休）　¥ 免費，天文館200日圓　所 京都府舞鶴市千歲897-1 親海公園內　交 JR東舞鶴站搭計程車25分　P 免費

ⓖ 從觀景甲板上能夠飽覽風光明媚的舞鶴灣

宅邸	MAP附錄 16E-3

舞鶴
東鄉邸（舞鶴地方總監部會議所）
● とうごうてい（まいづるちほうそうかんぶかいぎしょ）　景點

歷任長官宅邸每月開放1次

直至二次大戰結束前作為東鄉平八郎中將（舞鶴鎮守府首任司令長官）等歷任長官的官邸，歷史十分悠久。美麗的庭園也值得一看。

☎ 0773-62-2250（舞鶴地方總監部廣報係）
🕐 10:00～15:00　休 僅限每月第1週日可參觀　所 京都府舞鶴市字余部下1198　交 JR東舞鶴站搭京都交通巴士10分，造船所前站下車，步行5分　P 無

ⓖ 可欣賞完美結合日本住宅與洋樓的明治時期建築

體驗農場	MAP附錄 4D-3

舞鶴
舞鶴ふるるファーム
● まいづるふるるファーム　玩樂

在海景陪伴下體驗農活

坐擁豐沛大自然的農業公園，內有能樂享以在地蔬菜烹製菜色的吃到飽餐廳、手工製作的點心工房、新鮮蔬菜和加工品等的直銷商店、小木屋等。

☎ 0773-68-0233
🕐 餐廳11:00～14:00（週六日、假日～15:00，18:00～20:30也有營業），點心工房10:00～17:00，市集9:00～16:00　休 週二　¥ 小木屋（4人1泊）18360日圓～，自助餐成人1750日圓　所 京都府舞鶴市瀬崎60　交 JR東舞鶴站搭計程車20分　P 免費

ⓖ 週六日、假日還會舉辦小朋友最愛的騎小馬體驗

舞鶴引揚紀念館
● まいづるひきあげきねんかん

收藏了於2015年10月10日登錄為聯合國教科文組織世界記憶遺產的文書

MAP付錄 4D-3

修復後的撤退棧橋

☎ 0773-68-0836　🕐 9:00～16:30　休 第3週四（8月與假日除外）　¥ 300日圓（與紅磚博物館的通票400日圓）　所 京都府舞鶴市平1584 引揚紀念公園內　交 JR東舞鶴站搭京都交通巴士15分，引揚紀念館前站下車即到　P 免費

紀念館已獲選為聯合國教科文組織世界記憶遺產，保存撤退與拘留的相關史實資料，展出從西伯利亞寄給家人的信件和拘留時寫下的日記等。

燒肉　MAP附錄 16F-3

八島丹山 舞鶴本店
●やしまにやまいいづるほんてん

以內臟烏龍麵為招牌絕品

1955年創業的老牌燒肉店。在飽嘗新鮮燒肉、烤完內臟後，利用殘留於特製鍋內的鮮肉精華煮出的收尾名菜「內臟烏龍麵」堪稱絕品，是聞名全日本的當地靈魂食物，甚至吸引許多藝人造訪。

吃得到滿滿內臟鮮味的內臟烏龍麵850日圓，也可以單點

📞0773-62-2140
🕙11:30～翌日2:00(週一為15:00～)
休無休　所京都府舞鶴市浜467-2
🚃JR東舞鶴站步行7分
Ｐ免費

割烹　MAP附錄 16F-3

松きち
●まつきち

吃得到當季滋味的在地魚料理

靠近舞鶴港，能吃到使用近海魚類的道地割烹料理。午間的主廚特配便當有松竹梅3種，是盛滿當令食材的熱銷菜色。晚間供應鱉肉料理，冬季還能嘗到河豚及螃蟹等。

膳能夠吃到少量多樣的海膽飯御膳深受女性喜愛的

📞0773-63-3595
🕙11:30～14:00、17:30～21:00
休不定休(需洽詢)　¥主廚特配便當2200日圓～、海膽飯御膳3550日圓
所京都府舞鶴市浜150八条富士角
🚃JR東舞鶴站步行15分　Ｐ免費

法國菜　MAP附錄 16F-3

RESTAURANT Takeuchi
●レストラン タケウチ

帶出食材美味的創意法國菜

蔬菜是自家栽種的有機蔬菜，海鮮則是採購自當地漁港的漁獲。午間菜色僅有1種選擇，會依當天的收穫和進貨食材而定。一天限3組客人。

用上大量新鮮當季食材的人氣午間全餐

📞0773-62-4510
🕙12:00～13:30、18:00～(預約制)　休不定休
¥午餐3300日圓、晚餐5500日圓～
所京都府舞鶴市浜254(二条通大門北)
🚃JR東舞鶴站步行10分　Ｐ免費

魚板　MAP附錄 16D-4

嶋七かまぼこ
●しましちかまぼこ　購物

舞鶴的必買伴手禮之一

大正9(1920)創業的老鋪，將捕撈自近海的鮮魚以傳統製法做成魚板，Q彈口感與濃醇的鮮魚風味深獲好評。

📞0773-76-3203
🕙9:30～17:00(週六～13:00)　休無休　¥魚板500日圓～、天麩羅(薩摩炸魚餅)260日圓～　所京都府舞鶴市北田辺118-21　🚃JR西舞鶴站步行20分　Ｐ免費

帶出魚肉本身鮮甜的魚板也十分下酒使用天然鹽

聖代　MAP附錄 5C-4

Dessert Cafe KEKE
●デザートカフェケケ　咖啡廳

使用當令水果的聖代大受歡迎

以使用季節水果的聖代著稱的咖啡廳。哈密瓜聖代是在一口氣切半的哈密瓜上放上大量冰淇淋與水果的奢侈甜點(限6～8月)。

有飽足感的哈密瓜聖代1300日圓～

📞0773-82-1096
🕙10:00～19:00
休第1、3、5週二(逢假日則營業)
¥西洋梨聖代(10月)860日圓、草莓聖代(4月中旬～6月上旬)860日圓
所京都府舞鶴市上東33-7
🚃JR西舞鶴站搭京都交通巴士12分，ふじつ泉前站下車，步行3分　Ｐ免費

洋食　MAP附錄 4D-3

Bayside Place M's deli
●ベイサイドプレイスエムズデリ

舞鶴灣一望無際的餐廳

眼前就是一片舞鶴灣景觀，能在美景前享用餐點。名菜是使用當地捕撈季節鮮魚的義大利麵、黑色的牛肉燴飯，還有披薩及咖哩飯、海鮮蓋飯也很推薦。

📞0773-68-1663
🕙11:00～17:30
休週三休(逢假日則翌日休)
¥義大利麵1080日圓～
所京都府舞鶴市千歳897-1
🚃JR東舞鶴站搭計程車25分
Ｐ免費

圖為半熟蛋汁培根義麵950日圓義大利麵為固定菜色，

溫泉　MAP附錄 5C-4

たかお温泉 光の湯
●たかおおんせんひかりのゆ　溫泉

泡美肌溫泉讓皮膚光滑剔透

從地下1300m湧出的溫泉無愧於「美人湯」之稱，有著對肌膚很溫和的滑順泉質。是一座兼備美容沙龍與餐廳等的熱門設施。

📞0773-77-1126
🕙10:00～23:00
休無休(維護期間公休)
¥720日圓
所京都府舞鶴市十倉71
🚃JR西舞鶴站搭京都交通巴士10分，京田站下車，步行5分
Ｐ免費

設有腰湯和露天浴池等8種多元溫泉設施的浴場

味噌漬　MAP附錄 16F-3

長谷川巳之助商店
●はせがわみのすけしょうてん　購物

海產品伴手禮的專賣店

以當季魚的一夜干與味噌漬最著名。在大浦半島捕獲的海膽與海帶以4～5月為盛產期，舞鶴產魚板則是鮮為人知的名產。還有販售笹漬魚及油漬沙丁魚。

📞0773-62-0156
🕙9:00～19:00
休週二(逢假日則營業，12月無休)
¥味噌漬鰤魚(3片)1780日圓
所京都府舞鶴市浜318
🚃JR東舞鶴站步行10分
Ｐ免費

香氣濃郁的味噌漬鰤魚

充滿復古氛圍的景色

伊根
いね

是這樣的地方！
停船場與住家共存的罕見「舟屋」沿著海岸林立的純樸漁港小鎮。

帶點懷舊氣息、洋溢鄉愁的風景

ACCESS

🚌巴士
京都丹後鐵道天橋立站 ── 丹海巴士 56分、400日圓 ── 伊根

🚗開車
山陰近畿自動車道 与謝天橋立IC ── 國道178號 22km、約35分 ── 伊根

在日本的威尼斯
尋找值得拍照分享的風景
舟屋小鎮
最佳旅遊方案

靜謐的內灣有櫛次鱗比的舟屋，
展現一片傳統漁港小鎮風情的伊根町。
快來感受生生不息的日本海大自然與歷史，
體驗這裡特有的街頭漫步吧。

↑舟屋1樓採用可直接搭船出海的構造

這就是舟屋！
1樓是可以停放小型船隻的停船場，上方架構則用於收納漁具與曬網等。2樓雖規劃成住家使用但多為備用性質，實際生活起居的主屋則位在隔一條道路的靠山處。

2F
1F

騎自行車即到
從海上眺望舟屋能感受到與陸地上看截然不同的情調

1 從海上欣賞舟屋
海上計程車 龜島丸
かいじょうタクシー かめしままる

●能樂享約30分鐘的出海遊

由當地船夫以小型船帶領遊客觀光伊根灣內的小型導覽團，可以一面聆聽伊根的歷史及舟屋的特色等介紹，一面享受舒暢的海上漫遊。還能嘗試餵食海鷗。

📞0772-32-0585　MAP附錄 17C-1
🕐8:00～17:00　休無休　¥1000日圓(小學生以下免費，2人以上出船)　所京都府伊根町龜島822　🚗從伊根灣內可靠岸處皆能上船　P利用伊根灣沿岸的停車場(收費)

●體驗餵食海鷗的刺激快感

🚲騎自行車10分
(車停在伊根町七面山停車場)

首先來這裡吧！

＼參觀舟屋時／
租借自行車最方便

若要有效率地遊逛伊根町，推薦您租借自行車。到公路休息站「舟屋の里伊根」內的伊根町觀光協會借車，還可以在舟屋的2個點還車(甲租乙還則不退還500日圓保證金)。

➔騎電動輔助自行車就算爬坡也很輕鬆

伊根町觀光協會
MAP附錄 17C-1
📞0772-32-0277
🕐9:00～16:00　休無休　¥1次1000日圓　所京都府伊根町龜島459　🚌京都丹後鐵道天橋立站搭丹海巴士58分，舟屋の里公園前站下車即到　P免費

設有能眺望伊根灣和舟屋絕景的瞭望台

4 前往江戶時代創業的釀酒屋

向井酒造
むかいしゅぞう

擁有約260年傳統的釀酒屋，店內盡是由女性首席釀酒師「杜氏」以倉庫後方湧出的清泉與丹後米釀造的銘酒。還有販售以酒粕製作的獨創冰淇淋（杯裝350日圓，最中餅裝400日圓）。

☎0772-32-0003　**MAP**附錄 17C-1
🕐9:00~18:00　休不定休　所京都府伊根町平田67
🚌京都丹後鐵道天橋立站搭丹海巴士55分，平田站下車即到　P利用伊根灣沿岸的町營停車場（收費）

從伊根巴士站附近的公園能更貼近大海和舟屋群

↑也有人說是離大海最近的酒藏

🚲騎自行車9分

↑經典的伊根滿開（720mℓ）1900日圓及京之春（720mℓ）1700日圓

5 遠觀伊根灣後採買伴手禮

公路休息站 舟屋の里 伊根
みちのえきふなやのさといね

能將成排舟屋的伊根灣美景一覽無遺的公路休息站，設有伊根町觀光協會，也彙集了能一嘗當令海產的餐廳及伴手禮店等設施。

☎0772-32-0680　**MAP**附錄 17C-1
🕐9:00~17:00（冬季有變動）　休無休　所京都府伊根町龜島459　🚌京都丹後鐵道天橋立站搭丹海巴士58分，舟屋の里公園前站下車即到　P免費

↑可以在寬敞腹地中悠閒度過

→買伊根在地海產的加工品當伴手禮

推薦海產伴手禮

↑德利花枝（1隻）870日圓

↑小花枝乾（1包）430日圓

3 來舟屋咖啡廳坐坐享用和風甜點

伊根の舟屋 雅
いねのふなやみやび

↑也很推薦在店門前愜意品嘗醬油糰子（1根200日圓）

☎0772-32-0280　**MAP**附錄 17C-1
🕐9:00~17:00　休週四、不定休　🪑10席　所京都府伊根町平田552　🚌京都丹後鐵道天橋立站搭丹海巴士56分，伊根站下車，步行5分　P免費

將約在75年前興建的舟屋改建成茶屋風格的和風咖啡廳，老闆娘為了讓前來伊根的人能有地方喘口氣而獨自打理一切。2樓的房間還可以住宿，1天限定1組客人。

↑提供能在海浪聲陪伴下放鬆身心的空間

↑使用丹後越光米製作的醬油糰子與抹茶的套餐500日圓

🚲騎自行車即到

2017年4月OPEN

2 在話題新設施悠閒享用午餐

舟屋日和
ふなやびより

2017年4月開幕的觀光交流設施，在沿海的腹地上擁有數棟建築空間，吸引時尚咖啡廳和割烹餐廳進駐，更設置了使用於伊根祭典的祭禮船置船場，供民眾參觀。

↓品嘗INE CAFE（→P.32）的海鮮散壽司（附魚骨湯和小菜，2000日圓）度過優雅的午餐時光。午餐數量有限，內容視季節而異

↑以在地人為中心傳達伊根魅力的設施

MAP附錄 17C-1
☎0772-32-1700
🕐11:00~17:00（視店鋪而異）　休週三、不定休　所京都府伊根町平田593-1　🚌京都丹後鐵道天橋立站搭丹海巴士56分，伊根站下車，步行7分　P利用伊根灣沿岸的町營停車場（收費）

伊根町MAP
周邊圖 **MAP**附錄 17

↑往國道178號
隧道
622
舟屋の里公園前巴士站

⑤公路休息站 舟屋の里 伊根
└レストラン舟屋
└伊根町觀光協會

觀景點 走出曾伊根町公所遠眺，左右便是成排舟屋。

④向井酒造
③伊根の舟屋 雅

伊根巴士站

平田巴士站

伊根・七面山

觀景點 能眺望整座伊根灣的絕佳觀景點

①海上計程車 龜島丸
（在伊根灣七面山停車場搭乘）

往國道178號

京都府漁協伊根支所

②舟屋日和
伊根漁港
浮筏

伊根灣

伊根灣遊覽船乘船處

伊根灣めぐり日出巴士站

舟屋聚集的區域。在時光緩緩流淌的漁港小鎮散步。

觀景點 可就近觀察成排舟屋群！

浮筏

青島

伊根
（伊根口巴士站）

巡遊伊根灣周遊路線

曾作為NHK晨間劇故事背景的地區，也有許多由漁民經營的民宿。

也可以搭船從天橋立前往伊根町！
LINK→P.11

↓往宮津

終點

海邊的絕景午餐&咖啡廳

來伊根非吃不可的是漁港小鎮特有
使用新鮮海產製作的鮮魚午餐，
能夠邊眺望視野寬闊的海景
邊愜意用餐的咖啡廳餐點
也不容錯過。

↑旅館自豪的滿滿鮮魚午餐

↑能邊眺望舟屋景致邊享用以在地魚烹製的菜餚

WATER FRONT INN 与謝莊
※ウォーターフロントインよさそう

位處人氣旅館1樓的餐廳名副其實地眼前就是大海。將當天捕獲的鮮魚以鹽烤、燉煮等方式做成多種魚料理端上桌。可以在波光粼粼的景觀前大吃分量飽足的午餐。

☎0772-32-0278　**MAP附錄** 17C-1
🕐12:00～13:30　🈲不定休　🪑20席
📍京都府伊根町平田507　🚌京都丹後鐵道天橋立站搭丹海巴士56分，伊根站下車，步行3分　🅿免費

↑特色在於高雅沉穩的外觀

↑第1款茶為700日圓＋茶葉費，第2款茶為600日圓＋茶葉費，能以實惠價格品茗茶香

台湾茶葉專門店 青龍
※たいわんちゃばせんもんてん　ちんざお

可以在濃郁茶香繚繞的濱海處享受放鬆時光。店家隨時備有約70種直接向台灣茶農進口的茶葉，茶葉的價格視種類而異。

☎090-8528-3518　**MAP附錄** 17C-1
🕐10:00～19:00　🈲不定休　🪑15席
📍京都府伊根町平田69　🚌京都丹後鐵道天橋立站搭丹海巴士56分，伊根站下車即到　🅿利用伊根灣沿岸的町營停車場(收費)

↑店家旁邊便是大海

→主要販售台灣產的青茶（發酵茶）

↑霸氣擺滿了鹽烤、燉煮、生魚片等海鮮的舟屋定食2808日圓（最晚需在前一天預約）

↑將漁貨處理場化身為餐廳

漁港めし ※ぎょこうめし

坐在擺設於漁港的桌前，能在近距離感受海風吹拂下邊用餐的漁夫料理餐廳。僅在開放期間的週末和假日營業，推薦給想盡情大啖新鮮海產的人。

MAP附錄 5C-1
☎0772-33-0266
🕐4月下旬～9月下旬，11:00～13:30　🈲開放期間週二～五（逢假日則營業，需預約）
🪑100席　📍京都府伊根町蒲入1123-6　🚌京都丹後鐵道天橋立站搭丹海巴士1小時23分，蒲入站下車，步行3分　🅿免費

↑能吃到五花八門鮮魚料理的漁港飯2000日圓

INE CAFE
※イネカフェ

位於舟屋日和（→p.31）內，採自助式服務的咖啡廳。能在欣賞分秒變換風貌的伊根灣景致的同時，享用咖啡等各式飲品及甜點。還有供應使用當地海產做的午餐。

MAP附錄 17C-1
☎0772-32-1720
🕐11:00～17:00（週六日、假日為10:00～、午餐為11:30～14:00※數量有限）　🈲週三、不定休
🪑64席　📍京都府伊根町平田593-1 舟屋日和內　🚌京都丹後鐵道天橋立站搭丹海巴士56分，伊根站下車，步行7分　🅿利用伊根灣沿岸的町營停車場(收費)

↑透過面向大海的大窗眺望伊根灣，心情也跟著舒爽起來

↑添加伊根在地酒酒粕的人氣磅蛋糕540日圓（軟性飲料為450日圓）

↑店內統一採木頭紋路設計，營造溫馨氣息

宛如漂浮在海上的住宿體驗

2 下榻舟屋

可以從客房窗戶飽覽伊根海景

舟屋の宿 まるいち
●ふなやのやどまるいち

將深具歷史的舟屋建築加以改造，透過木頭與榻榻米的天然香氣營造出舒適感的旅館。能在1樓用餐空間望著反射晨光的海面，一邊悠閒享用早餐也是一大魅力。

☎0772-32-0608　**MAP**附錄 17C-2
🕐IN15:00、OUT10:00 ¥1泊附早餐12000日圓（1天1組，可供2～6人住宿）休不定休 所京都府伊根町龜島940 🚌京都丹後鐵道天橋立站搭丹海巴士1小時4分，伊根郵便局前站下車，步行10分 P免費（1輛）

↑仿船內空間設計的餐廳

↑飄散榻榻米香氣的房間備受家庭遊客與外國旅客喜愛

舟屋の宿 鍵屋
●ふなやのやどかぎや

可藉由各式料理來品嘗捕撈自伊根灣當令鮮魚的舟屋旅館，客房有靠海的洋室與靠山的和室2個房間。能夠在平穩海浪的美景前愜意住宿的私人空間非常受歡迎。

MAP附錄 17C-2
☎0772-32-0356
🕐IN15:00、OUT10:30
¥1泊2食21600日圓～（1天1組，最多可供6人住宿）休不定休 所京都府伊根町龜島864 🚌京都丹後鐵道天橋立站搭丹海巴士1小時4分，伊根郵便局前站下車，步行6分 P免費（2輛）

↑可以欣賞寧靜海景的獨棟包租旅館

↑採光極佳、設計簡單大方的和室

↑從洋室的窗戶便能俯瞰正下方的海水

透過導覽更進一步認識舟屋

舟屋導覽團

跟隨當地導遊的介紹來尋訪伊根町景點的迷你導覽團，還能挑戰在舟屋中準備海鮮食材的「もんどり體驗」。也可以在向井酒造（→P.31）試喝酒。

5

MAP附錄 17C-1

↑請穿著好走的鞋子參加
☎0772-32-0277（伊根町觀光協會）
🕐10:15～、13:00～、1天舉辦2次（所需約1小時30分）休黃金週、7月最後週六、盂蘭盆節時期、9月14日、過年期間休 ¥2300日圓（2人以上成團，最晚需於預計參加日的5天前預約）所京都府伊根町平田494（伊根漁港）🚌京都丹後鐵道天橋立站搭丹海巴士56分，伊根站下車即到 P利用伊根灣沿岸的町營停車場（收費）

↑夢幻光影在伊根灣上綻放的伊根花火（2017年於8月26日舉辦）

4

參加季節的華麗活動

四季活動

會舉辦伊根町獨特的祭典或美食活動等，能貼近當地歷史與文化、大自然的季節性活動。若能配合舉辦日前來遊玩，必能讓伊根之旅更好玩。

☎0772-32-0277（伊根町觀光協會）
※活動的內容、舉辦時間、舉辦地點等需於伊根町觀光協會官方網站查詢
HP http://www.ine-kankou.jp/events/

@伊根町的吉祥物「Hunayan」

如果有時間也推薦玩這個！

更盡興享受伊根的旅遊訣竅 5

由舟屋與大海交織的動人風景，只是當天來回實在太可惜了。如果要規劃一趟時間更充裕的旅行，可將以下5種玩法加入行程。

搭船遊覽伊根灣一圈

伊根灣遊覽船

1

↓還可以餵圍繞在船邊的海鷗吃東西

約25分鐘的遊船，可從海上愜意欣賞櫛次鱗比的舟屋與青島等絕景。船內廣播還會介紹伊根的生活和歷史等。

☎0772-42-0323（丹後海陸交通）**MAP**附錄 17B-2
※週六日、假日請撥☎0772-32-0009
🕐9:00～16:00（每小時0分、30分出航，旺季為每15分一班）休無休 ¥680日圓 所京都府伊根町日出11 🚌京都丹後鐵道天橋立站搭丹海巴士52分，伊根灣めぐり・日出站下車即到 P免費

追尋浦嶋傳說出海去

本庄濱海洋獨木舟體驗

3

由流傳日本最古老浦嶋太郎傳說的本庄濱出發，體驗海洋獨木舟並從海上欣賞日本海的谷灣式海岸。在教練的細心指導下，即使初學者也能放心挑戰。

MAP附錄 5C-1
↑憑自己渡海所看到的斷崖絕壁充滿魄力

☎0772-32-0277（伊根町觀光協會）
🕐7～9月的13:00～（所需約2小時）休7月29日、30日，8月11～15日，8月26日 ¥6000日圓（最晚需於預計體驗日的5天前預約）所京都府伊根町本庄浜（本庄濱海水浴場）🚌京都丹後鐵道天橋立站搭丹海巴士1小時19分，浦嶋神社前站下車，步行20分 P利用本庄濱停車場（收費）

祈禱長壽的繪馬上面也有浦嶋太郎的圖案

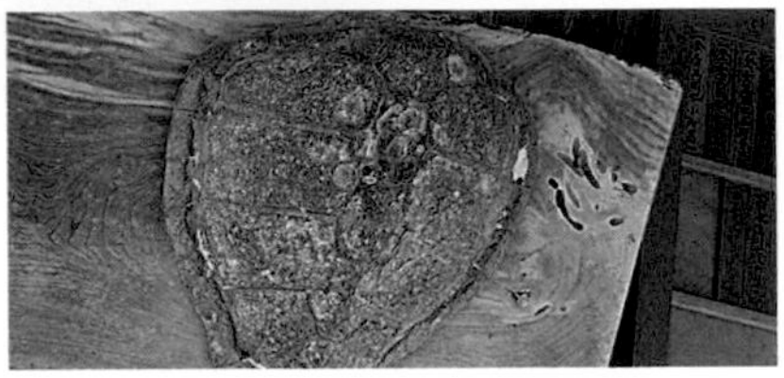

發現超大的龜殼！

區域導覽

想了解更多！

伊根

いね

神社　MAP附錄5C-1

伊根

浦嶋神社

●うらしまじんじゃ

流傳著浦嶋太郎傳說的古寺

《丹後國風土記》浦嶋太郎傳說中作為故事背景的神社，於天長2（825）年創建，收藏了據傳乙姬曾穿過的小袖和服及寶物箱等。可來看看寶物箱、聆聽以重要文化財的掛畫所做的解說。

在散發出莊嚴氣息的境內散散步

0772-33-0721

L 境內自由參觀（資料館9:00～16:30）
¥ 免費拜觀，資料館400日圓
休 資料館不定休
所 京都府伊根町本庄浜141
交 京都丹後鐵道天橋立站搭丹海巴士1小時19分，浦嶋神社前站下車，步行3分
P 免費

瀑布　MAP附錄5C-1

伊根

布引瀑布

●ぬのびきのたき

只在雨量多時奔流的夢幻瀑布

從358m的雲龍山山腳下溪谷算來落差約100m的瀑布。在浦嶋傳說中，浦嶋太郎就是從雲龍山腳下的村落搭小船出海釣魚。

0772-32-0277（伊根町觀光協會）

L 休 自由參觀　所 京都府伊根町本庄上　交 京都丹後鐵道天橋立站搭丹海巴士1小時19分，浦嶋神社前站下車即到　P 免費

約略位於伊根町的中央，為丹後半島最大的瀑布

名勝　MAP附錄5C-1

伊根

新井的梯田

●にいのたなだ

綿延至海岸線的美麗梯田

梯田面海一路延伸，名副其實的絕景。吸引許多攝影愛好者試圖以相機捕捉因日出和日落的光影變遷而更迭的風貌。

0772-32-0277（伊根町觀光協會）

L 休 自由參觀　所 京都府伊根町新井
交 京都丹後鐵道天橋立站搭丹海巴士1小時3分，大原口站下車，步行25分　P 無

位在從伊根沿著若狹灣往北走的新井崎漁港附近

和食　MAP附錄17C-1

伊根

レストラン舟屋

●レストランふなや

以定食或蓋飯大口享用活跳跳海產

公路休息站「舟屋の里 伊根」內的餐廳，供應每天換菜的舟屋海鮮蓋飯（1600日圓）和舟屋定食（2100日圓）等多種菜色。可以從店內遠望伊根灣。

0772-32-0680

L 10:00～16:00（冬季～15:00）　休 週二（逢假日則營業）　所 京都府伊根町亀島459 公路休息站 舟屋の里 伊根2F　交 京都丹後鐵道天橋立站搭丹海巴士58分，舟屋の里公園前站下車即到　P 免費

燉魚雜定食1300日圓，口感鹹甜、風味濃郁

和食　MAP附錄17C-1

伊根

地魚料理 よしむら

●じざかなりょうりよしむら

推薦符合客人需求的鮮魚料理

定食的菜色會視當天捕獲的魚來做調整。晚間需預約，能品嘗形形色色的豐富鮮魚料理。由於座位較少，即使是午間用餐也建議先訂位。

0772-32-0062

L 11:30～14:00，晚間採預約制（當天亦受理）　休 不定休　所 京都府伊根町平田143-1　交 京都丹後鐵道天橋立站搭丹海巴士56分，伊根站下車即到　P 免費

燉煮魚與生魚片的定食2100日圓（限午間，限量10份）

義大利菜　MAP附錄5C-1

伊根

PIENO 伊根店

●ピエーノいねてん

鎖住海產美味的海鮮義麵

由大阪知名餐廳所監修的店家，能以道地的義式風味一嘗伊根捕獲的海產與蔬菜等新鮮當季風味。也有販賣當地蔬菜。

00772-33-0513

L 11:00～14:00　休 週三　所 京都府伊根町本庄浜111-1 浦嶋館內　交 京都丹後鐵道天橋立站搭丹海巴士1小時19分，浦嶋神社前站下車即到　P 免費

放上蠑螺等配料的浦嶋義大利麵附沙拉及麵包1490日圓

車窗外的美景令人遊興大增

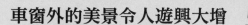

搭觀光列車GO!

這般絕景等你來探索！

宮舞線橫跨在由良川河口附近的「由良川鐵橋」

觀光列車路線

日本海　間人　丹後半島

城崎溫泉　城崎溫泉站　網野站　丹後黑松號 圖書館路線

但馬機場　京丹後　丹後黑松號 午餐路線～樂～

丹後赤松號

天橋立　天橋立站　舞鶴　西舞鶴站

丹後青松號

丹後黑松號 午餐路線～雅～

福知山站　綾部站

設計精緻的車廂內裝再加上限定美食、美麗車窗…
觀光列車不光作為移動方式，也成為旅行主要目的之一。
快來搭乘話題的京都丹後鐵道觀光列車，讓旅行更加難忘！

洽詢處

☎0772-25-2323（京都丹後鐵道／平日9:00～18:00）
【預約方式】HP(http://trains.willer.co.jp/matsu)
丹鐵指定車站（福知山、大江、西舞鶴、宮津、天橋立、與謝野、京丹後大宮、
峰山、網野、夕日浦木津溫泉、小天橋、久美濱、豐岡等各站）3個月前開始受理
※ 也可在JTB、日本旅行、近畿日本旅行社各店及網路購票

丹後黑松號

享受絕景與美食的列車

不計成本使用天然木材，打造沉穩景圖

以 「行駛於『海之京都』的餐廳」為設計概念，得以在美麗海景和寫意田園風景等千變萬化的車窗景觀陪襯下，享受丹後特有的美饌。

介紹丹後黑松號的3大方案！

午餐路線 ～雅～

能樂享由宮津著名餐廳「ふみや」所提供的奢華和食「細川御膳」的路線。將相傳細川伽羅奢曾吃過的菜餚使用宮津的山珍海味重新打造，現代風格的滋味堪稱絕品。

行駛日 週五六日、假日
行駛時間 福知山（11:16發）——天橋立（12:46抵）
費用 10800日圓（需預約，出發日的5天前截止販售）

午餐路線 ～樂～

能品嘗由「天橋立宮津皇家度假大飯店」操刀、採用嚴選食材製作的休閒＆道地飯店午餐的路線。還可以在久美濱站中途下車，來趟小小的歷史探索。

行駛日 週五六日、假日
行駛時間 天橋立（12:58發）——豐岡（14:56抵）
費用 7500日圓（需預約，出發日的5天前截止販售）

圖書館路線

車廂內備有丹後相關的繪本等書籍。只要列車靠站皆可隨興上下車，若有空位當天買票也OK，是能輕鬆搭乘丹後黑松號的路線。附一杯飲料。

行駛日 週五六日、假日
行駛時間 豐岡（17:14發）——西舞鶴（19:05抵）
費用 車票＋1000日圓（需預約）

丹後赤松號

山海景致一路相隨

奔 馳於西舞鶴～天橋立沿岸的列車。為了讓乘客能透過車窗悠閒欣賞美景，設置了沙發座、吧檯座、包廂座等五花八門類型的座位。

以紅色為基調的車廂，限乘33人

行駛日 每天
行駛時間
【1號】西舞鶴（10:09發）——天橋立（10:58抵）
【2號】天橋立（11:29發）——西舞鶴（12:19抵）
【3號】西舞鶴（14:14發）——天橋立（15:07抵）
【4號】天橋立（15:26發）——西舞鶴（16:20抵）
費用 車票＋乘車整理券540日圓（需預約）

丹後青松號

恬意穿梭山林間

車內也有販售周邊商品和飲品

行 駛於福知山到天橋立之間的山區（僅2號從西舞鶴出發）。以象徵日本海白砂青松的「松」為主題，由水戶岡銳治精心設計，吧檯等細節也不容小覷。

行駛日 每天
行駛時間
1號 福知山（10:08發）——天橋立（11:05抵）2號 西舞鶴（8:10發）——福知山（9:36抵）3號 福知山（14:58發）——天橋立（16:05抵）4號 天橋立（12:59發）——福知山（14:02抵）
費用 只需支付車票費用（不需預約）

宮津・與謝野町
みやづ・よさのちょう

瀑布 〔MAP附錄 5B-3〕
金引瀑布
● かなびきのたき
宮津 │景點

獲選為日本瀑布百選的知名瀑布

彷彿從題目山的岩石表面滑瀉傾瀉而下的姿態非常值得一看。分流成數道瀑布，寬約20m、高約40m，瀑布底附近設有不動尊堂。

☎0772-22-8030（天橋立站觀光服務處）
🕐 休 自由參觀　所 京都府宮津市滝馬　🚃 京都丹後鐵道宮津站搭丹海巴士11分，金引の滝口站下車，步行5分　Ｐ免費

令人身心負離子淨化

宅邸 〔MAP附錄 17B-3〕
舊三上家住宅
● きゅうみかみけじゅうたく
宮津 │景點

展現出富商生活樣貌的住宅

三上家於江戶時代從事釀酒業、駁船業、絲綢業，是對宮津城下町的政務深具影響力的富商。外觀為美麗的白牆風格，會客室等則是奢華至極。

☎0772-22-7529
🕐 9:00～16:30　休 無休
￥ 350日圓　所 京都府宮津市河原1850　🚃 京都丹後鐵道宮津站步行15分　Ｐ免費

可以仔細參觀採壁式結構的雄偉建築

和食 〔MAP附錄 17B-4〕
料亭 ふみや
● りょうていふみや
宮津 │用餐

能一嘗使用在地海產的京料理

以烤鯖魚壽司著稱的餐廳。將烤到焦黃色的鯖魚做成棒壽司，鯖魚的油脂與薑片的風味會在口中擴散開來。還能品嘗京宴席料理。

☎0772-25-1123
🕐 11:00～14:00、17:00～20:00　休 不定休
￥ 宴席料理6480日圓～　所 京都府宮津市島崎2039-44　🚃 京都丹後鐵道宮津站步行5分　Ｐ免費

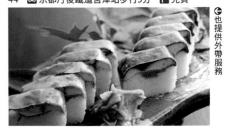

也提供外帶服務

洋食 〔MAP附錄 17B-4〕
欧風料理 レストラン精養軒
● おうふうりょうりレストランせいようけん
宮津 │用餐

有著懷舊滋味的洋食

以手工製作的美乃滋及多蜜醬備受喜愛的老字號洋食餐廳，菜色多樣且分量大的午餐即使是晚間也能點餐。所有菜色都能宅配。

☎0772-22-2426
🕐 11:00～14:00、16:00～19:00　休 週四（逢假日則前日或翌日休）　￥ 蛋包飯750日圓　所 京都府宮津市島崎2021-1　🚃 京都丹後鐵道宮津站步行5分　Ｐ免費

含漢堡排和炸蝦的Ｃ午餐1750日圓

教堂 〔MAP附錄 17B-4〕
宮津天主教堂（洗者聖若翰天主堂）
● カトリックみやづきょうかい（せんじゃせいヨハネてんしゅどう）
宮津 │景點

保存至今的現役教堂

在至今依舊會舉行望彌撒的教堂中，相傳是日本最古老的一座。教堂內的地板鋪有榻榻米，以和洋相融的獨特氛圍為一大特色。

羅馬式建築的教堂

☎0772-22-3127
🕐 9:00～17:00
休 無休　￥ 免費　所 京都府宮津市宮本500
🚃 京都丹後鐵道宮津站步行7分　Ｐ免費

咖啡廳・輕食 〔MAP附錄 17A-3〕
カフェ・レスト絵梨奈
● カフェレストえりな
宮津 │用餐

吃得到宮津咖哩炒麵

店家推薦菜色「宮津咖哩炒麵」提供乾麵及湯麵2種，也因為湯麵在吃完後還能加飯進去再吃一輪，兩種吃法幸福加倍。

☎0772-22-2727
🕐 10:00～23:00（24:00關店）　休 第2、4週日（遇連假時需洽詢）　￥ 咖哩炒湯麵700日圓　所 宮津市万年1015-1　🚃 京都丹後鐵道宮津站步行14分　Ｐ免費

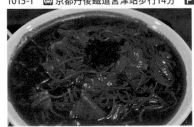

咖哩炒湯麵為在地美食。不少日本人在兒時曾吃過而難以忘懷的滋味化身

洋食 〔MAP附錄 17B-4〕
山小舍
● やまごや
宮津 │用餐

用山藥迸出驚人新口感

散發出木質溫度與沉穩氣息的咖啡廳。除了漢堡以外，還有漢堡排（850日圓）、口袋餅（700日圓）等豐富的午餐菜色。

☎0772-22-3717
🕐 9:00～15:30　休 週日、假日　￥ 野山藥清爽魚肉漢堡500日圓　所 京都府宮津市魚屋919-1
🚃 京都丹後鐵道宮津站步行10分　Ｐ無

在地風味漢堡很出名的咖啡廳

展覽設施　MAP附錄 5B-4

加悅SL廣場

● かやエスエルひろば

與謝野町　景點

保存珍貴列車的蒸汽火車廣場

建造於舊加悅鐵道礦山站遺址的廣場。在忠實還原過往氛圍的木造車站內，可以參觀當年的油燈式信號燈和號誌反應器等。

☎ 0772-42-3186（宮津海陸運輸）
🕙 10:00～16:30　休 無休　💴 成人400日圓　所 京都府与謝野町滝941-2　🚌 京都丹後鐵道與謝野站搭丹海巴士25分，SL広場西站下車，步行5分　🅿 免費

⬅重現昔日的木造車站

咖啡廳　MAP附錄 5B-4

カフェトレイン蒸気屋

● カフェトレインじょうきや

與謝野町　用餐

宛如置身於餐車內！

將舊加悅鐵道的車廂改造成歐洲客運火車風格的咖啡廳，擺設於店內的鐵路照片與昔日風情猶存的座椅營造出懷舊氛圍。

☎ 0772-42-6879　🕙 8:00～17:30　休 週三（逢假日則翌日休）　💴 義大利麵770日圓～　所 京都府与謝野町滝941-2　🚌 京都丹後鐵道與謝野站搭丹海巴士25分，SL広場西站下車，步行5分　🅿 免費

⬅供應義大利麵等輕食菜色

釀酒屋　MAP附錄 5A-4

与謝娘酒造

● よさむすめしゅぞう

與謝野町　購物

富饒大自然孕育出的在地酒

在地酒上頭印有乙姬、羽衣天女等丹後傳說的7位美麗公主圖案，十分暢銷，是擁有高雅香氣又順喉的甜型酒，也很適合女性品吟。

☎ 0772-42-2834
🕙 8:00～20:00　休 無休　💴 與謝娘 柚子酒（500ml）1430日圓　所 京都府与謝野町与謝2-2　🚌 京都丹後鐵道與謝野站搭丹海巴士25分，二ツ岩站下車即到　🅿 免費

➡丹後七姬 純米吟釀
1944日圓（720ml）

歷史館　MAP附錄 5A-3

丹後縐綢歷史館

● たんごちりめんれきしかん

與謝野町　景點

接觸丹後的傳統文化

建於紡織工廠遺址上的歷史館內飄蕩著昭和10（1935）年的氣息。不但能在此認識織物的歷史，還能參觀織品的製作過程、購買縐綢製品。

☎ 0772-43-0469
🕙 9:00～17:00　休 無休　💴 免費　所 京都府与謝野町岩屋317　🚌 京都丹後鐵道與謝野站搭丹海巴士15分，岩屋站下車即到　🅿 免費

⬅展示手織等資料

西點　MAP附錄 13C-2

お菓子の館 はしだて

● おかしのやかたはしだて

與謝野町　購物

開心品嘗獨創西點

販賣傳統和風西點及原創蛋糕的點心專賣店，在附設烘焙區購買的熱騰騰麵包也可以內用。

⬅多種當地名點齊聚一堂

☎ 0772-46-4500　🕙 9:00～17:00（視時期而異）　休 無休　💴 包入丹後之餅的紅豆麵包220日圓　所 京都府与謝野町男山801-4　🚌 京都丹後鐵道天橋立站搭丹海巴士20分，支援學校下車站即到　🅿 免費

義大利菜　MAP附錄 5B-3

欧風ダイニング クッチーニ

● おうふうダイニングクッチーニ

與謝野町　用餐

木材溫潤感溫柔籠罩

供應以義大利菜為基礎的丹後慢食料理，以當地鮮魚和肉類為主菜的午餐、晚間全餐等發揮食材風味的菜色獲得好評。

☎ 0772-42-0912　🕙 11:30～14:00、18:00～22:00（最晚需於前一天預約）　休 週二、第3週三　💴 自製義式香腸680日圓　所 京都府与謝野町下山田82　🚌 京都丹後鐵道與謝野站步行8分　🅿 免費

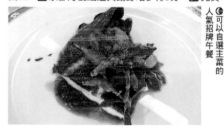
⬅可以自選主菜的人氣招牌午餐

罐頭料理　MAP附錄 5C-3

竹中罐詰

● たけなかかんづめ

宮津　購物

純手工才能掛保證的高品質

將較小隻的沙丁魚用傳統製法以棉籽油醃漬入味而成的油漬沙丁魚最為暢銷，還有牡蠣和螢光魷、西太公魚的罐頭。

☎ 0772-25-0500
🕙 8:30～17:00　休 週六日、假日　💴 牡蠣820日圓、螢火魷648日圓　所 京都府宮津市小田宿野160-3　🚌 京都丹後鐵道宮津站搭計程車10分　🅿 免費

➡天之橋立
油漬沙丁魚
515日圓

ACCESS

🚃 鐵道

JR 福知山站	特急橋立號	京丹後鐵道 網野站
	1小時10分、2240日圓	

JR 福知山站	特急橋立號	京丹後鐵道 久美濱站
	1小時44分、2550日圓	

🚗 開車

山陰近畿自動車道

京丹後 大宮IC	府道651號、國道482號	網野
	約15km、約26分	

京丹後 大宮IC	府道651號、國道321號	久美濱
	約29km、約43分	

洽詢處
●京丹後市觀光協會 ☎0772-62-6300
●久美濱町觀光綜合服務處 ☎0772-82-1781

琴引濱
海灘　MAP附錄18F-1
網野　●ことひきはま

📷景觀

會發出「啾啾」聲響的鳴砂海灘

以鳴砂著稱，踩在白色沙灘上會有「啾啾」的獨特聲音。海水浴場也很受歡迎。

☎0772-62-6300（京丹後市觀光協會）
🕐休 自由參觀
📍京都府京丹後市網野町掛津
🚌京都丹後鐵道網野站搭丹海巴士10分，琴引浜站下車，步行10分　🅿收費

➡體驗鳴砂的魅力

➡海邊有些地方還有溫泉湧出

琴引濱鳴砂文化館
●ことひきはまなきすなぶんかかん　MAP附錄5A-1

以鳴砂為主題，能夠認識海洋環境保護相關的資料館。設有解說琴引濱的大自然與全球鳴砂等資料、可聆聽鳴砂聲音的專區等。

☎0772-72-5511
🕐9:00～16:30　休週二（逢假日則翌日休，暑假期間無休）
¥300日圓　📍京都府京丹後市網野町掛津1250　🚌京都丹後鐵道網野站搭丹海巴士10分，琴引浜站下車即到　🅿免費

織元たゆう
丹後縐綢　MAP附錄18F-2
網野　●おりもとたゆう

🛍購物

丹後縐綢的製造處

除了販售絲製品、正絹丹後縐綢小物等商品外，若事前預約還能參觀丹後縐綢的製織作業。由重森三玲設計的「蓬仙壽」庭園也很值得一看。

☎0772-72-0307　🕐9:00～17:00　休無休
（工廠參觀週六日、假日休）　📍京都府京丹後市網野町淺茂川112　🚌京都丹後鐵道網野站搭丹海巴士3分，網野站下車，步行12分　🅿免費

➡販售原創縐綢商品的藝廊

Royal Merry
義式冰淇淋　MAP附錄18F-4
網野　●ロイヤルメリー

以自製巢蜜製作的天然蜂蜜自豪

放上整塊蜂巢引爆熱門話題的巢蜜霜淇淋。不僅能感受花的香氣與風味，還富含維生素和礦物質等營養。

➡針對健康和消除疲勞頗有效

☎0772-74-1911（酪ママ工房）
🕐10:00～17:00（視時期而異）　休不定休　¥天然巢蜜霜淇淋650日圓　📍京都府京丹後市網野町浜詰46　🚌京都丹後鐵道夕日浦木津溫泉站搭丹海巴士8分，浜詰站下車即到　🅿免費

經岬燈塔
燈塔　MAP附錄5C-1
京丹後　●きょうがみさきとうだい

📷景觀

看守海洋的白色燈塔

聳立於海岬前端的白色燈塔，可將日本海的谷灣式海岸盡收眼底。從明治31(1898)年設置以來，持續守護者往來船隻的安全。亦為電影《悲歡的歲月》的取景地。

➡日本只有5處在使用的一等透鏡

☎0772-75-0437（京都府北部連攜都市圈振興社丹後町支部）　🕐休 自由參觀
📍京都府京丹後市丹後町袖志
🚌京都丹後鐵道網野站搭丹海巴士1小時5分，經ヶ岬站下車，步行30分　🅿免費

兜山公園
公園　MAP附錄18E-4
久美濱　●かぶとやまこうえん

🎡玩樂

久美濱灣一覽無遺的公園

廣布在兜山（海拔192m）山腳下的休閒娛樂區。具備營火場和洗手間等設備的露營場於4月到11月開放，也設有運動遊樂器材。

☎0772-83-1457（兜山公園露營場管理事務所）
🕐休 自由入園　¥露營場帳篷一頂3000日圓、汽車露營區1區塊3000日圓　📍京都府京丹後市久美浜町向磯6　🚌京都丹後鐵道兜山站步行30分　🅿免費

➡從觀景台眺望久美濱灣與日本海是極致享受

豪商稻葉本家
古厝　MAP附錄18D-4
久美濱　●ごうしょういなばほんけ

📷景觀

開放參觀久美濱富商的舊宅

曾任織田信長家臣的稻葉家族後裔，藉由駁船業累積巨額財富的富商稻葉的宅邸遺跡。內有江戶時代建造的吟松舍等諸多看點，還有陶藝體驗及特產品販售。

☎0772-82-2356
🕐9:00～16:00　休週三（逢假日則翌日休）　¥免費，陶藝體驗3000日圓　📍京都府京丹後市久美浜町3102　🚌京都丹後鐵道久美濱站步行7分　🅿免費

➡厚實的建築物已列為國家有形文化財

舞鶴

伊根

宮津·與謝野町

丹後半島

丹後旅の宿 万助楼

●たんごたびのやどまんすけろう

擁有創業100多年歷史的老旅館，具備能飽覽日本海的暢快溫泉與每間房皆享海景的客房等，以絕景引以為傲。紅色樓梯很搶眼的挑高大廳則讓人彷彿置身於龍宮城。

MAP附錄 18E-1

📞0772-72-0145

🕐IN15:00、OUT10:00 　💴1泊2食9720日圓～
🏠京都府京丹後市網野町浅茂川319
🚃京都丹後鐵道網野站車程7分　🅿免費

亮點在這裡
由主廚親自嚴選從旅館前方漁港捕獲的新鮮海產，可搭配風景盡享山珍海味一應俱全的「丹後之味」。

1窗外看出去是一片日本海的雄偉景致 2明治40（1907）年建於浦嶋太郎傳說之地的旅館

飽覽日本海絕景 丹後的小小龍宮城

佇立於海岸線懸崖上海天環抱的獨棟旅館

亮點在這裡
依客人的年齡與口味並因應用餐情境來料理的菜色蘊含了日式服務的精神，可在海景的陪襯下享用餐點。

1三人客房「吹雪」的木製露台，堪稱絕景　2所有客房皆可觀海景，讓蔚藍大海療癒心靈

和み庵 空と海 ●なごみあんそらとうみ

採平房建築，共7間客房的小型旅館。所有客房都設有木製露台，能欣賞眼前毫無遮蔽的日本海壯闊美景。曾赴京都老旅館研習的師傅以在地食材製作的料理也備受好評。

♨🏖🍴🛁 CARD MAP附錄 5B-1

📞0772-76-9200 　🕐IN15:00、OUT10:00
💴1泊2食14580日圓～　🏠京都府京丹後市丹後町平220　🚃京都丹後鐵道網野站搭丹海巴士45分，平站下車，步行5分　🅿免費

丹後半島 迷人住宿

隨著時光推移 日本海的 氣勢磅礴景致！

在日本海沿岸勾勒出美麗海岸線的丹後半島，擁有許多引流天然溫泉的溫泉旅館，能同時欣賞日本海絕景的泡湯樂可謂人生一大享受。

琴のや ●ことのや

用平實價格就能吃到將當地古早味傳承至今的漁夫料理、螃蟹料理的家庭風味旅館，館內隨處可見在地產業丹後縐綢的裝飾。

📞0772-72-1720
🕐IN15:00、OUT10:00 　💴1泊2食10800日圓～　🏠京都府京丹後市網野町三津292　🚃京都丹後鐵道網野站車程13分(提供接送，需預約)　🅿免費

亮點在這裡
不愧是佇立在斷崖上的旅館，能體驗宛如泡在日本海般的絕景浴池很受歡迎，泉質也十分滑順。

将丹後日本海盡收眼底 斷崖上的獨棟旅館

♨🏖🍴🛁 CARD MAP附錄 5A-1

1日本海就在眼前的絕佳位置 2可以從房間眺望日本海

亮點在這裡
晚餐除了能在賞夕陽的包廂用餐處（另收費，需預約）享用外，還有外食、燒烤、自炊等可自由選擇。

一天限兩組客人的隱密空間

海山莊 クリワキの箱 ●かいざんそう クリワキのはこ

座落在夕日浦西邊的獨棟旅館。提供2種不同風格的房間（最多各住4人），分別是有傳統玄關與緣廊的懷舊風「獨棟包租客房」及位在主屋2樓附設觀海景陽台的「景觀客房」，彷彿置身別墅般。

📞0772-74-0018 　🕐IN15:00、OUT10:00 　休不定休　💴1泊附早餐10800日圓～　🏠京都府京丹後市網野町浜詰256-43　🚃京都丹後鐵道夕日浦木津溫泉站搭計程車5分（有從夕日浦木津溫泉站出發的接送服務，需預約）　🅿免費

1別館的獨棟包租客房附有簡單廚房 2廣大腹地內僅建有主屋（照片）及別館這2棟建築

MAP附錄 18F-4

♨溫泉 🏖露天浴池 🍴包租浴池 🛁不住宿溫泉 房內用餐 ■有 □無 CARD可用信用卡 CARD不可用信用卡

雲海上的天空之城遺址

竹田城跡

飄浮在雲海上的神秘風貌掀起話題，躍升為人氣名勝的竹田城跡，也被譽為日本的馬丘比丘，成為廣告和電影的背景舞台。不妨也順道走訪保有古早樣貌的竹田站周遭吧。

天空巴士

巡遊於竹田站～山城之鄉～竹田城跡～竹田まちなか觀光停車場～竹田站～山城之鄉的巴士。旺季1天18班、淡季1天10班，1日票為500日圓。

登山路線

●表米神社登山道
[距離約1.2km／所需約45分]
從表米神社沿著長長階梯與陡峭山路爬上山，是陡峻的登山步道。

●西登山道
[距離約2.2km／所需約40分]
從山城之鄉踏上平緩的上坡，沿著巴士路線而行的登山步道。

3 1
4 2

●車站後方登山道
[距離約1km／所需約40分]
從竹田站的西邊綿延至大手門入口，是古時候便於利用的登山步道，近年已整修過。

●南登山道
[距離約3km／所需約1小時]
行走於車輛通行的柏油路，為距離較長的登山步道。
※來往車輛較多，建議走其他登山步道。

※各條登山步道在冬季有時會封鎖。可否通行需上朝來市官方網站等查詢。

前
往竹田城跡的登山路線有4條，可以依照目的及體力來做選擇。開車則建議將車停在山城之鄉或まちなか觀光停車場，再步行或搭巴士前往。

海拔許多交通方式能前往竹田城跡喔！

興
建竹田城基礎的是室町時代的武將，以應仁之亂的西軍總將領著稱的山名持豐（宗全）。嘉吉元（1441）年爆發嘉吉之亂後，為了對付當時對立的赤松氏，這座作為最前線基地之一的城池便在嘉吉3（1443）年誕生。之後，太田垣家族連續7代擔任城主。在羽柴秀吉率領的但馬征伐而陷落後，據傳是最後一任城主赤松廣秀將城郭整修成如今雄偉的石砌風貌。

何時、由誰所建造？

先奪了你的心♪
竹田城的可愛吉祥物♪

開車		鐵道	
所需時間 1小時30分 單程2820日圓		**所需時間** 3小時 單程4770日圓	
吹田IC		**JR大阪站**	
中國自動車道			
吉川JCT	特急濱風號 2小時5分 4510日圓（對號座）	特急東方白鶴號 2小時7分 4510日圓（對號座）	
舞鶴若狹自動車道			
春日JCT		**JR和田山站**	
北近畿豐岡自動車道		普通or天空之城 竹田城跡號 7分	
和田山IC		**JR竹田站**	
312 約2km		路線巴士「天空巴士」 20分 260日圓	
山城之鄉停車場			
循環巴士「天空巴士」 10分／150日圓			
竹田城跡巴士站		**竹田城跡巴士站**	

🚃 搭乘 竹田城跡號 出發去 ♪♪

串起城崎溫泉與竹田城跡而便於觀光的列車，以木頭紋路的地板加上面窗擺設的座椅為特色。城崎～寺前站之間1天1次往返，全席採自由座。

※詳情請上「JRおでかけネット」確認

竹田城跡周邊MAP

P.44
立雲峽

P.40
竹田城跡

日本首屈一指的山城遺跡
竹田城跡 ●たけだじょうせき

保有與安土城、姬路城同樣採穴太積工法建造的雄偉石牆，平面構造的美感在全日本也屬於屈指可數的城址。東西長約100m、南北長約400m的規模，座落在海拔353.7m的古城山山頂。因模樣如虎伏臥而又有「虎臥城」之稱。

MAP附錄 7A-4
☎ 079-674-2120 (情報館 天空之城)
🕐 8:00～18:00(3月1日～5月31日)、6:00～18:00(6月1日～8月31日)、4:00～17:00(9月1日～11月30日)、10:00～14:00(12月1日～翌年1月3日)
休 1月4日～2月28日全面禁止入城　¥ 參觀費500日圓(國中生以下免費)
所 兵庫縣朝來市和田山町竹田古城山169
交 JR竹田站搭天空巴士20分＋步行20分，或直接步行40分　P 免費(利用竹田站周邊或山城之鄉停車場)

來這裡蒐集資訊！

如果想知道更多關於竹田城跡的資訊就來「情報館 天空之城」，裡頭展出竹田城跡的全景模型與各式資料，能夠進一步探索從歷史背景到石砌技術、屋頂瓦片等的詳細介紹。

展示竹田城跡的立體模型等

情報館 天空之城
●じょうほうかんてんくうのしろ
MAP附錄 7A-4
☎ 079-674-2120
🕐 9:00～17:00(4月～11月)、9:00～16:00(12月～翌年3月)　休 過年期間　所 兵庫縣朝來市和田山町竹田363(竹田城 城下町 HOTEL EN(えん)內)　交 JR竹田站步行5分　P 免費(利用竹田站周邊的停車場)

也可以獲得周邊觀光景點和美食情報等

洽詢處
情報館
天空之城

由雲海與城址交織出的動人風景
(照片提供：吉田利榮)

來到竹田城跡可以參加由志工提供的導覽服務。導覽費為2000~3000日圓，必須最晚於一週前報名。

與導覽員同行更加了解竹田城跡！

為城跡增色的盛開櫻花
立雲峽(→P.44)也是賞櫻名勝

能欣賞以雲海做陪襯的竹田城跡紅葉
(照片提供：吉田利榮)

賞玩四季更迭裝扮的景致也是一大魅力！

櫻花美麗綻放的春季、山脈換上一層蔥鬱翠綠的夏季、紅葉覆蓋整座山染成豔紅色的秋季、大雪覆蓋的冬季，隨四季變化的景色各有千秋，美不勝收。

先來了解旅遊重點！

竹田城跡 的 遊玩方式

三大熱門區域
竹田城跡

從山城之鄉到城跡入口雖然也可以步行前往，還是建議搭乘天空巴士較輕鬆。

START!

從入口走20分鐘便會看見收受棟，入城每人500日圓，賞雲海季節更是從清晨就開放入城囉！

參觀竹田城跡時，基本上是從最近的竹田城跡巴士站步行前往城跡，再繞往城跡裡頭。能透過由大大小小多種天然石頭所組成的石牆，以及為了防止敵人入侵而研發出的城池構造等，好好學習先人的智慧。

1 竹田城跡入口

位在「天空巴士」竹田城跡巴士站旁的山門。這裡有自動販賣機和商店、廁所，先在此做好萬全準備再出發吧。莊嚴的大門也是很熱門的拍照留念景點。

山門前廣場還設有休憩處可多加利用

重點看過來！
雲海出現時能體驗彷彿人在空中飄浮的高人氣「天空長椅」就位在三之丸。

三之丸

從三之丸俯瞰城下町的震懾美景

2 大手口（枡形虎口）

走進城跡內第一個通過的關口。由於是入城的主要門，為了增加敵人攻入的難度，除了將門前的路設計成陡峭上坡以外，還有無法直行的迂迴路。

重點看過來！
大手口周遭採用名為「枡形虎口」的構造，在面對敵人入侵時，無論從正面或側面都可以進行攻擊。

堆砌手法驚人的石牆十分吸睛

4 三之丸・二之丸

在約略中央處將天守、本丸、二之丸、三之丸、南二之丸以連郭式設置是竹田城跡的特色。利用天然地形打造如海灣般的構造，得以清楚看見城池全貌。

二之丸

能從二之丸遠眺三之丸和北千疊

可以近距離欣賞被稱為穴太流野面積的石牆

3 北千疊

這裡能飽覽美到令人不禁讚嘆的景致，同時也是沒鋪設保護用不織布的區域，最能盡情欣賞360度景觀。（從此開始的參觀路線是長約400m、寬約2m的單行道）

這裡掉落了許多當時的瓦片，可以仔細看看

山城之鄉
↓ 巴士15分150日圓
1 竹田城跡入口
↓ 步行20分
2 大手口（枡形虎口）
↓
3 北千疊
↓
4 三之丸
↓
4 二之丸
↓
5 本丸・天守
↓
6 花屋敷
↓
南二之丸
↓
7 南千疊
↓ 步行15分
GOAL
竹田城跡入口

大手口
北千疊
三之丸
收受棟
（收費處、廁所）

所需時間約2小時

往JR竹田站
↑步行40分

二之丸
海拔353.7m
天守
奧殿（高見殿）
本丸（平殿）
南二之丸（講武所）
南千疊
花屋敷（花殿）

自動導覽播放設備

竹田城跡入口
廁所

往R312

竹田城跡巴士站
往山城之鄉
（若步行需40分）

禁止自家車進入，需轉乘天空巴士或計程車、步行。

一路上道路平坦，從竹田城跡巴士站走20分可到收受棟

42

竹田城跡

先來了解旅遊重點 竹田城跡的遊玩方式

別忘了買伴手禮♪

在通往竹田城跡的門戶「山城之鄉」買伴手禮和美食、蒐集情報一網打盡！

雲海柚子汽水
200日圓
兵庫縣產的柚子香氣與色彩讓人聯想到雲海

山城之鄉原創的日本酒，屬於口味清爽的干型酒

山城之鄉竹田城跡（大吟釀）950日圓
山城之鄉竹田城跡（純米酒）1296日圓

岩津蔥鹽
540日圓

岩津蔥肉醬
540日圓

推出多款使用朝來市名產「岩津蔥」製作的伴手禮

艾草餅
540日圓

揉入但馬艾草的蓬勃，清淡順口滋味廣受歡迎

戀愛旅結
465日圓

竹田城鏡石吊飾
朝來市限定

還有餐廳！

但馬炸豬排定食
1080日圓

使用肉頭載滿多汁的但馬豬做成炸豬排

還有展示資料室！

資料展覽室介紹竹田城歷史及隨四季變化的竹田城跡照片，可免費入內。

山城之鄉

離竹田城跡最近的休憩處

MAP附錄

5 本丸·天守

城跡內最熱門的景點，從天守台望出去是360度的遼闊全景。擁有美麗曲線、越上面越接近垂直的武者返樣式石牆「橫矢掛」的多樣性也值得一看。

從三之丸望出去的景觀，能清楚看見側面的石牆

從南千疊可以欣賞到天守的正面

重點看過來！

天守的外角是以大塊長方體石頭的長邊與短邊交互組合而成的「算木積」工法，為了增加強度而精心設計的堆砌法叫人佩服。

6 花屋敷

由於現在禁止進入，只能從平殿一睹風采。據說以前是在這裡種植藥草等作戰用的植物因而成為一片花田，才有了這個名稱。

重點看過來！

來到花屋敷能看見用來攻擊槍砲的「石彈藥」建造遺址。在日本也非常罕見，而被視為珍貴遺址保存下來。

由於花屋敷地處後門的位置，具備高防禦性

南千疊 7

南千疊為城跡內最大的曲輪，是能欣賞曲輪成階梯狀層層綿延、石牆變化多端的熱門景點。也別錯過在搶眼的石牆邊角疊上大石塊等用心設計。

這裡不光只有雲海，一定要充分感受竹田城的魅力嘴！

最後還有能將竹田城跡盡收眼底的攝影景點

重點看過來！

嵌入城池石牆中最大顆的石頭「鏡石」，其震撼的外觀也被視為能獲得力量的能量景點而聚集人潮。

GOAL!

雲海上的飄浮城堡

大開眼界！

從立雲峽
一睹絕美的竹田城跡！

雲海的形成條件
- ☑ 9～11月
- ☑ 破曉～上午8時左右（9～翌年4月都有可能看到）
- ☑ 晴空萬里
- ☑ 風勢小
- ☑ 清晨與中午間的溫差大

行前請詳加確認氣象預報，再來安排行程

可以從幾乎與竹田城跡同樣的高度來拍照

位在海拔756.5m朝來山山腰的「立雲峽」，
以欣賞雲海的景點而人氣高居不下。
快前往能飽覽竹田城跡與城下町的3個瞭望台，
追尋雲海上的壯麗景觀！

登上立雲峽看看吧！

第❷瞭望台

從第3瞭望台往上走5分鐘，來到近幾年重新翻修過的第2瞭望台。這裡規劃出一塊設有台階、可供約20人觀景的空間。

步行5分

竹田城跡 第2瞭望台

位在愛宕神社入口附近的觀景台

通往愛宕神社的入口。雖然從這裡走上去也能前往第1瞭望台，但走起來十分吃力。

步行20分

第❸瞭望台

第3瞭望台就位在離停車場不遠處，從寬闊的瞭望台能清楚看見竹田城跡，對體力沒信心的人在這裡就能充分享受美景。

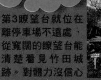

設有長椅，想好好觀景的人可來這裡

雖然角度較低，但距離相對較近

START 登山口

位處距離竹田站車程約20分鐘處的登山口。4月的櫻花祭時期需付停車費，淡季則置有收費箱。賞雲海季節時常清晨就已停滿車。

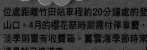

需留意廁所與自動販賣機都只有這裡才有

借用放置於入口的手杖上山去！

從這裡開始登山！千萬別忘了做暖身運動

步行5分

第❶瞭望台 GOAL

從第2瞭望台爬上陡坡前往第1瞭望台。由於海拔比竹田城跡還要高些足以捕捉全景，因此人氣高居不下。

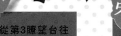

從上方俯瞰竹田城跡，周圍的山河也清晰可見

雖然必須從停車場走約30分才能到，依然人氣No.1！

開心欣賞雲海的小建議

1 方便實用的隨身物品
因為會在天亮前上山，必備能照亮腳下的手電筒。等待雲海浮現的時間漫長，暖暖包等防寒策略也要做好！若有單眼相機的話建議帶100～200mm的望遠鏡頭。

2 服裝大盤點
降雨機率高，必備風衣、雨具。而且容易出現路面泥濘，因此請穿登山鞋，穿涼鞋或高跟鞋會非常危險！

3 善加利用涼亭♪
前往第1瞭望台的路上有2座涼亭，若遇上豪雨或想歇腳可多加利用。可惜的是周圍樹木環繞，難以望見竹田城跡。

立雲峽健行MAP

朝來山756.5m

愛宕之森　大成池
巨石　象徵之森
愛宕神社　龍神瀑布
鳥鳴之森　第1瞭望台
杞陽櫻和句碑
愛宕神社入口　第2瞭望台
結實之森　老櫻樹群生地
第3瞭望台
觀櫻之森
龍神之森
花舞之道　停車場　廁所
夢之森
池
登山口

MAP附錄 7B-4

竹田インキュベーション「段々」

能隨興來逛逛的站前商店

●たけだインキュベーション だんだん

2015年開幕，適合來此稍作休息的站前複合設施。有供應道地台灣茶與港式點心的台式咖啡廳「福苗」、販賣老闆拍胸脯推薦的現烤麵包的「莓一笑」2家店進駐。

MAP附錄 7A-4

視店鋪而異 週四(逢假日則翌日休) 兵庫縣朝來市和田山町竹田255-1 JR竹田站即到 免費

JR竹田站周邊的城下町是保有昔日風貌的韻味十足老街。在參觀竹田城跡的前後，無論是想用餐或購物、蒐集資訊，都不妨來這裡看看。

洋溢的風情

台湾cafe 福苗 1F

●たいわんカフェふくなえ

不但能以典雅茶具啜飲台灣茶，還有港式點心與甜點等，也有販賣台灣雜貨。

080-5337-1433
10:00～16:00

設有能望見竹田城跡與電車的頭等席

種類多樣的台灣茶700日圓～

やきたてパン工房 莓一笑 1F

●やきたてパンこうぼういちごいちえ

推出竹田城石牆造型的菠蘿麵包、綿軟的雲海麵包等多種每天都想吃的麵包。

079-674-2515
9:00～18:00

石牆菠蘿麵包 150日圓

丹波產黑豆麵包 180日圓

角形吐司 250日圓

以「懷舊喫茶店」為形象打造的休憩設施

あったかプラザ

MAP附錄 7B-4

079-674-2606

將明治時代的老醫院改建而成的免費休憩處，能在此品嘗但馬牛定食和烏龍麵、紅豆湯等，後院還設有露天咖啡區。

9:30～16:30 週一、四 兵庫縣朝來市和田山町竹田208-2 JR竹田站步行3分

木質裝潢滿溢溫馨氛圍的店家

令人忍不住想來看看的復古建築

穿過鐵軌就能來到虎臥城公園
沿著馬路的小河裡有鯉魚悠游好不浪漫

古早味的車站建築，站內設有觀光服務處

城下町散步

讓屋齡120年的町家溫暖你心

寺子屋 ●てらこや

咖啡廳保留了城下町的風情，營造出休閒舒適的空間感。改裝自明治20（1887）年興建的町家，櫥櫃、桌子等傢俱還維持當時原貌的店內充滿著懷舊的氛圍。

MAP附錄 7A-4

079-674-1255

10:00～16:30 不定休 兵庫縣朝來市和田山町竹田286 JR竹田站即到 免費(竹田站前有5輛車的停車空間)

來白牆圍欄令人印象深刻的寺町通走走

來點和菓子或蛋糕、咖啡休息一下

供住宿！
可以包下整棟明治時代町家來住宿的旅館。設有「天」及「宙」2棟，風情各異其趣。

1泊2食12000日圓～
宛如置身阿嬤老家般的愜意空間

用上但馬食材的每日午餐1060日圓～

可以用餐&住宿的觀光據點

竹田城 城下町 ホテル EN（えん）

●たけだじょうじょうかまちホテルエン（えん）

竭盡所能活用在竹田城下擁有超過400年歷史的釀酒廠，將其改造成充滿雅趣的餐廳。還附設情報館天空之城及住宿設施，可作為竹田城跡的觀光據點。

MAP附錄 7A-4

0120-210-289 (NIPPONIA綜合服務)

11:00～14:00、18:00～21:00 不定休 兵庫縣朝來市和田山町竹田上町西側363 JR竹田站步行3分 免費

每月換菜單的午間全餐2800日圓（未稅）的主菜示例

櫻花和花菖蒲美麗綻放的虎臥城公園

供住宿！
現代和風的高雅客房共有5間，法式晚餐加上可自選和式或西式的早餐也令人欣喜。

1泊2食21000日圓～(稅及服務費另計)

改建自舶來品店的個性派複合設施

TAKEGEKI ●タケゲキ

從和田山IC通往JR竹田站沿路上的複合設施。將古老建築翻修成的店鋪裡頭有由當地出生的年輕一代擔任老闆的咖啡廳、植物店、工作室等進駐。

MAP附錄 7B-3

10:00～18:00(Tea & Sweets T's ROOM為11:00～18:30) 週四 兵庫縣朝來市和田山町榮町19-2 JR竹田站步行15分 免費

位於站前通的北邊、小學前面

TAKEGEKIに 還有這些店家進駐

Tea & Sweets T's ROOM ●ティーアンドスイーツティーズルーム

079-674-0076

由擁有紅茶侍茶師證照的老闆親自挑選，可品嘗著名各國紅茶與自製甜點的紅茶專賣店。

木まもり ●きまもり

079-666-8977

以客製化的插花為中心，並販售空氣鳳梨和多肉植物的店家，也有販賣花瓶和花器。

城崎溫泉
きのさきおんせん

川邊垂柳點綴、風情萬種的街景，7座外湯與形形色色店家林立的城崎溫泉。來這座擁有悠遠歷史、至今仍擄獲眾多觀光客芳心的溫泉街逛逛吧。

空中纜車搭乘處的附近有溫泉湧出的元湯

溫泉二三事！
城崎溫泉

相傳1400年前白鶴在此療傷因而被世人發現，之後由道智上人開發而成。明治時代後，因鐵路開通而泡湯客大增，也吸引許多文人造訪。溫泉溫度為73～80℃，泉質是帶有微微鹹味的氯化鈉、氯化鈣泉水。

適合來購物兼歇腳的木屋町小路（→P.56）

四季風景也令人期待♥

秋
10月14、15日會舉行深富傳統的秋季慶典。11月6日起松葉蟹解禁，溫泉街隨處都吃得到螃蟹料理。

春
3月下旬～4月上旬可謂城崎溫泉的春季風情畫，能盡情賞櫻。6月上旬有螢火蟲飛舞，韻味十足。

冬
白雪籠罩的城崎街景優美動人。也因為觀光客衝著泡雪賞雪＆螃蟹而來，旅館常呈現客滿狀態。

夏
有8月22日舉辦的大谿川納涼放水燈及煙火大會等，夏季的城崎有煙火和祭典等五花八門的活動。

ACCESS

開車

城崎溫泉 ─ 日高神鍋高原IC ─ 春日JCT ─ 吉川JCT ─ 中國自動車道・吹田IC

北近畿豐岡自動車道
中國橫斷自動車道

所需時間：2小時30分
單程2670日圓

搭電車

JR城崎溫泉站 ─ JR大阪站

特急 東方白鸛號
2時間42分
5600日圓

特急 濱風號
2時間45分
5600日圓

所需時間：2小時40分
單程5600日圓

482 312
約22km

城崎溫泉

魅力大盤點！城崎溫泉的 5大好玩重點

城崎溫泉的地標「一之湯」（→P.50）

3 歷史&文化 景點

自古以來深受文人雅士喜愛的城崎溫泉曾在志賀直哉、與謝野晶子等人的諸多作品中出現。漫步街道時遙想著這裡的歷史與文化，一定能感受到溫泉以外的城崎魅力。小鎮裡除了有城崎文藝館外，還有文學碑及歌碑等散布各地，務必去看看。

刻上志賀直哉的《在城崎》字句的文學碑

江戶安政時期創業的老旅館「西村屋 本館」（→P.58）

2 雅致的 旅館

城崎溫泉約有80家溫泉旅館林立，其中不乏擁有超過300年歷史的旅館及文豪深愛的旅館。也有許多對自家餐點引以為傲的旅館，各有各的風格，可以選家符合您喜好的溫泉旅館來度過放鬆&奢華的時光。

1 7大外湯巡遊

又有求子之湯稱號的柳湯（→P.51）

來到城崎溫泉絕不可錯過的就是將散布七處的溫泉一次泡遍的「外湯巡遊」，每個外湯（公共浴場）都是精心設計又魅力洋溢。除了只要住進旅館就能索取免費的外湯巡遊券，也有販售單日自由泡湯的票券「Yumepa（ゆめぱ）」（1200日圓）。

5 泡湯後的 甜點

泡湯後的甜點風味特別好吃！

泡完溫泉暖和身子後，期待來點能讓口中清爽一下的甜點。溫泉街隨處可見提供果汁類或義式冰淇淋、霜淇淋等琳瑯滿目的甜點店，推薦您四處走走挑戰多家。

能一次吃到義式冰淇淋與霜淇淋的城崎ジェラートカフェChaya（→P.54）的Soft DE Double

整個碗公盛滿蟹肉的蓋飯令人興奮不已（→P.53）

4 螃蟹&但馬牛 美食

軟嫩又內質鮮美的但馬牛牛排（→P.52）

冬天的城崎溫泉以近海捕獲的松葉蟹聞名，溫泉街也有許多能輕易吃到螃蟹料理的餐飲店。除了螃蟹之外，還能盡情品嘗用日本海新鮮海產、在地品牌牛但馬牛烹製的料理，若以美食為目的而來也能身心飽足。

城崎溫泉 最新 TOPICS

城崎文藝館 改裝開幕！

城崎文藝館在2016年重新開幕，介紹與城崎溫泉有淵源的文人雅士。展覽內容與館內空間煥然一新，增加許多亮點。

城崎文藝館（きのさきぶんげいかん）
☎0796-32-2575　MAP附錄 14D-3
🕐9:00〜17:00　🈺每月最後週三（逢假日則翌日休）　💴成人500日圓、國高中生300日圓　🅿兵庫縣豐岡市城崎町湯島357-1　🚃JR城崎溫泉站步行5分　🅿免費

進一步推廣「歷史、文學與溫泉風情小鎮」城崎的設施

展出與城崎有所淵源的文人作品和溫泉相關資料

也會定期舉辦特展

「溫泉大選2016」外國遊客項目榮登第1！

在2016年以環境省為中心所舉辦的「溫泉大選2016」中，城崎溫泉一舉拿下外國遊客項目的冠軍，以外國遊客也熱烈支持的溫泉街而獲得肯定。

將整座城鎮作為一大「旅館」來款待觀光客的策略獲得好評

城崎溫泉站的建築 重新開張！

2016年秋季JR城崎溫泉站重新開幕，搖身一變成更舒適的車站。隨著外觀改建成呼應周遭街景的風貌，站內大廳也特別翻修過。

車站大廳的地面以大谿川和玄武岩、柳樹為設計主題

整個溫泉街洋溢著清新的氣息

1日　名湯、美食、名勝一網打盡

城崎溫泉遊覽方案

外湯巡遊加上在地美食等無窮樂趣，城崎溫泉擁有許多這裡特有的看點。以下介紹能玩上一天盡情遊街的推薦旅遊方案。

1 首先 吃在地美食的午餐補充元氣

走出城崎溫泉站即到的站前通上餐飲店櫛次鱗比。一到這裡，就讓捕獲自附近海港的鮮魚和但馬牛等名菜午餐來填飽肚子吧。

LINK→P.52

步行約15分

➡おけしょう鮮魚の海中苑（→P.53）的海鮮蓋飯1940日圓

但馬牛專門店いるりダイニング三國（→P.52）的但馬牛牛排蓋飯2800日圓

步行即到

JR城崎溫泉站

從這裡 START

從大阪到城崎溫泉站搭JR特急「東方白鸛號」或「濱風號」約3小時可達。只要搭乘早上8時到10時間從大阪出發的班次，就能到城崎享用午餐。

2 搭乘空中纜車俯瞰溫泉街

城崎溫泉纜車
きのさきおんせんロープウェイ

☎**0796-32-2530**　**MAP附錄 15B-3**

🕐9:10～16:50（下山末班為17:10）　🈺第2、第4週四（逢假日則營業）　💰成人（來回）900日圓　📍兵庫縣豐岡市城崎町湯島806-1　🚃JR城崎溫泉站步行17分　🅿收費

從大師山的山腳搭乘空中纜車登上設有車站的山頂，來盡情欣賞城崎溫泉的街景與遠達圓山川、日本海的景致。

剝山上可來逛走走***

溫泉寺
●おんせんじ

城崎溫泉的守護寺，能認識城崎溫泉的歷史與傳統的泡湯方式「古式入湯作法」等。

MAP附錄 15A-3

☎**0796-32-2669**

🕐9:00～17:00　🈺第2、4週四（逢假日則開門）　💰美術館通票400日圓　📍兵庫縣豐岡市城崎町湯島985-2　🚃城崎溫泉纜車3分，溫泉寺站下車即到　🅿收費

城崎美術館
●きのさきびじゅつかん

建於溫泉寺境內，主要展出寺院蒐藏中被視為古文化財的佛像、佛畫和古文書等佛教美術。

MAP附錄 15A-3

☎**0796-32-2851**

🕐9:00～16:20（逢假日則開館）　🈺第2、4週四　💰溫泉寺通票400日圓　📍兵庫縣豐岡市城崎町湯島985-2　🚃城崎溫泉纜車3分，溫泉寺站下車即到　🅿收費

城崎珈琲 みはらしテラスカフェ
●きのさきコーヒーみはらしテラスカフェ

能在俯瞰城崎溫泉街的同時品嘗道地甜點等。（2017年7月重新開幕）

MAP附錄 15A-4

☎**0796-32-3365**

🕐10:00～16:00　🈺第2、4週四　📍兵庫縣豐岡市城崎町湯島　🚃城崎溫泉纜車7分，大師山頂站下車即到　🅿收費

城崎溫泉ロープウェイ
KINOSAKIONSEN ROPE WAY

展開約7分鐘的空中散步！

登上山頂便能將大自然環抱的城崎溫泉街一覽無遺

〜溫泉蛋濃稠又好吃〜

雙腳的疲憊煙消雲散

↻ 浸泡源泉約11分鐘溫泉蛋便大功告成

3 來口袋園區 享受 足湯 & 溫泉蛋

藥師公園口袋園區設有直接引自城崎溫泉源泉的足湯及休閒咖啡廳，藉由免費足湯與利用熱霧繚繞的源泉蒸煮的溫泉蛋來休息一下。

藥師公園口袋園區
●やくしポケットパーク **MAP附錄** 15B-3
☎ **0796-32-0001**（豐岡市公所）
自由入園 🏠兵庫縣豐岡市城崎町湯島642 🚃JR城崎溫泉站步行15分
🅿收費

從纜車搭乘處 步行即到

可以在這裡買蛋

生雞蛋須在元湯旁邊的城崎ジェラートカフェ Chaya（→P.54）購買，3顆300日圓、5顆450日圓。

步行約5分

步行約15分的範圍內

4 換上浴衣來去 外湯巡遊

能夠穿上浴衣隨興遊逛正是城崎溫泉的魅力。不妨換上繽紛的浴衣踩著日式木屐，展開外湯巡遊與逛街趣。

LINK→P.50

也要到一之湯（→P.50）前的飲泉處看看♥

↻穿上浴衣更能感受身處溫泉地的氣氛

溫泉風味的 5 伴手禮選購 與 街頭美食

漫步小鎮之餘還能順道品嘗城崎特有的簡單美食與甜點，也別忘了選購親朋好友的伴手禮。

LINK→P.56

↻城崎溫泉たまごプリング Kiman（→P.56）的布丁拼盤700日圓

↻各式小店雲集的木屋町小路（→P.56）

↻吃得到日本海產的仙貝可在海中の（→P.57）購買

↻薬願おうち堂城崎溫泉店（→P.56）的熱銷甜點城崎Eeman饅頭

浴衣可在此租借

ゆかた專門店 いろは
●ゆかたせんもんてんいろは
專門為一日遊來享受城崎溫泉、想穿別緻浴衣的人所開設的浴衣販賣＆出租店。備有男裝與女裝，還有針對女性提供編髮與小飾品的租借服務。

MAP附錄 15C-3
☎ **0796-32-0168**
🕐10:30〜18:00、20:00〜22:00
🈺週四 💰租借浴衣[い]方案2160日圓、[ろ]方案3240日圓、[は]5400日圓 🏠兵庫縣豐岡市城崎町湯島449 🚃JR城崎溫泉站步行10分 🅿無

↻隨時備有超過100種的浴衣

↻御所之湯（→P.51）旁的店家

↻還有販賣獲得溫泉寺保佑的順產、求子御守「福音鈴」（1620日圓）和「手帕書」（1296日圓）等這裡才買得到的原創伴手禮

外湯完全指南

踏著木屐四處探訪

共有七座公共浴場座落於城崎的河川邊，包含宛如洞窟般的浴場，以及受唯美綠意所療癒的露天浴池等。不妨逛逛幾座獨具特色的溫泉，找到自己心儀的浴場吧。

試著逛逛看，找到自己喜歡的浴場吧♥

一之湯 いちのゆ

建造於玉橋前的城崎地標

這座令人聯想到歌舞伎座的桃山時代風格建築物，是眾人熟悉的外湯地標。而溫泉醫學之祖香川修德曾將此處評為「天下第一湯」，故有此名稱。

↑切割自然岩石建造而成的神祕洞窟浴池

↑更衣室的復古置物櫃相當可愛

溫泉DATA
入浴費 600日圓

☎0796-32-2229　MAP附錄 14D-3
⏰7:00～22:30　休週三(逢假日則營業)
所兵庫縣豐岡市城崎町湯島415-1
🚃JR城崎溫泉站步行9分　P無

肥皂　洗髮精　毛巾　浴巾　DRY吹風機　置物櫃
收費　免費　無

外湯巡遊整理表

	費用	時間	公休	露天浴池	休憩處	包租浴池
里湯	800日圓	13:00～20:30	週一	○	○	×
地藏湯	600日圓	7:00～22:30	週五	×	×	○
一之湯	600日圓	7:00～22:30	週四	○	○	○
柳湯	600日圓	15:00～22:30	週四	×	×	○
御所之湯	800日圓	7:00～22:30	第1、3週四	○	○	×
曼陀羅湯	600日圓	15:00～22:30	週三	○	○	×
鴻之湯	600日圓	7:00～22:30	週二	○	○	×

溫泉街 外湯MAP

周邊圖 MAP附錄 14

車站步行18分 鴻之湯
車站步行10分 四所神社 开
天湯
可以製作溫泉蛋！卍
城崎溫泉空中纜車
御所之湯
湯の里通り
木屋町通り
車站步行15分 曼陀羅湯
春季可見到唯美櫻花
適合逛街時利用的停車場
木屋町小路
集結許多伴手禮商店
車站步行9分 一之湯
大谿川
南柳通り
柳湯 車站步行7分
地藏湯 車站步行5分
以柳樹隨風搖曳的樣貌為背景拍攝紀念照
餐廳及伴手禮商店林立
文芸館通り
駅通り
距離車站極近還可享受足湯樂趣
里湯
JR山陰本線
城崎溫泉站

有了這個才方便！溫泉巡遊便利冊

外湯巡遊時，請務必利用「浴衣與螃蟹王國護照」索取各觀光設施及餐飲店優惠、贈品，或者是採取IC卡形式的外湯巡遊票「Yumepa（ゆめぱ）」，用更划算的方式巡遊外湯。

Yumepa（ゆめぱ）
1200日圓
可於各外湯購得，並附設優惠特典

浴衣與螃蟹王國護照
200日圓
可於城崎文藝館（→P.47）購得

城崎溫泉

外湯完全指南

里湯
（さとのゆ）

距離車站又近 浴池種類又豐富的SPA

↑這座大型SPA緊鄰車站而立

這座浴場落成於平成年間，為外湯中最新的一處。座落於城崎溫泉站前，設有藥草三溫暖、冷式三溫暖等最新設備。此外，設計講究、可遠眺圓山川的露天浴池也深受好評。

MAP附錄 14E-3
0796-32-0111
13:00～20:30 休週一（逢假日則營業）所兵庫縣豐岡市城崎町今津290-36 JR城崎溫泉站即到 P收費

溫泉DATA 入浴費800日圓

↑位於站前的絕佳地理位置，以及飽覽溫泉街的景觀都是其魅力所在

外湯之中，只有一之湯及此處設有包租浴池！

在寬闊的浴池內療癒身心

充滿特色的外觀以燈籠為形象設計，曾在源頭處發現地藏像，因而得名。館內除了時尚的室內浴池及水柱浴池外，還設有包租浴池（每室每40分鐘3000日圓）。

↑用來呈現玄武洞的六角形窗戶令人印象深刻

地藏湯
（じぞうゆ）

↑在地人也常去，在庶民氣圍中盡情放鬆身心

MAP附錄 14E-2
0796-32-2228
7:00～22:30 休週五（逢假日則營業）所兵庫縣豐岡市城崎町湯島796 JR城崎溫泉站步行5分 P無

溫泉DATA 入浴費600日圓

鴻之湯
（こうのゆ）

→位於溫泉街最內部，距離大馬路有一段路

在外湯中首屈一指的古浴場

此處為城崎最古老的浴場，其源泉傳說發現於1400年前，因東方白鶴在此治好腳傷而受到注意。其中，庭園露天岩石浴池維護細心，周圍環繞鮮豔的綠意，十分舒爽。

MAP附錄 15C-3
0796-32-2195
7:00～22:30 休週二（逢假日則營業）所兵庫縣豐岡市城崎町湯島610 JR城崎溫泉站步行18分 P收費

溫泉DATA 入浴費600日圓

↑位置及寂靜環境相當適合漫步時順道入浴

柳湯
（やなぎゆ）

小巧又兼具時尚和風特色的外湯

從中國名勝「西湖」移植柳樹至此後，其根部湧出溫泉，因而命名為柳湯。雖然此處為外湯中最小巧的浴場，但浴場大量利用木頭建造，充滿溫泉勝地氣氛，深受歡迎。

↓雅緻氛圍讓此處成為深受在地人歡迎的浴場

↑重現大正至昭和初期的建築物

MAP附錄 14D-3
0796-32-2097
15:00～22:30 休週四（逢假日則營業）所兵庫縣豐岡市城崎町湯島647 JR城崎溫泉站步行7分 P無

溫泉DATA 入浴費600日圓

御所之湯
（ごしょのゆ）

沉醉於艷麗又雅緻的韻味

以京都御所為原型建造而成的外觀極為引人注目。館內有以檜木圓木組成並設置玻璃屋頂的室內浴池「天空浴池」，更有座具有三層瀑布的「瀑布露天浴池」，相當明亮、具開闊感。

↓充滿魄力的瀑布及自然光線讓身心都感到舒適

↑仿造京都御所建造的厚實豪華建築最具特色

0796-32-2230 **MAP附錄 15C-3**
7:00～22:30 休第1、3週四（逢假日則營業）所兵庫縣豐岡市城崎町湯島448-1 JR城崎溫泉站步行10分 P收費

溫泉DATA 入浴費800日圓

曼陀羅湯
（まんだらゆ）

↑唐破風式的外觀宛如佛堂般，值得一看

因道智上人祈禱而湧出之泉

據傳這座外湯是由溫泉寺開祖道智上人在長達一千日的祈禱之後才湧出，相當不可思議。入口處為唐破風樣式，因佛緣而將屋頂仿佛堂建造，美麗的建築物本身也十分引人注目。

0796-32-2194 **MAP附錄 15C-3**
15:00～22:30 休週三（逢假日則營業）所兵庫縣豐岡市城崎町湯島565 JR城崎溫泉站步行15分 P收費

↑以淡淡檜木香氣及唯美碧綠景致療癒身心

曼陀羅湯內的露天浴池設有檜木浴池，深受歡迎，非常搶手！

溫泉DATA 入浴費600日圓

最高級！專賣但馬牛的餐廳

但馬牛牛排（100g）4800日圓
午間套餐包含開胃菜、沙拉、白飯、味噌湯等，十分划算

但馬牛牛排蓋飯 2800日圓

極品 城崎午餐

盡情享用兩大當地特產！

一提到在城崎溫泉令人期待的料理，就是大量採用海鮮製作的餐點，以及知名招牌但馬牛料理。在此特別介紹各種推薦料理，令人品嘗其美味後，忍不住露出笑臉！

但馬牛專門店
いろりダイニング三國

○たじまぎゅうせんもんてんいろりダイニングみくに

老字號旅館「三國屋」開設的但馬牛餐廳。採購自村岡上田畜產的但馬牛蘊含滿滿的鮮味，若再配上竹野海鹽與山葵，那美味簡直叫人感動。

MAP附錄 14E-3
☎0796-32-4870（小宿 緣）
🕐11:00～14:00、18:00～20:30
休週三（逢假日則翌日休）
46席　兵庫縣豐岡市城崎町湯島219 小宿 緣2F　JR城崎溫泉站步行3分　P無

店內充滿著城鎮商鋪特有的沉穩氣息

但馬牛

たじま

好想吃

城崎珈琲俱樂部

○きのさきこーひーくらぶ

店內常備14種口味的義式冰淇淋（330日圓～）及咖啡最受歡迎。此外，一入口就能感受到肉汁滿溢而出的美味但馬牛漢堡也提供外帶（6～10月除外），適合作為回程電車上的點心。

MAP附錄 14E-3
☎0796-32-2349
🕐10:30～17:00　休週四
25席　兵庫縣豐岡市城崎町湯島114　JR城崎溫泉站即到　P無

位於車站前的馬路旁最適合稍作休息

但馬牛漢堡 1000日圓
100%但馬牛製成的肉排令人感動。調味簡單，更能享受牛肉的美味

以義式冰淇淋及咖啡放鬆自己

但馬牛沙朗牛排鐵板燒御膳 2700日圓
以最實惠的價格品嘗但馬牛，可自行爐烤燒制剛剛好的熟度

在城崎溫泉入口感受賓至如歸的款待

城崎溫泉創作料理 響

○きのさきおんせんそうさくりょうりきょう

老闆曾以廚師身分在城崎溫泉旅館累積許多經驗，主要使用在地食材製作各種鐵板燒及火鍋。以當季食材錦上添花的豐盛小菜更充分發揮了食材本身美味，口味溫醇。

以白色為主的沉穩空間

☎0796-32-3398　MAP附錄 14E-3
🕐11:00～14:30、17:00～20:00　休不定休　23席　兵庫縣豐岡市城崎町湯島79　JR城崎溫泉站即到　P無

八鹿豬番茄鍋定食 1620日圓
使用被譽為夢幻豬肉的八鹿豬製作，柔軟又甘甜的肉質為其特色

深受女性好評！

おけしょう鮮魚の海中苑

おけしょうせんぎょのかいちゅうえん

1樓為鮮魚賣場，2樓則是用餐處。除了各種以海鮮為主的餐點外，還可於1樓挑選食材，由店家代為料理生魚片或烤魚。

MAP附錄 14E-3

☎0796-29-4832

🕙10:00～18:00　🈺無休　🪑150席
🏠兵庫縣豐岡市城崎町湯島132
🚃JR城崎溫泉站即到　🅿無

大量擺上11種新鮮海產的招牌餐點

海鮮蓋飯　1940日圓
可充分飽嘗各種新鮮且本漁港產的鮮肝擺滿碗飯，使用當天捕撈海鮮製作。

好想吃

鮮

期間限定

蟹肉蓋飯　2160日圓
於飯上鋪滿整隻國產蟹肉，並淋上自製醬汁即可享用。

其實花枝也是城崎名產！

花枝蓋飯　1400日圓
使用新鮮花枝製成的奢華蓋飯，香脆爽口的漩渦狀外觀令人食指大動。

すけ六

すけろく

在這家壽司店內，可享用到各種新鮮漁獲製成的餐點，主要來自香住、柴山及津居山等近郊漁港。最受歡迎的餐點為螃蟹散壽司，店家亦提供外帶服務，適合作為回程電車上的便當。

MAP附錄 14D-3

☎0796-32-2487

🕙11:30～14:00、17:30～21:00
🈺週三不定休　🪑26席
🏠兵庫縣豐岡市城崎町湯島660-4
🚃JR城崎溫泉站步行8分
🅿無

螃蟹散壽司　1400日圓
深受歡迎的蟹肉及蟹黃鋪滿壽司飯。螃蟹產季為3月中旬～秦至6月中旬操餘

以新鮮度為傲的螃蟹散壽司

加入蟹膏！

第三代研發的本店限定螃蟹蓋飯！

螃蟹蓋飯　1100日圓
螃蟹肉放入醬蟹飯內，並以蟹黃提味。

かに寿司 大黒屋

かにずしだいこくや

這家老店創業於大正時期，使用香住漁港新鮮直送的紅松葉蟹製作各種獨創螃蟹料理。高級蟹肉口感彈潤、鮮甜多汁，可同時享受到螃蟹的美味與甜味。

☎0796-32-2728　MAP附錄 14E-3
🕙10:30～17:00　🈺每月1次不定休
🪑66席　🏠兵庫縣豐岡市城崎町湯島87　🚃JR城崎溫泉站即到　🅿無

與溫泉巡遊一同享受！

泡湯後的甜點&放鬆身心的咖啡廳

漫步時感到稍微累了，建議來份甜點&飲品，盡情享受溫泉街的休憩時光。

城崎スイーツ 本店
● きのさきスイーツほんてん

這家小巧可愛的咖啡廳就位於御所之湯前方，提供豐富甜點，包括義式冰淇淋、蕨餅、聖代及果汁等。此外，店內更售有米粉製成的烘烤點心，最適合作為伴手禮。

本蕨餅聖代
550日圓

手工蕨餅

MAP附錄 15C-3
☎0796-32-4040
🕙10:00～18:00(週六、日、假日為～22:00) 休週四(逢假日則營業) 🪑12席 所兵庫縣豐岡市城崎町湯島527 🚉JR城崎溫泉站步行10分 P無

きのさきジュース 菜果
● きのさきジュースさいか

使用在地蔬菜、水果的新鮮果汁專賣店，在點餐後才將食材放入果汁機，新鮮度無庸置疑。店家也提供冰沙、雞尾酒，以及豐富的季節限定飲品。

果汁
400日圓～

美味又充滿營養！

☎0796-32-0101 MAP附錄 14D-3
🕙9:00～23:00 休不定休 所兵庫縣豐岡市城崎町湯島644 🚉JR城崎溫泉站步行8分 P無

城崎ジェラートカフェ Chaya
● きのさきジェラートカフェチャヤ

使用黑豆、艾草及柚子等天然食材，製作出口味質樸的義式冰淇淋。招牌餐點「Soft DE Double」還可同時吃到霜淇淋。

Soft DE Double
各450日圓

天然食材製成的義式冰淇淋

☎0796-29-4858 MAP附錄 15B-3
🕙9:30～17:30 休週四(逢假日則營業) 🪑19席 所兵庫縣豐岡市城崎町湯島857 🚉JR城崎溫泉站步行15分 P無

円山菓寮 城崎溫泉店
● まるやまかりょうきのさきおんせんてん

牛奶及香草風味濃厚，但甜度適中，入口後較為清爽。只在花林糖專賣店才有的黑糖焦糖醬也十分美味。

☎0796-32-2361 MAP附錄 14E-3
🕙9:30～18:00 休週二(11～翌年3月無休) 所兵庫縣豐岡市城崎町湯島665 🚉JR城崎溫泉站步行8分 P無

溫泉湯上布丁
1個350日圓

---

cafe M's style 〜なごみ
● カフェエムズスタイルなごみ

這家咖啡廳座落於地藏湯旁的巷弄深處，最受歡迎的炙烤甜點可利用迷你七輪炭爐燒烤後再享用，十分有趣，無論肚子還是內心都溫暖了起來。

MAP附錄 14E-2
☎0796-32-4305
🕙10:00～16:30 休週四 🪑17席 所兵庫縣豐岡市城崎町湯島795 🚉JR城崎溫泉站步行5分 P無

招牌布丁

炙烤團子草莓 700日圓、城崎糕式冰淇淋 500日圓
(此為示意圖)

---

cafeé SORELLA
● カフェ ソレッラ

這家咖啡廳就位於城崎溫泉站旁，無論與朋友相約，或是等車時間都適合在此度過。店內常有不少為使用Wi-Fi而入內的外國觀光客，相當熱鬧。季節限定的飲品及店家自製甜點皆深受歡迎。

焦糖拿鐵
(小杯420日圓)

MAP附錄 14E-3
☎0796-32-2059
🕙9:30～17:30 休無休 🪑30席 所兵庫縣豐岡市城崎町湯島84 🚉JR城崎溫泉站即到 P無

F Cafe 城崎店
● エフカフェきのさきてん

2017年4月開幕，為法國吐司外帶專賣店。加入以東方白鸛培育農法栽培的越光米粉製成特製吐司，放入在地產新鮮蛋汁中浸泡一整天煎成的法國吐司表面酥脆，裏頭濕潤柔軟，口感絕佳。

夏季限定
Cold French
400日圓

MAP附錄 14D-3
☎0796-21-6600
🕙10:00～18:00(週六、日、假日為～22:00) 休不定休 所兵庫縣豐岡市城崎町湯島372-3 🚉JR城崎溫泉站步行5分 P無

夏天就吃冰涼的法國吐司

54

位於從一之湯、柳湯徒步可達的位置

城崎夜間深度遊

前往夜間風情萬種的溫泉街吧

二手拿著城崎在地啤酒
一邊享用但馬食材的美味

享受過外湯後，當然不可錯過夜晚的溫泉街。不少個性獨具的店家都聚集於城崎地區，除了在地酒品、啤酒外，也要好好品嘗在地美食！

城崎町家 地ビールレストラン gubigabu

● きのさきまちやじビールレストラングビガブ

雅緻店內設置了吧檯及架高座位區，可享用100%麥芽釀造的正統在地啤酒。使用但馬食材製作的肉類料理及義大利麵堪稱極品，更供應最適合作為下酒菜的各式小菜（330日圓～）！

MAP附錄 14D-3

☎0796-32-4545
🕐11:30～21:30
休週四、第3週三　席40席
兵庫縣豐岡市城崎町湯島646　JR城崎溫泉站步行7分　P無

一面眺望眼前的大谿川，並用啤酒乾杯♪

皮爾森啤酒、司陶特啤酒及德國小麥啤酒等
一杯500日圓～

泡完湯就是要喝生啤酒！

提供適合搭配啤酒的各式餐點

老虎啤酒燉煮但馬牛
1730日圓

但馬牛熱狗堡
500日圓
七湯雞尾酒
700日圓

花の家

● はなのや

這家相當道地的英國風酒吧由曾至英國多次研究的老闆開設，提供四種生啤酒，包括在地城崎啤酒，以及罕見的YEBISU司陶特啤酒等。

☎0796-32-2867　**MAP附錄 15C-3**

🕐約20:00～約24:00（週六為約17:00～）
休不定休　席15席　香腸300日圓、起司300日圓　兵庫縣豐岡市城崎町湯島528　JR城崎溫泉站步行10分　P無

在英國風酒吧內享用連泡沫都好喝的生啤酒

位於御所之湯正前方，地理位置絕佳！

YEBISU
Creamy Top
Stout 城崎啤酒
各500日圓

喝下二口視覺也相當滿足的招牌「七湯雞尾酒」

SHOT BAR&FOOD 伽羅

● ショットバーアンドフードきゃら

以七座外湯為形象設計的鮮豔雞尾酒蔚為話題。除了多采多姿的飲品外，也提供各種自製料理，如牛肉咖哩、螃蟹披薩、拉麵等。

MAP附錄 15C-3

☎0796-32-4130
🕐11:00～23:00　休不定休　席16席
兵庫縣豐岡市城崎町湯島391 木屋町小路內　JR城崎溫泉站步行10分　P無

店家位於木屋町小路內，適合在漫步外湯時順道造訪

城崎Eeman饅頭
1個140日圓

使用但馬產高級紅豆、美方大納言紅豆製成的人氣商品，5個裝為810日圓

現烤的熱騰騰糰子！

糯米糰子
2根324日圓

充滿米粉特有的彈潤口感！

ふわっとろっしゃ大福
1個410日圓

這個水果大福取名自但馬地區方言「わっとろっしゃ（哇、好厲害）」，大福中的水果種類則依季節而異

在柔軟的麻糬外皮內包裹著大量水果

東方白鶴西班牙小餅
594日圓

麵團加入東方白鶴米製成這款口感酥脆的西班牙小餅，有草莓、麵茶粉、粉雪糖及抹茶四種口味

外包裝也很可愛

東方白鶴小酥餅
1片129日圓

嚴格選用在地產雞蛋製成的小酥餅，繪有東方白鶴圖案的包裝相當可愛。4片裝為594日圓

豐岡わこう堂
城崎溫泉店
●とよおかわこうどうきのさきおんせんてん

使用豐岡產東方白鶴米及美方大納言紅豆等在地食材製作和菓子，並於店內販售。堅持手工製作的點心相當重視食材的原味。2樓設有咖啡廳，散步時不妨至此稍事休息。

MAP附錄 14E-3

☎ 0796-32-0025
🕐 9:00～18:00（視時期而異）
休 不定休 所 兵庫縣豐岡市城崎町湯島256 🚃 JR城崎溫泉站步行5分 Ｐ 無

店門口重疊有以東方白鶴米製作的熱騰騰現烤糯米糰子

城崎伴手禮&街頭美食 NAVI

購買各種怦然心動的溫泉街名產！

邊漫步邊尋找各種可愛伴手禮或在地美食，也是城崎的魅力之一。不妨在外湯巡遊之際，來趟有趣的溫泉城鎮漫步行吧。

⤵串燒
650日圓～
以炭火燒烤的肉又增添了一層燻香，美味也加倍！

⤵綜合蓋飯
1600日圓
結合3種部位製成的奢華蓋飯

但馬牛串燒き 但馬づくし屋
●たじまぎゅうくしやきたじまづくしや

可用實惠價格享用但馬牛，特別受到年輕世代歡迎。店內更設立了但馬牛相關資訊看板，不妨閱讀看看。

☎ 0796-20-4138
🕐 11:00～23:00
休 不定休

城崎溫泉たまごプディングKiman
●きのさきおんせんたまごプディングキマン

使用蛋黃製作的濃醇布丁甜度適中，不使用任何添加物，令人安心。

⤵Assort組合餐
700日圓
同時享用三種分量減半的布丁

☎ 0796-32-2241
🕐 10:00～18:00（20:30～23:00視心情營業）
休 不定休 席 10席

げんぶ堂 城崎木屋町店
●げんぶどうきのさききやまちてん

店家堅持使用該年可取得的最佳素材，製作成各款米餅。店內長壽商品「Romina」鹽分適中，口感酥脆，深受喜愛。

☎ 0796-32-3885
🕐 9:00～18:00
休 無休

⤴Tabencherna
258日圓
特色是羅勒與肉桂的香味

⤴Romina系列
各248日圓
具有酥脆口感的薄片烤仙貝

木屋町小路
●きやまちこうじ

若想在漫步街道之時，也能一同享用城崎特有的小品美食或甜點，不妨造訪木屋町小路。共有10家餐廳及伴手禮店鋪聚集於此，請務必順道前往！

MAP附錄 15C-3

☎ 0796-32-3663
（城崎溫泉觀光協會）
所 兵庫縣豐岡市城崎町湯島391 🚃 JR城崎溫泉站步行10分 Ｐ 無

洋溢著日式氛圍的小徑

海老のや

●えびのや

以捕撈自日本海的海產製作各種仙貝，招牌商品蝦仙貝包裝復古可愛，共有50種之多，最適合作為伴手禮。

MAP附錄 14D-3

☎0796-29-4178

🕐9:30～18:00 休不定休

所兵庫縣豐岡市城崎町湯島431 🚉JR城崎溫泉站步行10分 Ｐ無

簡約的白色外觀為其特色

↑蟹膏
430日圓
蟹肉與提味的蟹膏結合出絕佳美味！

↑炸蝦
390日圓
烘烤整隻蝦子而成！

↑螢火魷
590日圓
放入一整隻螢火魷製成！

蝦仙貝
360日圓～670日圓
除了固定商品外，也有不少季節限定商品，竟然共有50種之多！此外，亦提供贈禮用商品

現炸蝦餅
430日圓
以高溫米油現炸特製蝦麵糰而成的米餅，搭配特製調味鹽，僅提供限定數量販售。獨家製作方式讓商品呈現出獨特的輕盈口感

現炸而出的酥脆美味

いたや商店

●いたやしょうてん

這家城崎頭號老店在戰前為旅館，至今已有400年歷史。有不少僅限本店販售的限定商品及原創商品，請務必前去逛逛。

MAP附錄 14D-3

☎0796-32-2095

🕐8:30～22:00 休不定休

所兵庫縣豐岡市城崎町湯島413 🚉JR城崎溫泉站步行7分 Ｐ免費

店家就位於一之湯前方

(左)杏仁餅
540日圓

(右)法國麵包脆片
540日圓

包裝使用大正末期的一之湯周邊風景圖。杏仁餅帶有復古的懷舊風味

(左)玄先生車票夾
1000日圓

(右)玄先生懷保暖貼包
540日圓(2個裝)

提供各種豐岡市吉祥物玄先生周邊商品，其數量在城崎地區可說是首屈一指！

帶來幸福的東方白鶴冰
400日圓
使用出石狩野牧場的牛奶，以及東方白鶴米製作的原創冰品

可從14種口味中選擇2種喜愛的口味享用！

まるさん物產店

●まるさんぶっさんてん

販售各種商品，包括城崎知名點心、在地商品、100種以上的手巾、豐岡產包包，以及稻草工藝品等。而店家從一早就開始營業，也令人感到欣喜。

MAP附錄 14D-3

☎0796-32-2352

🕐8:00～22:30 休無休

所兵庫縣豐岡市城崎町湯島406 🚉JR城崎溫泉站步行10分 Ｐ無

超過100種的手巾商品

黑糖與蜂蜜多拿滋棒
700日圓(12條裝)
黑糖多拿滋棒及使用金合歡蜂蜜製成的蜂蜜多拿滋棒各6條，並採用城崎限定包裝

牛腱肉包
300日圓
加入大量以但馬牛腱肉製成的燉煮牛腱！

螃蟹肉包
300日圓
說到城崎就不能不提螃蟹！全年都可吃到的美味，廣受歡迎

かどの駄菓子屋
城崎溫泉店・五福のだし本舖

●かどのだがしやのきさきおんせんてんごふくのだしほんぽ

最受歡迎的黑糖多拿滋棒外酥內軟，使用沖繩產黑糖及日本國產麵粉製作。此外，城崎花林糖也深受好評。而輕鬆就能製作出職業級口味的萬用飛魚醬也非常搶手。

MAP附錄 14D-3

☎0796-20-4151

🕐9:30～18:00 休週三

所兵庫縣豐岡市城崎町湯島434 🚉JR城崎溫泉站步行10分 Ｐ無

提供各種城崎才有的特色伴手禮

細心整理的日本庭園四季皆有不同的美

邂逅迷人的溫泉

推薦住宿旅館

城崎溫泉擁有長達1300年的歷史，深受文人墨客等人喜愛。依據自己的旅遊目的，從當地的80間旅館中選出最適合的一間吧。

好想住上一次！

令人憧憬的旅館

洋溢著大正浪漫風的空間

大廳‧休息室‧展示室

大廳‧休息室「青月廬」處處飄散著傳統日式住宅的美，以及大正浪漫風格的意境。休息室內更備有訴說但馬歷史的珍貴書籍，以及各種美術書籍。

展示室內展出許多名人轉讓的書畫、陶藝與鄉土民藝品等展品

創業150年
城崎溫泉最具代表性的知名旅館

西村屋 本館

●にしむらやほんかん

創業於江戶安政時期，為城崎最具代表性的旅館。創業150多年來，更受到犬養毅、大隈重信等政治家，以及許多文人墨客所喜愛。館內深具特色的日式建築之美、四季皆異的日本庭園，以及不同季節的宴席料理等，處處都令人醉心。

MAP附錄 15C-3

☎ 0796-32-2211

IN15:00、OUT11:00　¥1泊2食34710日圓～

所兵庫県豊岡市城崎町湯島469　JR城崎溫泉站
搭計程車3分　P免費

旅館外觀充滿歷史且風格獨具。由傳統高雅的大門負責迎接旅客

城崎溫泉

沉穩的木造客房。在此透過庭院景色舒緩身心

一般客房（4坪）帶著毫無浪費的日式風格之美

客房

沉浸於日式感性中 享受高雅時光……

平田館客房「觀月之間」
宛如受到日式沉穩風格包圍

客房「初音之間」附有露天岩石浴池

何謂別棟「平田館」!?

別棟「平田館」是由數寄屋建築巨匠平田雅哉於昭和35（1960）年建造完成，處處皆能體會到充滿創意的數寄屋風格的真髓。

活用日本建築傳統的數寄屋式房間內，充滿了不同的韻味。此外，房間圍繞著庭院而建，每間房都可享受不同景觀。

浴池

吉之湯

大浴場「吉之湯」無論在浴池或牆壁，都大量使用檜木，讓浴池內飄散著奢華的檜木香氣。竹林之庭內則設有涼亭風的露天浴池。

福之湯

深具特色的圓形室內浴池及圓形窗戶融合了中國建築風格，浴場內更設有岩石打造的露天浴池。

尚之湯

可於大浴場「尚之湯」內眺望平田館的唯美中庭。不妨在此享受四季皆異的景致，一面放鬆身心。

料理

代代傳承的
美味及心意

提供各種嚴選但馬食材如冬季日本海的幸福美味「松葉蟹」，以及知名的「但馬牛」等，並以傳統風味上桌。

點燈後的玄關一景。
庭院一路延續至天然林野的後山

國家登錄有形文化財的老牌旅館
擁有氣派的庭園及建築

包租露天浴池「百華」

歷史特點

代表「宇投亞旅館」建築群的大門。穿越過這座獨具風味的大門後，就能順著一路延續至後山的盎然綠意庭園，前往旅館櫃檯。

1688年創業

宇投亞旅館
●ゆとうやりょかん

所有客房都面向庭院，讓旅客可在此度過舒適放鬆的時光。

盡其所能堅持手工，並以「當地生產當地消費」為主要概念提供餐點。

創業於江戶元祿元年，是座獨具風格的老牌旅館，更獲認證為日本國家登錄有形文化財。其中，詠歸亭則是昭和天皇、皇后曾住宿過的貴賓館。2000坪大的占地內共有5棟住宿旅館相連，所有客房都能欣賞到日本庭園美景。

MAP附錄 14D-3
📞 0796-32-2121
🕐 IN15:00、OUT10:00　¥1泊2食20520日圓～
🏠 兵庫縣豐岡市城崎町湯島373　🚃 JR城崎溫泉站步行8分　🅿 免費

充分感受歷史

知名旅館

充滿歷史氛圍的日式建築，加上絕美日本庭園，都是老牌旅館的魅力。而廚師們以絕佳手藝創造的四季味覺也令人想好好享受。

令人聯想至動盪的幕末時代與桂小五郎有關的旅館

江戶中期創業

蔦屋旅館
●つたやりょかん

這間純日式旅館因幕末志士桂小五郎曾潛藏於此而聲名大噪，客房內風格質樸，但每間都添加了不同趣味。喜愛文學、藝術的歷代老闆們收藏的作品也值得一看。

MAP附錄 15C-3
📞 0796-32-2511
🕐 IN15:00、OUT10:00　¥1泊2食14040日圓～　🏠 兵庫縣豐岡市城崎町湯島485　🚃 JR城崎溫泉站步行13分　🅿 免費

採數寄屋建築，充滿純日式沉靜風格的客房

與城崎溫泉一同刻劃歷史的「古老美好旅館」

木造三層樓建築外觀融入溫泉街的情調

料理大量使用但馬的山產、海鮮

歷史特點

據傳這間「桂之間」為桂小五郎潛藏之處，也是司馬遼太郎執筆《龍馬行》的地點。旅館內更小心地保存了桂小五郎的墨寶。

717年創業

千年之湯古Man
●せんねんのゆこまん

浴室的沖洗處鋪設了榻榻米，讓旅客更能充分享受溫泉之趣。

創業於養老元（717）年，是間與城崎溫泉共同刻劃歷史的老牌旅館。在數寄屋風格的沉靜客房內，好好消除旅途的疲憊。以松樹、扁柏，以及檜木建造的大浴場「樹齡之湯」更飄散著木頭芬芳。

MAP附錄 15C-3
📞 0796-32-2331
🕐 IN15:00、OUT10:00　¥1泊2食19590日圓～42270日圓　🏠 兵庫縣豐岡市城崎町湯島481　🚃 JR城崎溫泉站搭計程車3分（提供接送、需預約）　🅿 免費

歷史特點

旅館內代代傳承了統整城崎溫泉相關史實的書籍《日生下氏家寶記記》，以及記載了城崎溫泉開湯歷史的《曼陀羅記》。

温泉　露天浴池　包租浴池　不住宿溫泉　房內用餐　有　無　CARD 可用信用卡　CARD 不可用信用卡

銀花
●ぎんか

旅館佇立於圓山川右岸，在2000坪的寬闊建地內，僅設置了18間房，相當奢華。每間客房都附有展望露天浴池，在泡湯之際還能欣賞緩緩流經窗外的河川風光。此外，為注重旅客隱私，旅館更設有完全包廂制的餐廳（有使用條件限制）。

MAP附錄 8F-2
☎0796-28-3515
IN14:00、OUT11:00　¥1泊2食23500日圓～
兵庫縣豐岡市小島1177　JR城崎溫泉站搭計程車10分　P免費

嚴格選用各種食材，並依季節改變風格，製作成創意宴席料理

可享受成熟大人假日的接待方式廣受歡迎

佇立於圓山川畔的成熟隱密旅館

天浴場「水面之湯」的露天浴池，露天浴池宛如連結至河川般，令人產生彷彿漂浮於河川中的不可思議感受

重點在這裡
客房洋溢著日式氛圍，又帶有時尚設計感。房內皆設有2人同時浸泡也相當寬敞的展望檜木浴池，可盡情享受不受外界打擾的時光。

時尚旅館
時尚漂亮的客房內搭配奢華的露天浴池、按摩浴缸。就在高雅的療癒空間內度過舒適時光吧！

在綠意盎然的露天浴池充分休憩

可從客房遠眺山間的綠意，感受四季之趣

西村屋賓館招月庭
●にしむらやホテルしょうげつてい

本館是由城崎溫泉的老牌旅館「西村屋」所管理。5萬坪的腹地四周受森林庭園所環繞，設有充滿自然風情的露天浴池、洋溢著檜木香氣的按摩浴缸，以及附設岩盤浴的包租露天浴池（收費）等設施，是座豐富的SPA度假村。

MAP附錄 15A-2
☎0796-32-3535
IN15:00、OUT10:00　¥1泊2食28230日圓～　兵庫縣豐岡市城崎町湯島1016-2　JR城崎溫泉站搭計程車5分　P免費

融合傳統與時尚的SPA度假村

充滿香草芬芳及霧氣的芳療園

重點在這裡
沙龍「風香」以手感溫和的芳療療程最受歡迎。芳香精油共有7種，可挑選自己喜愛的香氣。

奢華又能悠閒放鬆
備有包租浴池的旅館

最重要的絕非泡澡時間太屬了。
選擇包租浴池，好好地悠閒放鬆也相當不錯！

但馬屋酒店

享受三種不同風情的包租浴池

●たじまや

旅館內的日式時尚客房利用土牆、古木、竹子等自然素材設計，廣受情侶及女性喜愛，設置了三座包租浴池，可無限次使用。此外，提供100種花色浴衣（4～10月），更是受到女性歡迎的原因之一。

MAP附錄 15C-3
☎0796-32-2626
⌚IN15:00、OUT10:00
¥1泊2食17630日圓～
所兵庫縣豐岡市城崎町湯島453 🚃JR城崎溫泉站步行13分 P免費

包租浴池巡遊圖

花玄之湯
擺放了兩座信樂燒大鍋浴池的包租浴池，是以葡萄酒窖為原型所設計。

雲母之湯
在復古風情中，盡情享受具有高保溫力的信樂燒露天浴池。

竹葉之湯
浴池內鋪設了榻榻米，自格狀竹簾傾洩而出的光線讓空間充滿韻味。

翻修建造於1926年的建築

最受歡迎的和室客房讓人感到舒適

飄散著昭和風情的復古日式空間深受好評

花曼陀羅別館 湯亭花之簾

●はなまんだらゆていはなのれん

保留了懷舊的昭和風情，卻又融入了時尚和風設計，是間個性獨具的旅館。館內除了4座免費包租浴池外，零食店＆咖啡廳、日式餐廳等豐富設施也深受好評。

MAP附錄 15C-3
☎0796-32-2321
⌚IN15:00、OUT10:00 ¥1泊2食14040日圓～ 所兵庫縣豐岡市城崎町湯島564 🚃JR城崎溫泉站車程5分 P免費

包租浴池巡遊圖

館內設有四處包租浴池，其中充滿木頭芳香的「少年時代」在沖洗處鋪設了榻榻米，讓旅客充分放鬆身心。

茶花藝廊旅館

●ぎゃらりーのやどつばきのりょかん

旅館內充滿療癒氣息，並由上一代老闆描繪的地藏圖溫柔地迎接旅客。設置了可自行繪製插圖信紙的繪畫區，以及免費的漫畫藝廊，帶來多種樂趣。此外，旅館更設有2處包租露天浴池。

MAP附錄 14E-2
☎0796-32-2131
⌚IN15:00、OUT10:00 ¥1泊2食13310日圓～ 所兵庫縣豐岡市城崎町湯島781 🚃JR城崎溫泉站步行5分 P免費

最便宜方案

館內裝飾著地藏圖及插花，充滿了藝廊氛圍。

此方案的最晚入住時間為22:00，相當適合玩了一整天的人。

由地藏圖溫柔迎接的暖心旅館

包租露天浴池「花小風呂」45分3240日圓

在可燒陶的旅館內創造更多旅遊回憶

⬆供2人使用的包租浴池「流」，推薦夫妻或情侶利用
⬇位於溫泉街中央，適合外湯巡遊

喜樂

●きらく

位處溫泉街中心地帶，相當適合外湯巡遊。備有工房，可參加陶藝、七寶燒、素陶彩繪等體驗活動。除了室內浴池外，也提供情侶、家人都可使用的包租浴池。

MAP附錄 15C-3
☎0796-32-2503
⌚IN15:00、OUT10:00 ¥1泊2食11880日圓～ 所兵庫縣豐岡市城崎町湯島495 🚃JR城崎溫泉站步行10分 P免費

最便宜方案

最適合想以最划算方式享受城崎的旅客。

將成本壓到最低！
實惠旅館

外湯巡遊時在人氣餐廳用餐也是另一種選擇。
放輕鬆，盡情享受實惠之旅吧！

溫泉 露天浴池 包租浴池 不住宿溫泉 房內用餐 有 無 CARD可用信用卡 不可用信用卡

至今指針仍在走動的
出石象徵辰鼓樓
➡P.68

從城崎溫泉
稍微走遠一些

但馬海岸
たじまかいがん

出石
いずし

湯村溫泉
ゆむらおんせん

從城下町、溫泉到出石蕎麥麵，
但馬的魅力多采多姿

包包城鎮
豐岡➡P.73

位於山間的溫泉煙霧之鄉 湯村溫泉➡P.76

日本海賞景勝地 但馬海岸➡P.66

這個地區的推薦景點！

玄武洞 P.65

城崎海洋世界 P.64

出石皿蕎麥麵 P.70

區域MAP

日本海

但馬海岸
P.64

竹野

城崎溫泉

香住

城崎溫泉
P.46

京都府

178

濱坂

新溫泉町

178

豐岡

湯村溫泉
P.76

香美町

神鍋高原
P.75

但馬機場

豐岡
P.72

9

出石
P.68

482

日高神鍋高原IC

江原

482

426

312

八鹿

八鹿氷ノ山IC

養父

9

9

和田山

北近畿
豐岡道

和田山IC

梁瀬

竹田城跡
P.40

兵庫縣

朝來

312

自城崎溫泉出發的交通路線

往**出石・豐岡**

城崎溫泉站 — JR山陰本線普通車13分 / 200日圓 — 豐岡駅前 — 全但巴士 30分 / 每小時1～3班／580日圓 — 出石營業所

往**但馬海岸**

香住 城崎溫泉站 — JR山陰本線普通車 30分 / 每小時1、2班／410日圓 — 香住站

濱坂 城崎溫泉站 — JR山陰本線普通車 1小時 / 每小時1、2班／670日圓 — 濱坂站

往**湯村溫泉**

浜坂駅前 — 町民巴士夢つばめ 25分 / 每小時1～3班／300日圓 — 湯村溫泉巴士站

豐岡市マスコット 玄さん

海洋世界

海象逗趣表情令人
忍俊不住

擅長各種才藝的海
獅不僅會微笑、眨
眼，還會飛吻

●きのさきマリンワールド 　MAP附錄 8F-1

各種豐富設施可供遊客以超越想像的近距離，接觸海中生物以及各種海洋的魅力。除了水深12公尺、堪稱日本第一深的水族箱，以及管狀水族箱外，更有不少豐富表演，值得玩上一整天。

☎0796-28-2300
⏰9:00～16:30（7月中旬～8月為～17:30） 休無休
¥入場費2470日圓
🏠兵庫県豊岡市瀬戸1090
🚃JR城崎溫泉站搭全但巴士10分，日和山站下車即到 🅿1日700日圓

訪遍日本海獨有的絕佳美景

但馬海岸

たじまかいがん

是這樣的地方！

位於日本海沿岸，擁有風光明媚海岸線的但馬海岸，令人受自然雕琢之美所感動的玄武洞，以及日本海等地，令人不禁想在城崎溫泉觀光之餘一同造訪！

ACCESS

🚃鐵路

| JR 大阪站 | 特急濱風號 3小時13分・5610日圓 | JR 香住站 |

🚗開車

北近畿豐岡自動車道

| 日高神鍋 高原IC | 國道482・312・178號等 約50分・約37km | 香住市區 |

SeaLand
●シーランド

主要舉辦各種海豚、海獅的魅力表演。無論是海豚的跳高、海獅的快速泳技都令人讚嘆，最令人嘖嘖稱奇的則是這些動物與人的高度溝通能力。

最受歡迎的海豚、海獅表演！

重點在這裡！
每年決定不同主題，不斷創新表演內容！表演期中可能也會調整節目內容，園方對內容就是如此講究。

海豚與海獅的合作表演充滿魄力

TUBE
●チューブ

該區域共有一座長12公尺、直徑1.5公尺的巨大管狀水族箱，以及三座巨型方形水族箱。可從各種角度觀察北海獅、海獅、海豹及企鵝們在水裡及陸地上的模樣！

企鵝散步時可見到各種趣味姿勢

北海獅跳水濺起白色水花

各種海中生物的運動園地

重點在這裡！
盡情享受北海獅從5公尺高的岩山豪邁躍下、海豹攀上岩石等活躍動作。

對海獅的快速泳技感到訝異

城崎海洋世界 MAP

SeaZoo　商店　咖啡館　飯店　Aqua Palace
商店　咖啡廳
DIVE　TUBE　Aji Bar　Dolphin Tank
Cafe&Restaurant Terrace　SeaLand　Fishing

但馬海岸

出石　豐岡　湯村溫泉

還有更多
順道漫遊景點

在此介紹擁有絕妙自然之美的玄武洞，以及結合碧綠海洋、奇岩怪石的美麗日和山海岸等，都是來到此處務必造訪的景點！

在青龍洞可見到玄武洞中最長的柱狀節理

充滿魄力的大自然藝術
玄武洞　●げんぶどう
MAP附錄 8E-4

約160萬年前因火山活動流動的熔岩冷卻、凝固後，形成了今日的日本國家天然紀念物。層層重疊的玄武岩節理也令人驚訝。共有北朱雀、南朱雀、白虎、玄武、青龍等五座洞穴。

還可見到玄武洞的人氣吉祥物玄武先生

0796-23-3821（玄武洞觀光）
自由參觀　兵庫縣豐岡市赤石　JR城崎溫泉站搭計程車8分，JR玄武洞站搭渡船3分（需聯絡）　免費

日本海浪所造成的美麗海岸線也值得一看

水花濺於岩石上的樣貌充滿魄力
日和山海岸　●ひよりやまかいがん　**MAP附錄 8F-1**

這片海岸夾雜著多處奇岩怪石的海岸，是山陰海岸國家公園中首屈一指的賞景勝地。四季都能享受不同的日本海美景，是廣受歡迎的景點。

自由參觀　兵庫縣豐岡市瀨戶　JR城崎溫泉站搭全但巴士10分，日和山下車即到　使用城崎海洋世界停車場（1日700日圓）

屋頂繪有可愛圖畫，外觀相當顯眼

漁會直營銷售處才有如此齊全的品項
Fisherman's Village
●フィッシャーマンズビレッジ　**MAP附錄 8F-2**

0796-28-3148
8:30～16:30　週二（逢假日則營業，11～翌年3月無休）　兵庫縣豐岡市瀨戶77-21　JR城崎溫泉站搭全但巴士8分，津居山站下車即到　免費

津居山漁港的海鮮直營銷售所，每到冬季就湧入不少尋找螃蟹的觀光客。此處為漁會直營銷售所，現場陳列的海鮮品項十分齊全、豐富。

第一次見到！
體驗型水族館　城崎

不光只能觀賞！可感受的水族館

重點在這裡！
主水族箱深達12公尺，為日本國內水族館中最深。水族箱內完美重現日和山海岸景觀，寫實到令人疑惑是否直接切割海岸岩石至此。

SeaZoo
●シーズー

可邂逅各種海中生物的水族館，包括棲息於日和山海中、圓山川淡水中的魚類，以及深海生物。還可見到壯碩的海象Den和Guri，並加入他們的午餐時間。

也可與水族箱內的潛水夫互動

Fishing
●フィッシング

在魚池釣起成群結隊游泳的活潑竹筴魚！可向園方租借魚竿及魚餌，不須攜帶任何釣魚用具，魚竿每根650日圓（附魚餌）。無論是初學者還是小朋友都能輕鬆釣到。

輕鬆享受釣魚樂趣

跟著看看吧！
釣起竹筴魚後，就能立刻拿到一旁的Aji Bar處理、油炸成天婦羅享用（加工費每尾50日圓）。現釣、現炸的竹筴魚特別美味！

釣魚時間無限制，直到釣魚線斷了才結束

DIVE
●ダイブ

以最新影像技術體驗魚群的行動

這座「Dive」表演廳利用映於牆面的360度影像，結合各種音效，營造出實際進入海中的感覺。2017年3月全新開幕的「Fish Dance」更是廣受好評的特色設施。

跟著看看吧！
以魚為主角的「Fish Dance」表演，可搭上圓形水槽的浮舟融入魚的捕食、求偶行為中，享受12分鐘的親身體驗。

可直接觸摸並觀察海膽、海星的海岸　　「Fish Dance」採當日預約制，浮舟限乘15人，每人600日圓

伴著日本海景觀用餐
Cafe & Restaurant Terrace

這間城崎海洋世界內的餐廳最自豪的就是能將日本海盡收眼底的絕佳位置。除了享用海鮮、但馬牛等在地食材製作的餐點外，還可作為咖啡廳使用。

10:00～16:00（7月中旬～8月為～17:00）　無休

店內架設大片落地窗，極具設計感

炒海鮮 日本海風1380日圓

但馬牛 漢堡排1980日圓

寺院 | MAP附錄 10F-2

香住 大乘寺
●だいじょうじ

留有圓山應舉及其同門的紙門畫

大乘寺與城崎溫泉寺並列為但馬名剎，保留多數江戶時代建立起圓山派畫風的畫家圓山應舉及其同門的紙門畫。亦有被稱為立體曼荼羅的作品，將13間房的畫連結起來。寺院內收藏168件重要文化財。

↑《老松孔雀圖》被認為是應舉晚年的作品（展出為複製品）
←歷史悠久，獨具風格的古剎

☎ 0796-36-0602
🕐 9:00～15:40　休 8月7日　¥ 成人800日圓，兒童500日圓　所 兵庫縣香住町香住区森860
🚉 JR香住站搭計程車5分　P 免費

但馬海岸 香住·濱坂
たじまかいがん・かすみ・はまさか

Hasakari岩是但馬海岸的奇觀　MAP附錄

餐廳 | MAP附錄 11A-2

濱坂 展望レストラン海岸通り
●てんぼうレストランかいがんどおり

展望四季皆異的日本海景致

在這間餐廳可欣賞宛如要被吸入其中的大自然全景。除了當季義大利麵等輕食外，使用新鮮海鮮製成的定食也相當受歡迎。

☎ 0796-82-5001（マル海渡辺水産）
🕐 11:00～15:00（週六、日、假日為～16:00）
休 週三　所 兵庫縣新溫泉町芦屋853渡辺水産ビル6F
🚉 JR濱坂站步行15分　P 免費

→海鮮定食1500日圓（海鮮定食可能視情況改為生魚片定食。本圖僅供參考）

和食 | MAP附錄 16E-1

香住 かに八代 れんが亭
●かにはちだいれんがてい

享用豐富的香住海產！

這家人氣餐廳位於可飽覽大海景觀的絕佳位置上，使用各種新鮮現撈海鮮製作豐富料理。亦提供季節限定的螃蟹蓋飯、透抽蓋飯等。

☎ 0796-36-1341
🕐 11:00～14:00　休 不定休
所 兵庫縣香美町香住区香住1452
🚉 JR香住站步行10分　P 免費

→全年都可享用到的海鮮蓋飯附小菜、味噌湯、漬物共1620日圓

酒 | MAP附錄 10F-3

香住 香住鶴
●かすみつる

足以代表但馬的釀酒店

創業於享保10（1725）年，釀造上比一般多花一倍的功夫，因此酒的口味豐醇、口感極佳。提供酒藏參觀（需預約）及試飲等活動。

☎ 0796-36-0029
🕐 9:00～17:00　休 無休　¥ 但馬之傲（1.8L）2052日圓，山廢特別純米酒（1.8L）2592日圓　所 兵庫縣香美町香住区小原600-2　🚉 JR香住站搭計程車10分　P 免費

→新建的辦公區提供試飲及酒藏參觀（需預約）服務

但馬海岸 Glass Boat遊覽船
たじまかいがんグラスボートゆうらんせん

自濱坂港出海，繞行至獲世界地質公園認定的山陰海岸國家公園內，欣賞擁有多處斷崖、奇窟、奇岩的海岸。乘船建議預約。

MAP附錄 11A-2
☎ 0796-82-1904
🕐 9:30～16:00　休 天氣不佳時，11～3月
¥ 成人1600日圓，兒童800日圓　所 兵庫縣新溫泉町芦屋　🚉 JR濱坂站步行15分　P 免費

航行已有超過40年歷史

但馬海岸·香住海岸 奇岩·怪岩巡遊

但馬松島

船底的一部份為玻璃，可直接——窺海底世界

鬼門崎

但馬海岸與香住海岸沿岸有不少受日本海波浪切割的斷崖，造就一處處奇岩、怪岩眾多的賞景勝地。可搭乘航行於海上的遊覽船，細細品味這些大自然的雕塑之美。

旅遊資訊！Column

擁有美麗海景與橋樑的「天空休息站」

前往余部橋梁吧

MAP附錄 10D-1

紅色舊余部橋梁是日本規模數一數二的高架鐵橋，令人印象深刻，今日則保留其原有的三座橋墩，並且搖身一變，成為觀景設施「天空休息站」！帶著湯姆歷險記主角的心情，享受高約40公尺的空中漫步吧。

📞 0796-36-3355（香美町觀光商工課）
🕐休 自由參觀
📍 兵庫縣香美町香住區余部
🚃 JR餘部站步行即到
🅿 免費

資料館　MAP附錄 11A-2

濱坂 加藤文太郎紀念圖書館
●かとうぶんたろうきねんとしょかん　景點

了解登山家的經歷及其為人

為紀念出身自新溫泉町的登山家加藤文太郎，而有了這座圖書館。館內1樓為一般圖書室，2樓則是加藤文太郎紀念資料室，展出相關遺物及資料。

📞 0796-82-5251
🕐 10:00～18:00（週六、日為～17:00）　休 週四、第4週一、第3週二（逢假日則翌日休）　¥ 免費　📍 兵庫縣新溫泉町浜坂842-2　🚃 JR濱坂站步行10分　🅿 免費

所使用的道具
展出加藤文太郎登山時

紀念館　MAP附錄 11A-2

濱坂 濱坂先人紀念館 以命亭
●はまさかせんじんきねんかんいめいてい　景點

追溯先人們的足跡

改建300年間優秀人才輩出的森家七釜屋住宅而成，館內展示許多森家代代使用的物品，更設有利用酒藏改造的表演廳。

📞 0796-82-4490
🕐 9:00～16:30　休 週四（逢假日則翌日休）　¥ 200日圓　📍 兵庫縣新溫泉町浜坂1208　🚃 JR濱坂站步行10分　🅿 免費

保留著舊屋氛圍、充滿特色的建築

植物園　MAP附錄 7C-3

村岡 但馬高原植物園
●たじまこうげんしょくぶつえん　景點

在療癒的植物園中享受閒適時光

植物園位於獲選為兵庫縣觀光百選第一名的瀞川平，每日湧水量高達5000噸之多，更有樹齡超過千年的連香樹。在森林中，還可聽見清脆的鳥叫聲。

📞 0796-96-1187
🕐 4月初旬～11月底間的9:00～17:00　休 期間內無休　¥ 510日圓　📍 兵庫縣香美町村岡區和池709　🚃 JR八鹿站搭全但巴士35分至ハチ北口站下車，轉乘計程車10分　🅿 免費

充滿澄淨空氣的園內最適合做森林浴

資料館　MAP附錄 7C-3

村岡 兵庫縣 木之殿堂
●ひょうごけんきのでんどう　景點

呈現出森林及樹木的美好

建築物源自安藤忠雄之設計，以代表日本木造建築的樑柱所構成，館內展出各種民宅模型及用品，亦設有工作室等處。

📞 0796-96-1388
🕐 10:00～16:30（12～3月為～16:00）　休 週一（逢假日則翌日休）　¥ 免費　📍 兵庫縣香美町村岡區和池951　🚃 JR八鹿站搭全但巴士40分至ハチ北口站下車，轉乘計程車10分　🅿 免費

獨特的木造建築出自安藤忠雄的設計

竹輪　MAP附錄 11A-3

濱坂 森甚商店
●もりじんしょうてん　購物

最適合作為濱坂伴手禮的知名竹輪

製造濱坂名產「濱坂竹輪」，尤其使用生飛魚製成的竹輪更是深受喜愛。

📞 0796-82-1216
🕐 7:30～16:30（僅週六為8:00～16:00）　休 無休　¥ 飛魚竹輪410日圓～、烤竹輪180日圓　📍 兵庫縣新溫泉町諸寄471　🚃 JR諸寄站步行3分　🅿 免費

濱坂名產竹輪長久以來便以其獨特美味受到喜愛

和食　MAP附錄 8D-1

竹野 おっとっと
海鮮

品味新鮮的在地漁產

不少顧客特地遠赴這家人氣餐廳用餐，以實惠價格享用當地現撈的新鮮海產。老闆原本經營鮮魚店，其絕佳眼光無庸置疑。位於竹野濱海水浴場附近。

其內容依當日捕撈海產而異
在地漁產生魚片定食1500日圓，

📞 0796-47-0877
🕐 11:00～14:00（晚間採預約制）
休 週三　📍 兵庫縣豐岡市竹野町竹野35-3
🚃 JR竹野站步行20分
🅿 無

體驗設施　MAP附錄 8D-1

竹野 竹野孩童體驗村
●たけののこどもたいけんむら　玩樂

活用眼前美麗大海的體驗設施

這座體驗設施前方便是竹野濱海水浴場，可在此參與各種體驗，如「使用『誕生之鹽』製作烏龍麵體驗」、「僅用1根柴就能煮！?炊飯體驗」等。

📞 0796-47-1080（竹野觀光協會）
🕐 9:00～17:00（櫃台，各種體驗採預約制）　休 週一　¥ 鹽工房 誕生之鹽製鹽體驗（5人～）成人1080日圓，兒童648日圓（設施使用費另計）　📍 兵庫縣豐岡市竹野町竹野3366　🚃 JR竹野站步行20分　🅿 免費（僅7、8月收費，每次1500日圓）

製鹽體驗

資料館　MAP附錄 8D-1

竹野 御用地館
●およじかん　景點

靠駁船致富的富商資料館

過去以北前船的駁船海運致富的舊住吉屋商家，已改建為今日的展示資料館。館內附設出身竹野町的書法家仲田光成紀念館，亦設有咖啡廳。

📞 0796-47-1555
🕐 9:00～17:00　休 週三　¥ 入館免費，紀念館300日圓　📍 兵庫縣豐岡市竹野町竹野422　🚃 JR竹野站步行15分　🅿 免費

深具價值的展示資料
建築物本身就是一座

"5" 大 體驗！

① 享用出石皿蕎麥麵！

品味約300年前傳承至今的傳統皿蕎麥麵。盛裝於小盤子上，具有特色的外觀也值得矚目。

更多 出石皿蕎麥麵 ➡P.70

繼承正統派美味的新面孔
たくみや

曾在そば庄鉄砲店修業17年的宮下拓己先生於2010年獨立，開設了這家店。蕎麥麵具有嚼勁，風味濃郁，可感受到店家的誠摯心意。

偏細的麵條滑順易入口，具有熱賣嚼勁

MAP附錄 19B-4
☎0796-52-6363
🕙11:00～18:00（17:30LO）
🈺週三　🪑30席
🏠兵庫縣豐岡市出石町魚屋128　🚌全但巴士出石巴士站步行20分　🅿免費

改建超過100年屋齡的町家而成

在但馬小京都邂逅近美麗景致

出石
（いずし）

是這樣的地方！

這座城下町保留著美麗街景，獲選為重要傳統建築物群保存地區，更是關西少數以蕎麥麵聞名的城鎮。不妨悠閒開逛這座宛如圖畫般的美麗街區吧。

ＡＣＣＥＳＳ

🚌 巴士
| JR豐岡站 | 全但巴士 30分・580日圓 | 出石 |

🚗 開車
| 北近畿豐岡自動車道 日高神鍋高原IC | 國道312號・縣道2號 約13km | 出石 |

近畿地區最古老的戲劇小屋及武家住宅林立，讓出石洋溢著江戶時代城下町氛圍。特別介紹在出石地區務必嘗試的5大體驗！

受綠意環繞的城山
出石城跡
●いずしじょうあと

爬上石階，就能一覽出石全景

過去曾為出石藩主的居城，又稱為城山，今日則可見到居城留下的石牆及城山稻荷神社等處。36根朱紅色的鮮豔鳥居林立，模樣壯觀。

MAP附錄 19B-4
☎0796-52-4806
（NPO法人但馬國出石觀光協會）
🕙休自由參觀　🈺免費
🏠兵庫縣豐岡市出石町內町
🚌全但巴士出石巴士站步行5分
🅿無

明治時代的時髦洋房
出石明治館 ●いずしめいじかん

這棟洋房建築建於明治20（1887）年，原為舊出石郡公所，現已獲指定為市級文化財。正面玄關可見到科林斯式的雕刻裝飾。

MAP附錄 19B-4
☎0796-52-2353
🕙9:30～16:30　🈺週一（逢假日則翌日休）
🈺成人100日圓　🏠兵庫縣豐岡市出石町魚屋50
🚌全但巴士出石巴士站步行10分　🅿免費

留有明治時期特色的木造洋風建築

② 漫步城下町！

留有如棋盤般整齊街道的出石最適合漫步於其中。前往洋溢復古氛圍的城下町逛逛吧。

歷經年月的紅色土牆
酒藏 ●さかぐら

深具風味的土牆擁有250年歷史，至今仍作為出石酒造的酒藏使用。酒藏內還會舉辦音樂會。

MAP附錄 19B-4
☎0796-52-4806（NPO法人但馬國出石觀光協會）
🏠兵庫縣豐岡市出石町魚屋114-1　🚌全但巴士沢庵寺口巴士站步行6分　🅿無

土牆顏色似乎會隨著季節改變

谷口人力車
●たにぐちじんりきしゃ

以家老屋敷周圍為起點，繞行出石城跡、酒藏等處的15分鐘行程（1000日圓），以及繞行出石特色景點的35分鐘行程（2000日圓）。

清楚易懂的導覽解說

MAP附錄 19B-4
☎0796-23-3648
🕙10:00～16:30左右　🈺不定休　🏠兵庫縣豐岡市出石町內町　🅿無

別忘了拍張照片留念！

有公主的感覺♪

8時、13時會響起太鼓聲，17時則會響起鐘聲

至今仍持續走動的城鎮象徵
辰鼓樓 ●しんころう

辰鼓樓建設於明治4（1871）年，為舊三之丸大手門旁的展望樓。目前則成為深受喜愛的鐘塔，由第三代時鐘繼續報時。

MAP附錄 19B-4
☎0796-52-4806
（NPO法人但馬國出石觀光協會）
🕙自由參觀（內部禁止參觀）
🏠兵庫縣豐岡市出石町內町
🚌全但巴士出石巴士站步行5分
🅿無

④ 留宿於 傳統町家 內!

留宿於充滿傳統氣息的町家,有挑高的泥地房間和厚實的倉庫等處。還可在夜間、清晨享受到出石不同於平常觀光勝地的風情。

宛如借宿於町家般的感受
旅籠 西田屋
●はたごにしだや

這家古民宅位於留有傳統街景的田結庄通上,提供每日限定一組包棟租借服務。餐點必須自行烹煮,但設有完善的廚房及衛浴設備,相當舒適。

MAP附錄 19A-4
☎0796-52-6081
(預約專線10:00～17:30)
🕐IN15:00、OUT10:00 ¥1棟(最多3人)16800日圓～ 📍兵庫縣豐岡市出石町內町104-7 🚌全但巴士出石巴士站步行3分 🅿免費

1樓為泥地房間、廚房、客廳,並設有2間和室

11坪大 若打開所有紙門就有 2樓共有3間房間,層樓建築。地理位置絕佳,距離永樂館不遠 瓦片屋頂搭配木造的兩

近畿最古老的戲劇小屋重新甦醒
永樂館
●えいらくかん

復原明治34(1901)年建造的戲劇小屋,現在仍持續有歌舞伎及說唱藝術等演出。此外,還可參觀演員出場通道、舞台底層以及休息室等處。

MAP附錄 19A-4
☎0796-52-5300
🕐9:30～16:30 休週四 ¥300日圓 📍兵庫縣豐岡市出石町柳17-2 🚌全但巴士出石巴士站步行3分 🅿無

鋪設榻榻米的觀眾席 可近距離感受到舞台

充滿 各種亮點!

每年11月永樂館都會舉辦歌舞伎表演

懸山式屋頂搭配紅色土牆的外觀

---

③ 參觀近畿最古老的 戲劇小屋!

戲劇小屋「永樂館」已復原為創建之初的樣貌,內部平常開放參觀,可藉此接觸傳統表演的深奧之處。

想在出石嘗試的

在漫步途中稍事休息

秘密基地般的咖啡廳
風空路歐 ●ふくろう

以融入出石街景的倉庫風外觀為特徵,復古風的店內充滿木頭溫暖,可享用點餐後才現磨現煮的道地咖啡。

茶碗聖代780日圓

冰咖啡 500日圓

MAP附錄 19B-4
☎0796-53-1717
🕐8:00～17:00 休週四(12～2月為週四、週五) 🪑26席 📍兵庫縣豐岡市出石町內町16 🚌全但巴士出石巴士站步行7分 🅿免費

店內採挑高設計,充滿開闊感。整排的復古吊燈十分雅致

不少熟客專為一杯講究的咖啡而來

口味質樸的萩餅
田吾作 ●たごさく

農家經營的店家,自產糯米裹上厚厚紅豆泥的「萩餅」完全不加任何添加物,充滿了傳統質樸風味。

MAP附錄 19B-4
☎0796-52-6968 🕐9:00～17:00 休週二、第2週一 📍兵庫縣豐岡市出石町八木38-2 🚌全但巴士出石巴士站步行5分 🅿無

紅豆及黃豆粉萩餅各120日圓

可在設置地爐的氣氛絕佳店內享用

挑起傳統杞柳工藝的棟樑

たくみ工芸 ●たくみこうげい

除了擁有超過1200年歷史、深具傳統的豐岡工藝品「柳行李(柳條箱)」外,亦製作各種籃形包及公事包等。工房則開放作業流程參觀。

有籃形包及公事包等豐富種類

如今僅剩寺內先生可製作杞柳工藝品

MAP附錄 19B-4
☎0796-52-3280 🕐8:30～17:00 休不定休 📍兵庫縣豐岡市出石町魚屋99 🚌全但巴士沢庵寺口巴士站步行5分 🅿免費

---

⑤ GET 出石帆布包!

帆布包為代表出石地區的帆布製品。不妨買個商品作為紀念,感受包包材質特有的溫暖質感。

在日式空間選購各種包包或小物作為出石伴手禮

かばん工房遊鞄
●かばんこうぼうゆうほう

活用豐岡包包的產地技術,專注於每一針,仔細製作出各種好拿又兼具復古時尚設計的「出石帆布」產品,並於店內販售。

MAP附錄 19B-4
☎0796-52-5055
🕐9:30～17:00 休不定休 📍兵庫縣豐岡市出石町內町76-5 🚌全但巴士出石巴士站步行3分 🅿免費

包包製作體驗

剪裁皮革、以縫紉機縫製,再縫或釘上鈕扣,開心製作出全世界獨一無二的皮革托特包。品項齊全,從孩童也能製作的簡單設計到成人也能滿足的道地款式一應俱全。

★價格 800～8000日圓 ★所需時間 20分～
★需以電話事先預約 ★團體可
★無法安排時間時由工作人員免費製作

代表出石的傳統美味

出石皿蕎麥麵

出石街區內約有50家出石皿蕎麥麵店家。出石皿蕎麥麵已有超過300年歷史，口味則依店家而異。首先，就選擇人氣店家造訪吧。

出石皿蕎麥麵小知識

何謂出石皿蕎麥麵？

以日本國內產的石臼磨製蕎麥粉，搭配出石高品質地下水製成蕎麥麵，與濃郁香氣刺激食慾的秘傳醬汁儼然絕配！以蕎磨、現打、現煮的「三現」為宗旨，結合蕎麥粉八成的二八蕎麥麵基本比例製作，並以當地特產的白瓷小盤子盛裝。

出石皿蕎麥麵的歷史

寶永3（1706）年，因藩國變更而成為出石城主的信州仙石家，帶著信州的蕎麥麵師傅一同到來，也因此成為出石皿蕎麥麵的開端。至今仍有約50家店舖林立，是關西地區首屈一指的蕎麥麵盛產地。

每間店各吃一點比較

若想品嘗每間店口味，可購買「出石蕎麥麵巡遊小布包組」1944日圓。內含3枚永樂通寶代幣，每枚可在一家店享用3盤麵。

盡情享用，成為「蕎麥麵通」

點選一人份的皿蕎麥麵後，多數店家皆可以一盤為單位加點。在部分店家吃完約20盤後還能獲得紀念品紀念成為「蕎麥麵通」。

販售由出石觀光中心

そば庄的皿蕎麥麵900日圓

口感滑順超群的麵條搭配秘傳醬汁

如月
● きさらぎ

以日本國內產的石臼磨製蕎麥粉，搭配出石高品質地下水製成蕎麥麵，與濃郁香氣刺激食慾的秘傳醬汁儼然絕配！蕎麥蕨餅及生腐皮也深受歡迎。

MAP附錄 19B-4
📞 0796-52-5591
🕐 10:00～17:00　休週三　🪑50席
所兵庫縣豐岡市出石町八木23
🚌全但巴士出石巴士站步行5分
P免費

加入腐皮、梅肉等七種配料的湯葉蘿蔔泥蕎麥麵1080日圓

宛如在自家般的氛圍，相當舒適

貫徹出石皿蕎麥麵的精髓

そば庄 鉄砲店
● そばしょうてっぽうてん

濃郁香氣，加上彈潤口感，正是店家貫徹出石皿蕎麥麵「三現」精髓的最佳證據。不少顧客為了追求充滿美味、風味濃厚的蕎麥麵，會再多次造訪享用。

📞 0796-52-5479　**MAP附錄 19B-3**
🕐 11:00～18:30　休週三　🪑60席　所兵庫縣豐岡市出石町鉄砲27-13　🚌全但巴士沢庵寺口巴士站步行5分　P免費

創業於1966年的店家

可自由組合不同麵條

出石手打ち皿そば 輝山
● いずしてうちさらそばきざん

可享用兩種不同類型的蕎麥麵，包括帶殼蕎麥磨粉製成的黑色麵條，以及去殼蕎麥磨粉製成的白色麵條。2樓可眺望辰鼓樓，儼然是特等座位。

MAP附錄 19B-4
📞 0796-52-2033
🕐 10:30～18:00　休週四　🪑80席
所兵庫縣豐岡市出石町八木62
🚌全但巴士出石巴士站步行5分
P免費

1樓除了和式座位外，也設有一般座位

鮮豔門簾為其特徵及獨具風味的庭院

皿蕎麥麵（1人份5盤）850日圓，加點（1盤）140日圓

讚嘆於自己製作的蕎麥麵

入佐屋
● いるさや

可享用到出石皿蕎麥麵、石臼磨製的十割田舍蕎麥等多種蕎麥麵風味。從水和麵粉階段開始製作蕎麥麵的體驗也深受歡迎。

MAP附錄 19B-4
📞 0796-52-5393
🕐 11:00～17:00　休週四（逢假日則營業）
🪑82席
所兵庫縣豐岡市出石町內町98-1
🚌全但巴士出石巴士站步行5分
P免費

田舍蕎麥（附含蕎麥粒的蕎麥葛餅）1200日圓

改建過往電影院而成的店舖

這樣就是蕎麥麵通！? 吃法指南

第1招

先在一盤份的蕎麥麵上加入蔥、蘿蔔泥，並淋上醬汁享用。

第2招

在蕎麥麵碗內加入雞蛋打蛋攪勻。

親處人喜歡的蔥添加山葵泥。

加入蕎麥麵碗一起調和風味，一邊拌勻。

蕎麥麵沾上醬汁享用，最後再倒入蕎麥麵湯的熱水嚐下。

挑戰手打蕎麥麵體驗

吃過美味的蕎麥麵後，是否想試著自己製作蕎麥麵呢？
不但能自行品嘗，還可作為伴手禮。

使用擀麵棍將麵團推勻的步驟意外需要不小力氣

手打蕎麥麵體驗

將水加入蕎麥粉內混合，從攪拌作業開始體驗正統蕎麥麵製作。體驗活動採預約制，2～5人一組時每人1500日圓，1人參加時為3000日圓。

使用嚴選蕎麥粉製成的麵條

出石皿そば 一鶴
●いずしさらそばいっかく

混合龍野等不同產地的醬油，製成風味豐潤的醬汁，是結合口味高雅的鶴見蕎麥麵。出石較罕見的十割蕎麥麵也廣受歡迎。

MAP附錄 6E-3
☎0796-52-6655
🕙10:30～19:00(售完打烊)
休不定休　席70席
所兵庫県豊岡市出石町福住上清水191-1
全但巴士出石巴士站步行10分
P免費

手打蕎麥麵可當場汆燙享用也可帶回家

令人心動的蕎麥甜點

蕎麥麵店才有的各種蕎麥甜點也值得矚目！不僅好吃，
還結合了健康等優點，令人開心。

傳統與獨創性兼具為亮點

そば藤●そばふじ

除了傳統的出石皿蕎麥麵以外，也因各種使用蕎麥粉製成的甜點蔚為話題。還可享受預約制的手打蕎麥麵體驗（2人～）或出石燒彩繪體驗（需預約）。

MAP附錄 19B-3
☎0796-52-4462
🕙11:00～17:00　休週三不定休
所兵庫県豊岡市出石町町分137-2　全但巴士出石農協前巴士站步行7分　P免費

蕎麥紅豆湯
410日圓

蕎麥蕨餅
310日圓

出石蕎麥麵MAP

周邊圖
MAP附錄 19

蕎麥布丁
260日圓

鹿饅頭
1個90日圓
以鬆軟麵團包裹
大量白豆沙製成，
口味溫順

可愛鹿圖樣的小巧大判燒
一柳堂
◆いちりゅうどう
MAP附錄 20B-3

由第三代老闆及其家族堅守著明治時代創業至今未曾改變的道口，招牌鹿饅頭不僅觀光客，就連在地人都喜愛購買作為伴手禮。

店家充滿懷舊復古的氛圍

📞0796-22-2473
🕙9:00～18:00
🚫不定休
🪑3席 🏠兵庫縣豐岡市元町3-19 JR豐岡站步行15分 🅿無

使用在地新鮮食材製作各種簡單甜點
Naumi Purin
◆ナウミプリン
MAP附錄 20B-3

使用但東町雞蛋、丹波市牛奶等鄰近地富含營養的食材，製作各種人氣甜點。店家更推出乳酪蛋糕、戚風蛋糕等產品。

📞0796-23-7034
🕙10:00～18:30
🚫週日
🏠兵庫縣豐岡市中央町3-37
🚃JR豐岡站步行10分
🅿無

不少遠道而來的回頭客再訪

使用但東町雞蛋＆丹波牛奶製成的布丁
1個324日圓

甜度適中的比利時鬆餅1個183日圓～

豐富大自然！北近畿的代表都市

豐岡
とよおか

是這樣的地方！

豐岡受日本海及高原環繞，充滿豐富自然環境，而其位於兵庫縣北部中心地帶的都市圈內，交通也十分方便。此外，更有豐富文化、美食、歷史、自然等魅力。

ACCESS

🚃鐵路

| JR大阪站 | 特急東方白鸛號 2小時30分, 4750日圓 | JR豐岡站 |

🚗開車

| 北近畿豐岡自動車道 日高神鍋高原IC | 國道482號・國道312號 約11km | 豐岡 |

美味點心

不管是源自悠久工藝歷史的優秀品質包包，還是令人不禁想拿取的可愛點心，一邊走在充滿復古氛圍的街道，一邊尋找專屬於自己的美好事物吧。

雪牡丹宇治抹茶牛乳刨冰
刨冰相當細緻、容易入口。紅豆餡及蜜豆、蔴實皆為手工

就連站在櫥櫃前猶豫不決都相當有趣

柔軟麵團內包裹著紮實的自製紅豆餡

以今川燒及刨冰為兩大代表的人氣店鋪
谷口今川燒店
◆たにぐちいまがわやきてん
MAP附錄 20A-4

📞0796-22-3517
🕙9:30～售完打烊
🚫不定休 🪑30席
🏠兵庫縣豐岡市中央町13-1
🚃JR豐岡站步行10分
🅿無

創業於昭和24（1949）年，為今川燒專賣店，另提供夏季限定的刨冰。使用大顆紅豆製作的自製顆粒豆泥，搭配風味濃厚的抹茶，吸引不少支持者。

以點心為主題的復古建築！

以點心為主題的復古建築
Auberge豐岡1925
◆オーベルジュとよおかイチキュウニイゴオ
MAP附錄 20A-3

這座複合式設施為改建1934年落成的銀行舊址而成，有甜點店、餐廳、飯店進駐，成為豐岡的新地標，深受矚目。此外，館內也精選在地甜點販售。

📞0120-210-289
🕙11:00～20:00（視設施而異）
🚫不定休 🏠兵庫縣豐岡市中央町11-22
🚃JR豐岡站步行8分
🅿免費

鑰匙也充滿復古氣息

相當寬敞、舒適的客房

飯店
共5間房間，皆以昭和初期風格設計。不妨選本喜歡的書或音樂，靜靜享受閒適時光。
🕒IN15:00、OUT11:00
💴1泊2食17000日圓（未稅）～

咖啡廳
在車站為形象設計的近代西洋建築的古典氛圍中，輕鬆享受甜點師製作的手工甜點。
🕙13:30～16:00
🪑20席

餐廳
每天自但馬在地農家訂購各種食材，並由關西知名主廚負責製作的法國菜「但馬新式烹調」，令人讚嘆不已。
🕙11:30～13:30、17:30～20:00（晚間需預約）
🪑40席

午餐3024日圓～

包廂內氣氛沉靜

竟然有包包自動販賣機!
Kaban Station
◆カバンステーション

引領包包之街的「豐岡包包」發信基地。除了販售原創包包外,也會負責各種活動企劃。

MAP附錄 20B-4
☎0796-22-2089
🕙10:00～17:00 週一～週五(逢假日則營業) 所兵庫縣豐岡市中央町17-6 いっぷく堂内 🚉JR豐岡站步行10分 P無

自動販賣機
托特包
1500日圓
常備各種設計的商品,皆為雙面印刷
附鈕扣

由利佳一郎的原創商品店
K-dear
◆ケイディアー

MAP附錄 20B-3

店內販售包括國內外得獎作品,以及曾於最新Tokyo Collection展出的keiichirosense作品等。

☎0796-22-4391
🕙11:00～18:00 休週三 所兵庫縣豐岡市中央町8-4 🚉JR豐岡站步行10分 P免費

店名含了希望顧客享受藝術氛圍的生活型態之意

New Dulles
25000日圓～
可成為時尚重點的肩背包,共有紅、黑及深藍色等款式

包包城鎮

豐岡地區以柳工藝為起源,是座擁有千年歷史的包包城鎮。「豐岡包包」不僅擁有紮實的縫製技術,更持續挑戰各種新素材及豐富設計,令人更想擁有!

尋找值得珍藏的包包與

豐岡包包的魅力散發據點
Toyooka KABAN Artisan Avenue
◆トヨオカカバンアルチザンアベニュー

MAP附錄 20B-4

販售「豐岡包包」等150種以上堅持Made in 豐岡的原創女包。2樓為包包零件專賣店,3樓則是製作包包的學校。

☎0796-22-1709
🕙11:00～18:00(週六、日、假日為10:00～) 休週三 所兵庫縣豐岡市中央町18-10 🚉JR豐岡站步行12分 P無

除了原創商品外,也陳列不少豐岡產品牌商品

「A&D27」單車包
21600日圓

「BELCIENTO」KUKURU托特包L
42120日圓

店內亦售有豐岡傳統工藝品柳行李籃形包

象徵「包包城鎮豐岡」的建築物

製造商才有的品質及價格深具魅力
Atelier nuu
◆アトリエヌウ

MAP附錄 20B-3

販售包括nuu ARTPHERE、Totem Re Vooo等三個原創品牌的包包、小物等豐富商品,還附設工作室,可參觀包包製作過程。

☎0796-22-7732
🕙10:00～18:00 休週三 所兵庫縣豐岡市中央町7-28 🚉JR豐岡站步行15分 P免費

各種取自世界各國素材製成的商品一字排開

loop皮革托特包
25920日圓

Ambition皮革後背包
46440日圓

店鋪以白色為主,十分時尚

| 伴手禮 | MAP附錄 20C-3 |

豐岡

コウノトリ本舗
● コウノトリほんぽ

🛍 購物

琳瑯滿目的東方白鶴商品

販售可愛的東方白鶴商品及在地特產，還可享用以「東方白鶴培育農法」栽培的米飯糰，以及燉煮漢堡排定食（平日限定）780日圓。

↩「但馬限定」東方白鶴
Kitty吊飾組1380日圓

➡ 幸福杯墊
270日圓

➡ 東方白鶴
布偶1620日圓

↑店鋪位於兵庫縣立白鶴之郷公園旁

📞 0796-37-8222
⏰ 9:00～17:00　🈺 不定休　🏠 兵庫縣豐岡市祥雲寺14-2　🚌 JR豐岡站搭全但巴士15分，コウノトリの郷公園站下車即到　🅿 免費

豐岡・出石
とよおか・いずし

豐岡市的圓環路口「壽圓環」

| 壽司・割烹 | MAP附錄 20A-3 |

豐岡

なか井
● なかい

使用在地食材的創意料理

使用津居山港的現撈新鮮海產，結合在地山菜製成的壽司或全餐料理深獲好評，午間定食及火鍋也相當受歡迎。

📞 0796-23-7897
⏰ 11:00～14:00，17:00～21:30　🈺 週一（逢假日則營業）　🈺 握壽司1600日圓　🏠 兵庫縣豐岡市中央町12-21　🚌 JR豐岡站步行5分　🅿 免費

➡ 使用在地當季素材製作各種料理。全餐為40000日圓～

| 物產館 | MAP附錄 20B-4 |

豐岡

地場產TAJIMA
● じばさんタジマ

🛍 購物

將但馬特產品齊聚於一堂的物產館

展出、販售各種但馬地區的特產，包括豐岡特產包包、出石蕎麥麵、在地酒品、海產、傳統工藝品，以及東方白鶴商品等，琳瑯滿目。

📞 0796-24-5551
⏰ 9:00～17:00　🈺 無休　🈺 東方白鶴周邊商品250日圓～，包包2000日圓～，出石燒1620日圓～　🏠 兵庫縣豐岡市大磯町1-79　🚌 JR豐岡站搭全但巴士7分，豐田町站下車即到　🅿 免費

➡ 1樓為觀光物產展示銷售場

「地場產商店」

| 公園 | MAP附錄 20C-3 |

豐岡

兵庫縣立白鶴之郷公園
● ひょうごけんりつコウノトリのさとこうえん

📷 景點

遇見帶來幸福的東方白鶴

豐岡是東方白鶴在日本最後的棲息地，至今仍持續實施保育活動，希望可讓東方白鶴回歸野生。除了設施內部，周邊也可見到東方白鶴在自然中的樣貌。

📞 0796-23-5666
⏰ 9:00～17:00　🈺 週一（逢假日則翌日休）　🈺 免費　🏠 兵庫縣豐岡市祥雲寺二ヶ谷128　🚌 JR豐岡站搭全但巴士15分，コウノトリの郷公園站下車即到　🅿 免費

➡ 特別天然紀念物東方白鶴，翅膀展開長約2公尺，為日本之最

| 咖啡廳 | MAP附錄 6E-2 |

出石

ice cafe KANO ボク
● アイスカフェカノボク

☕ 咖啡杯盤

位於牛舍旁的療癒咖啡廳

位於飼養瑞士褐牛及霍爾斯坦牛的牧場內，是家充滿木頭溫暖氣息的質樸咖啡廳。餐點包括以現擠牛乳製成的霜淇淋，以及義式冰淇淋等。

📞 0796-52-3783
⏰ 9:00～17:30　🈺 第1、3、5週二、週三　🏠 兵庫縣豐岡市出石町伊豆788　🚌 JR豐岡站搭全但巴士20分，伊豆站下車，步行5分　🅿 免費

➡ 附設於牛舍旁的咖啡廳擁有醒目的藍色外觀

| 咖啡廳 | MAP附錄 20A-3 |

豐岡

蜩珈琲本店
● ひぐらしこーひーほんてん

☕ 咖啡杯盤

以自家烘焙香氣濃郁的咖啡放鬆身心

創業於昭和5（1930）年的咖啡專賣店，店內充滿古典氛圍，能享受到深邃風味及香氣的咖啡解釋為何愛好者如此眾多。此外，店家距離車站相當近，十分方便。

📞 0796-22-2955
⏰ 10:00～16:30（販售為～18:00）　🈺 週二　🈺 蜩綜合豆咖啡450日圓，咖啡歐蕾500日圓　🏠 兵庫縣豐岡市千代田町1-5　🚌 JR豐岡站步行5分　🅿 無

↑晨間套餐500日圓

➡ 值得一看　創業之初使用至今的海報及菜單

| 包包 | MAP附錄 20B-4 |

豐岡

THE PLAN
● ザプラン

🛍 購物

源自豐岡的包包品牌直營店

位於豐岡包包街道上的「Ciconia Boyciana」直營店，商品以皮革製品為主，亦提供包包、小物，以及皮革外套、靴子等物。

📞 0796-26-7008
⏰ 10:00～18:00　🈺 不定休　🈺 原創皮革包13000日圓～，原創皮革小物1000日圓～　🏠 兵庫縣豐岡市中央町18-3　🚌 JR豐岡站步行10分　🅿 免費

➡ 提供皮革工藝品等男女皆可使用的商品

順道漫遊！

受到紅遍世界冒險家的生活方式所感動
豐岡市立植村直己冒險館
とよおかしりつうえむらなおみぼうけんかん **MAP附錄** 6D-3

此為出身豐岡市的冒險家植村直己展示館，共包含六大可感受到植村直己魅力的主題，介紹其冒險紀錄、裝備及相關影片。即使不是植村直己的支持者，也有不少值得一看之處。

☎0796-44-1515
🕐9:00～17:00(16:30前入館) 休週三(逢假日則翌日休) ¥成人500日圓，高中生200日圓，中、小學生150日圓 所兵庫縣豐岡市日高町伊府785 🚌JR江原站搭全但巴士10分，冒險館前站下車，步行3分 P免費

館內展品及影片令人感受到植村直己的溫和性格

享受於清流中釣虹鱒的樂趣
十戶國際虹鱒川釣場
じゅうごくこくさいにじますかわつりば **MAP附錄** 6D-3

利用湧自神鍋山山麓的清水飼養、放流虹鱒，可將釣起的魚帶回，也可自備工具食用。

☎0796-44-0059(十戶觀光協會)
🕐從清晨至日落 休無休 ¥1日券3500日圓，半日券3000日圓(男女組合價格亦同) 所兵庫縣豐岡市日高町十戶47 🚌JR江原站搭全但巴士15分，十戶站下車，步行5分 P免費

自古便盛行虹鱒養殖

全年都可享樂的滑雪場
Up Kannabe
アップかんなべ **MAP附錄** 19C-1

這座滑雪場位於神鍋高原，充滿開闊感，設有初學者路線及適度中斜坡道。非滑雪季節間，則可享受滑翔翼、滑草及越野滑板等樂趣。

☎0796-45-1545
¥1日成人3000日圓，兒童2000日圓 所兵庫縣豐岡市日高町栗栖野59-78 🚌距北近畿豐岡自動車道日高神鍋高原IC約11km P免費

冬季則轉為滑雪場

春季至秋季間可享受夏季滑雪場之趣

舊宅 **MAP附錄** 19B-4
出石
家老屋敷
●かろうやしき 景點

帶有厚實外觀的武家住宅

可參觀江戶後期上級武士的住宅。乍看之下為一般的平房，但其實內部隱藏著二樓空間，以備突如其來的襲擊使用。此外，館內也展出大名出巡時的相關用具。

☎0796-52-3416(出石觀光協會)
🕐9:30～16:30 休11月3日 ¥200日圓 所兵庫縣豐岡市出石町內町98 🚌JR豐岡站搭全但巴士30分，出石站下車，步行5分 P無

長屋門也值得一看

蕎麥麵 **MAP附錄** 19B-4
出石
正覚田中屋
●しょうかくたなかや

感受出石特有風情的蕎麥麵店

以石臼磨製的帶殼蕎麥粉打成的蕎麥麵，與風味絕佳的醬汁極為搭配。高湯使用利尻產昆布及目近鰹，佐料則使用出石產的蔥。

☎0796-52-2048 🕐10:00～17:00 休週四、第3週三(逢假日則營業) 所兵庫縣豐岡市出石町本町97 🚌JR豐岡站搭全但巴士30分，沢庵寺口站下車，步行4分 P免費

出石皿蕎麥麵1人份900日圓

啤酒 **MAP附錄** 19B-4
出石
出石城山Garden
●いずししろやまガーデン 購物

加入蕎麥！清爽的在地啤酒

以出石的純淨好水，搭配嚴選麥芽、蕎麥製成發泡酒，包含altbier老啤酒與科隆啤酒兩種口味，可享受不同的口感。

☎0796-52-7530
🕐10:00～17:00
休不定休
所兵庫縣豐岡市出石町內町83
🚌JR豐岡站搭全但巴士30分，出石站下車即到
P收費

最適合作為伴手禮！出石浪漫啤酒1瓶520日圓

美術館 **MAP附錄** 19B-4
出石
豐岡市立美術館-伊藤清永紀念館-
●とよおかしりつびじゅつかんいとうきよながきねんかん 景點

飽覽伊藤大師畫作與在地藝術作品

館內常設展示出身豐岡市(出石町)、曾獲文化勳章的西洋畫家伊藤清永，以及其他與豐岡有關的藝術家作品。此外，每年更會舉辦2～3次特展。

☎0796-52-5456 🕐9:30～16:30 休週三(逢假日則翌日休) ¥500日圓(特展另計) 所兵庫縣豐岡市出石町內町98 🚌JR豐岡站搭全但巴士30分，出石站下車，步行5分 P無

融合於街景中的沉靜建築物

寺院 **MAP附錄** 19C-4
出石
宗鏡寺（澤庵寺）
●すきょうじ(たくあんでら) 景點

推廣醃蘿蔔的澤庵和尚相關寺院

寺院於元中9(1392)年，由京都東福寺的大道一以禪開山。因澤庵和尚於元和2(1616)年復興此處，而有澤庵寺之別稱。由和尚整理的庭園與夢見之鐘皆為不可錯過的亮點。

☎0796-52-2333 🕐9:00～16:00 休無休 ¥參拜費300日圓 所兵庫縣豐岡市出石町東條33 🚌JR豐岡站搭全但巴士30分，沢庵寺口站下車，步行10分 P免費

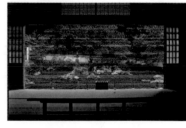

可參加包括參拜、坐禪與茶道的體驗行程(需預約)。每人2800日圓 食料理與茶道的體驗行程，素

陶器 **MAP附錄** 19B-4
出石
永澤兄弟製陶所
●ながさわけいていせいとうしょ 購物

體驗傳統工藝品出石燒彩繪

該製陶所生產結合了傳統技法與創新設計的永澤流出石燒。附設店鋪兼藝廊，並提供出石燒彩繪體驗(茶杯、花瓶1620日圓，盤子1728日圓)。

☎0796-52-2155
🕐9:00～17:00(彩繪體驗為10:00～16:00) 休無休 所兵庫縣豐岡市出石町內町92-1 🚌JR豐岡站搭全但巴士30分，出石站下車即到 P免費

色澤潔白、外型流暢的陶器

湯村溫泉
ゆむらおんせん

是這樣的地方！

這條溫泉街受群山環繞，飄散著鄉愁。自源泉升起的裊裊熱氣、四處林立的歷史悠久旅館等至今未曾改變的懷古景緻，都讓旅遊氣圍更濃烈。

ACCESS

巴士 JR濱坂站	町民巴士 夢つばめ 25分・300日圓		湯村溫泉巴士站
開車 北近畿豐岡自動車道 八鹿氷ノ山IC	國道9號 約41km		湯村溫泉

首先就去參觀源泉吧！

湯村溫泉 荒湯
●ゆむらおんせんあらゆ
MAP附錄 19A-1

湯村溫泉的源泉為慈覺大師所發現，每分鐘都會湧出高溫98℃、多達470L的溫泉。可於此製作荒湯雞蛋或燙青菜。

☎0796-92-2000
（湯村溫泉觀光協會）
所兵庫縣新溫泉町湯
湯村溫泉巴士站步行10分

位於春來川旁的源泉

浸泡足湯之際還能傾聽河川的水流聲

在河川旁的足湯暖和身體♪

足湯 ふれ愛の湯
●あしゆふれあいのゆ
MAP附錄 19A-1

這座免費足湯就位於湯村溫泉的象徵——荒湯旁，也就是春來川的河岸邊。共有兩條寬約60公分、總長約20公尺的足湯。

☎0796-92-2000
（湯村溫泉觀光協會）
休自由浸泡
所兵庫縣新溫泉町湯
湯村溫泉巴士站步行5分

以散步的情緒
四處逛逛♪
蒸氣裊裊的溫泉街

湯村溫泉街以源泉「荒湯」為中心，整座街道相當精巧，徒步就能逛完一圈，不妨享受各家知名溫泉，同時悠閒地漫步整條溫泉街吧。

最適合泡湯完享用的甜點

なごみカフェ夢や
●なごみカフェゆめや
MAP附錄 19A-1

咖啡廳位於荒湯前，由豐屋旅館負責經營。除了柚子、黑豆口味的冰淇淋外，也提供漂浮飲料及咖啡等。

300日圓

☎0796-92-0010
時10:00～18:00（週日、假日為9:00～）
休週四
所兵庫縣新溫泉町湯1254
湯村溫泉巴士站步行5分
P免費

拉麵類深受好評

愛心造型紅蘿蔔
880日圓

笑来園
●しょうらいえん
MAP附錄 19A-1

最為推薦源自湯村溫泉的創新在地拉麵「湯村擔擔麵」，使用100%但馬牛肉製作，將其美味徹底融入湯汁內，是未曾體驗過的美味。

☎0796-92-0486
時11:30～14:00、17:00～23:00
休週二
席40席
所兵庫縣新溫泉町湯13 17-16
湯村溫泉巴士站步行3分
P免費

最適合邊走邊享用！

但馬牛の里 はまだ本店
●たじまぎゅうのさとはまだほんてん
MAP附錄 19A-1

這間肉品專賣店生產、販售高級但馬牛，結合肉質美味及馬鈴薯甜味的可樂餅深受喜愛。

牛肉可樂餅
140日圓

☎0796-92-0080
時10:30～18:00
休第1、3週四
所兵庫縣新溫泉町湯81
湯村溫泉巴士站步行8分
P免費

使用正統但馬牛的串燒

炭火串燒き ひよっ子屋
●すみびくしやきひよっこや
MAP附錄 19A-1

可搭配但馬牛肉串或以但馬牛製成的午餐與各種飲品一同享用，外帶串燒也頗受歡迎。

但馬牛串
1000日圓

☎080-5365-0945
時12:00～17:00
（14:00～僅接受外帶）
休不定休
所兵庫縣新溫泉町湯
湯村溫泉巴士站步行7分
P無

至不住宿溫泉享受泡湯之趣

湯村溫泉為慈覺大師於嘉祥元（848）年所發現的古湯，每分鐘都會湧出470L的98℃高溫泉水，是日本首屈一指的高熱溫泉。泉質為無色透明的鈉－碳酸氫鹽、硫酸鹽氯化物泉。

鋪瓦屋頂上附有瞭望台

歷史悠久的公共浴場

湯村溫泉 藥師湯 ●ゆむらおんせんやくしゅ　MAP附錄 19A-1

寬闊浴場　十分舒適

1樓為大浴場及擁有日式庭園的露天浴池、蒸汽三溫暖，2樓則為收費休憩設施。入口設有可製作溫泉蛋的空間。

✆0796-92-1081　⏰7:00～22:00　休每月15日（逢週四、六、日、假日則翌平日休）　所兵庫縣新溫泉町湯1604　🚌湯村溫泉巴士站步行5分　P設施使用者2小時免費（之後每小時100日圓）

溫泉DATA
賞用：500日圓
室內浴池、露天浴池、無障礙浴池（包租浴池）、三溫暖
※毛巾需收費

豪爽的瀑布浴池

若想盡情享受各種浴池

集結多種浴池

Refresh Park Yumura ●リフレッシュパークゆむら　MAP附錄 19A-1

這座溫泉公園內包含了落差達3公尺的豪爽瀑布浴池，以及各種豐富浴池。酒樽浴池等5種露天浴池採混浴，需穿著泳衣。此外，亦設有8種男女分開的室內浴池，包括附設涼亭的露天浴場。DATA➡附錄P.22

溫泉DATA
賞用：1100日圓
室內浴池、露天浴池、泡沫浴池、按摩浴池、水柱浴池、寢湯
※毛巾、浴巾需收費

說到湯村溫泉就會聯想到她

湯村溫泉博覽館 夢千代館 ●ゆむらおんせんはくらんかんゆめちよかん　MAP附錄 19A-1

源自NHK連續劇《夢千代日記》，館內忠實重現了當時連續劇背景，也就是昭和30年代的湯村溫泉街景。還可見到連續劇中的藝伎青樓及旅館等佈景。

✆0796-99-2300　⏰9:00～18:00　休不定休　¥300日圓（出示被爆者手冊則免費）　所兵庫縣新溫泉町湯80　🚌湯村溫泉巴士站步行8分　P免費

入口處設有源自廣島的和平之火

重現昔日湯村溫泉的一角

夢千代館內設有足湯「青桐之湯」

《夢千代日記》為NHK於1981年播出的連續劇，以原子彈被爆者第二代夢千代所經營的青樓為舞台，描寫人間百態。當時由吉永小百合飾演主角夢千代。

學習酒匠們的歷史

杜氏館 ●とうじかん　MAP附錄 19A-1

館內展出但馬杜氏相關資料，這些酒匠在冬季農閒期會前往灘等地的酒藏釀酒。此外，亦可見到自古以來的釀酒相關用具。

✆0796-92-2000（湯村溫泉觀光協會）　⏰9:00～18:00（視時期而異）　休無休　¥免費　所兵庫縣新溫泉町湯98　🚌湯村溫泉巴士站步行7分　P無

「杜氏」，在每年積雪較深的時期出外工作。在日本各地的酒藏一展長才。但馬人天生的堅韌性格以及長年累積的知識、經驗，孕育出了許多美酒。

了解但馬杜氏的歷史

在風味獨具的古民宅稍作休息

遊月亭 おばあかふぇ ●ゆうづきていおばあかふぇ　MAP附錄 19A-1

這座咖啡廳為改建已有130年歷史的古民宅而成，由個性活潑的「婆婆」們負責接待。使用在地產紅豆製成的「櫪萩餅」、「婆婆」的毅力燒（大判燒）」堪稱極品。

✆0796-85-8010（但馬壽）　⏰10:00～17:00　休週三　¥櫪萩餅540日圓～、毅力燒130日圓　所兵庫縣新溫泉町湯82-1　🚌湯村溫泉巴士站步行5分　P無

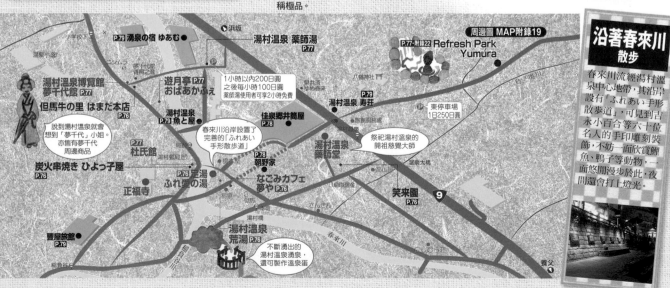

（周邊圖 MAP附錄19）

P.79 湧泉の宿 ゆあむ

浜坂

湯村溫泉 藥師湯 P.77

P.77 相22 Refresh Park Yumura

湯村溫泉博覽館 夢千代館 P.77

遊月亭 おばあかふぇ P.77

1小時以內200日圓之後每小時100日圓
藥師湯使用者可享2小時免費

但馬牛の里 はまだ本店 P.76

湯村溫泉 魚と屋 P.79

佳肴郷井筒屋 P.78

湯村溫泉 壽荘 P.79

東停車場 1日250日圓

春來川沿岸設置了完善的「ふれあい手形散歩道」

說到湯村溫泉就會想到「夢千代」小姐，亦售有夢千代周邊商品

P.77 杜氏館

炭火串燒き ひよっ子屋 P.76

P.78 朝野家

なごみカフェ 夢や P.76

湯村溫泉 藥師堂 P.78

祭祀湯村溫泉的開祖慈覺大師

正福寺

足湯 ふれ愛の湯 P.76

笑來園 P.76

9

豐屋旅館 P.79

湯村溫泉 荒湯 P.76

不斷湧出的湯村溫泉湧泉，還可製作溫泉蛋

春來川

養父

沿著春來川散步

春來川流經湯村溫泉中心地帶，其沿岸設有「ふれあい手形散步道」，可見到吉永小百合等六十位名人的手印雕刻裝飾，不妨一面欣賞鯉魚、鴨子等動物，一面悠閒漫步於此，夜間還會打上燈光。

湯村溫泉

前往擁有豐富泉水的美人之湯吧！

至高無上的幸福之旅

湯村溫泉由慈覺大師於1150年前發現，擁有悠久歷史。
溫泉熱氣裊裊而升、風情萬種的溫泉街上，還有不少美好的旅館。

以充滿不同特色的豐富天然溫泉浴池為傲

佳泉鄉井筒屋旅館
●かせんきょういづつや

無論規模、歷史、地位，在湯村溫泉中都堪稱頂級。以「八湯十快」為主題，設置了包括大岩浴池、露天浴池、檜木浴池、家庭浴池等八種溫泉，更備有完善的美容室。此外，在面前直接烹調的晚餐桌邊料理更深受好評。

MAP附錄 19A-1

📞 0796-92-1111
🕐 IN15:00、OUT10:00　¥1泊2食19440日圓～
📍 兵庫縣新溫泉町湯1535
🚌 JR濱坂站搭町民巴士夢つばめ25分，湯村溫泉站下車即到　P免費

🥢 亮點在這裡
各餐廳設有專用廚房，可隨時提供現作餐點。旅館更將使用但馬食材的家常菜，包括湯村溫泉名產「荒湯豆腐」等，轉變為井筒屋特色上桌。

1 露天浴池內可眺望翠綠的山林
2 仔細整理的庭園儼然是座自然森林
3 氛圍沉靜的純和客房

充滿手工溫暖、宛如在自家般舒適的別緻旅館

1 無論男女露天浴池皆為館主親手打造，令人想在此療癒身心
2 早、晚餐皆為房內用餐，十分閒適

🥢 亮點在這裡
「蒸籠宴席」使用大量新鮮海鮮，可直接享用食材最原始的美味。同時還可飽嘗但馬產米煮成的光澤飽滿白飯。

伯雲亭
●はくうんてい

這間小巧雅致的旅館活用僅有7間的客房，提供極具誠意的款待服務。老闆發揮絕佳手藝，使用大量日本海食材製作料理，無論早晚都能在房內悠閒地享受。

MAP附錄 7B-2

📞 0796-92-0116
🕐 IN15:00、OUT10:00　¥1泊2食9870～30390日圓
📍 兵庫縣新溫泉町細田525
🚌 JR濱坂站搭町民巴士夢つばめ20分，農協前站下車即到　P免費

朝野家
●あさのや

大廳的香氣及客房內的插花作品，令人處處都能感受到這座格調高雅旅館內的花道、茶道、香道精神。除了曾用來拍攝電影的露天浴池外，還有不少療癒身心的設施，包括岩盤浴、芳療室，以及奢華的包租浴池等。

MAP附錄 19A-1

📞 0796-92-1000
🕐 IN15:00、OUT10:00　¥1泊2食18510日圓～
📍 兵庫縣新溫泉町湯1269
🚌 JR濱坂站搭町民巴士夢つばめ25分，湯村溫泉站下車即到　P免費

🥢 亮點在這裡
堅持使用當地生產當地消費的季節食材製作料理，可享用到山陰地區特有的當季美食。

1 以瀑布、水車點綴，充滿詩意的庭園風露天浴池
2 格調高雅的客房空間

除了欣賞四季景致皆異的大自然外，還能享受極致的款待服務

盡情享受旅館自家源泉的溫泉

亮點在這裡
館內各座浴池皆有不同特色，其中位於高處的展望大露天浴池內，可在泡湯之餘，享受小鳥鳴叫、樹木微微搖動等聲音。

1 包租露天浴池「雪之水滴」的時尚氛圍舒緩內心
2 備有可一望城鎮風景的客房，以及可飽覽天神山四季之美的客房
3 包租露天浴池「月光」內可一覽湯村城鎮風貌

豐屋旅館 ●とみや

這家老牌溫泉旅館就位於湯村溫泉街的和緩坡道上，也就是天神山的山麓地帶。擁有自家源泉，可在大露天浴池、庭園露天浴池，以及水柱浴池等享受充沛的溫泉水。亦可享用由在地農家清晨現採的蔬菜，以及濱坂港現撈水產製作的料理。

MAP附錄 19A-1 ♨🛁🏠♨🈳💳**CARD**

📞0796-92-0001
🕐IN15：00、OUT10：00　¥1泊2食14190日圓～　🏠兵庫縣新溫泉町湯181-2　🚃JR濱坂站搭町民巴士夢つばめ25分，湯村溫泉站下車，步行8分　Ⓟ免費

在設有地爐的大廳接待，真摯且溫暖的旅館

湯村溫泉 壽莊
●ゆむらおんせんことぶきそう

進入玄關後，立刻就能見到設置了地爐的大廳，令人對這座日式旅館立刻產生了懷舊、放鬆的感覺。不少遊客為了品嘗但馬牛、濱坂港現撈的新鮮海產，以及自簽約農家進貨的無農藥蔬菜等嚴選食材料理而特地前來。

MAP附錄 19A-1 ♨🛁🏠♨🈳💳**CARD**

1 大廳充滿了地爐旁才有的溫暖氛圍
2 閱讀咖啡廳位於1樓大廳，陳列了書籍顧問挑選的書刊

📞0796-92-0186
🕐IN15：00、OUT10：00　¥1泊2食12960日圓～　🏠兵庫縣新溫泉町湯1561-1　🚃JR濱坂站搭町民巴士夢つばめ25分，湯村溫泉站下車即到　Ⓟ免費

亮點在這裡
以美人湯聞名的湯村溫泉採源泉放流方式供應，24小時內隨時都可泡澡，讓溫泉迷無法抗拒！

以料理為傲的旅館用新鮮好吃的海鮮接待

湯村溫泉 魚と屋
●ゆむらおんせんととや

這座溫泉旅館就位於流經湯村溫泉中心的春來川畔，由於旅館為水產公司直營，可於此處以實惠價格享用各種新鮮海鮮與松葉蟹等。客房類型包括和室、和室結合西式床鋪的和洋室、洋室等三種。

MAP附錄 19A-1 ♨🛁🈳♨💳**CARD**

1 溫泉鄉才有的源泉放流浴池
2 可於客房內度過舒適悠閒的時光

📞0796-92-0155
🕐IN15：00、OUT10：00　¥1泊2食8650日圓～25000日圓　🏠兵庫縣新溫泉町湯1599-1　🚃JR濱坂站搭町民巴士夢つばめ25分，湯村溫泉站下車，步行5分　Ⓟ免費

亮點在這裡
非住宿客也可至餐廳「旬處 海ほたる」享用午餐、晚餐。方案包括泡澡，不妨輕鬆享受。

同時體驗知名溫泉與優質服務的溫泉度假村

亮點在這裡
旅館準備各種茶類，包括泡湯後享用的綠茶、伯爵茶、香氣豐富的草本茶，以及睡前可飲用的無咖啡因茶等，深受住宿旅客好評！

1 附溫泉露天浴池的客房設計時尚，常有旅客來此度過紀念日
2 可享受有益肌膚的「美人湯」大浴場（露天浴池）
3 旅館招牌「蒸籠料理」也出現於早餐餐桌上

湧泉の宿 ゆあむ
●ゆうせんのやどゆあむ

由旅館專屬的茶總監嚴選歡迎茶，負責迎接旅客，餐點則以「有益身體」為主題，早晚加起來共提供約40種新鮮蔬菜，以及產自山陰地區的當季食材，是座身心都能徹底放鬆的時尚旅館。

MAP附錄 19A-1 ♨🛁🏠♨🈳💳**CARD**

📞0796-92-1101
🕐IN15：00、OUT10：00　¥1泊2食16000日圓～　🏠兵庫縣新溫泉町湯1610　🚃JR濱坂站搭町民巴士夢つばめ25分，湯村溫泉站下車即到　Ⓟ免費

大集合

本地區受到豐富自然環境圍繞，
從海鮮到山產，美味食物琳瑯滿目。
一邊感受在地料理的奧妙，
來趟美食之旅吧！

在地美食 ①

舞鶴・丹後半島的
新鮮海產

舞鶴、丹後半島受到群山環繞，更有富含礦物質的河水流入海灣，自然環境極佳。盡情飽嘗夏季的岩牡蠣、冬季真牡蠣、日本鳥尾蛤及鰤魚吧！

舞鶴　まいづる茶屋
●まいづるちゃや

茶屋位於國道27號旁的山崎神社境內，可輕鬆至此享用舞鶴牡蠣、夏季的岩牡蠣，以及蝦虎魚等舞鶴特產海鮮。除了牡蠣蓋飯外，亦提供炸牡蠣、火鍋等料理，盡情享受牡蠣全餐。

MAP附錄 5C-4
📞 0773-76-1886
🕐 11:00～21:00　休 週二（逢假日則營業）
🪑 50席　📍 京都府舞鶴市十倉60-1　🚃 JR真倉站步行15分　🅿 免費

預算	午・晚 1000日圓～

◎稻庭乾拌烏龍麵⋯⋯⋯780日圓
◎季節茶屋套餐⋯⋯⋯1480日圓

牡蠣蓋飯
980日圓
透過這碗蓋飯飽嘗舞鶴灣的新鮮牡蠣，其清爽調味十分美味。12～3月間限定

↑店內氣氛沉靜，秋天還可透過窗戶欣賞美麗楓紅

伊根　お食事処 兵四楼
●おしょくじどころひょうしろう

提供當日現捕新鮮漁獲，店內設置下嵌式的吧檯及和式座位，充滿放鬆氛圍。許多顧客大老遠跑來，只為了品嘗鹽漬魚壽司、海鮮蓋飯等餐點。冬季菜單上還會出現松葉蟹。

MAP附錄 17C-1
📞 0772-32-0055
🕐 11:00～13:30、17:00～20:30
休 週四　🪑 32席　📍 京都府伊根町平田155-2
🚃 京都丹後鐵道天橋立站搭丹海巴士56分，伊根站下車，步行7分　🅿 免費

預算	午・晚 1000日圓～

◎生魚片定食⋯⋯⋯⋯⋯1500日圓
◎中級握壽司⋯⋯⋯⋯⋯1500日圓
◎魚肉鍋（需預約）⋯⋯5000日圓～

↑餐點品項豐富，從單點到火鍋一應俱全

這裡也要Check!

鹽漬魚壽司
1500日圓
使用伊根的鹽漬魚製作，適度鹽份讓味道更溫醇，令人上癮

海鮮蓋飯
1200日圓
蓋飯內加上鯛魚、黃條鰤等10種口感絕佳的當季海鮮

宮津　すし小錢
●すしこぜに

這家壽司店位於國道178號旁，招牌商品為老闆發明的「沙丁魚壽司」。以醋醃過的沙丁魚搭配薑絲及蔥絲，味道簡直絕配。丹後赤松號上更售有沙丁魚壽司便當。

MAP附錄 17B-3
📞 0772-22-0568
🕐 10:00～19:00　休 無休　🪑 8席
📍 京都府宮津市河原町1904-2
🚃 京都丹後鐵道宮津站步行10分　🅿 免費

預算	午・晚 1000日圓～

◎握壽司⋯⋯⋯⋯⋯⋯930日圓～
◎綜合壽司⋯⋯⋯⋯⋯730日圓～

沙丁魚壽司
870日圓
在地產真沙丁魚僅以醋醃味，不加醬油也相當好吃

↑店家提供外帶服務，不妨輕鬆點選

當地美食大集合 新鮮海產

舞鶴‧丹後半島

在鰤魚涮涮鍋發祥旅館，盡享鰤魚料理

鰤魚涮涮鍋 全餐
9504日圓
將鰤魚薄片以高湯涮過，再沾上桔醋享用，口味與生魚片截然不同，令人感動

這裡也要Check!
鰤魚生魚片
吃了鰤魚生魚片後，不禁讚嘆於其新鮮美味。蘿蔔燉鰤魚及燉煮魚頭也不容錯過

天橋立 料理旅館 鳥喜
●りょうりりょかんとりき

丹後名產「鰤魚涮涮鍋」發祥自這家料理旅館。大量使用在地魚產的料理深受好評，旅館附設的餐廳則提供生魚片定食、烤海鮮定食等餐點。12～3月的鰤魚又有寒鰤魚之稱，魚肉油脂較多，變得更美味。

MAP附錄 12F-4
℡0772-22-0010
⏰11:00～14:00、17:00～20:00
休週二（8月無休）　席20席
京都府宮津市文珠463-5
京都丹後鐵道天橋立站即到　P免費

預算	午2000日圓～／晚3000日圓～

◎生魚片定食⋯⋯⋯⋯⋯⋯⋯1944日圓
◎烤海鮮定食⋯⋯⋯⋯⋯⋯⋯2484日圓
◎甘鯛寶樂燒（2人份）⋯⋯⋯5940日圓

↑風格獨具的日式外觀相當醒目，也可留宿於此

橋立大丸 本店
天橋立
●はしだてだいまるほんてん

位於天橋立入口，也就是迴旋橋前方，地理位置絕佳。除了招牌日本鳥尾蛤蓋飯（5～8月數量限定提供，售完為止）外，使用當地現撈新鮮海產的料理如海鮮蓋飯、生魚片御膳等，都能輕鬆於此享用，深受歡迎。

↑店家亦提供適合團體（8人以上）的吃到飽餐點

MAP附錄 12F-4
℡0772-22-4151
⏰8:30～17:00（視日期而異）　休無休
90席　京都府宮津市天橋立文珠475
京都丹後鐵道天橋立站步行3分　P免費

預算	午1500日圓～

◎鰤魚蓋飯⋯⋯⋯⋯⋯⋯⋯⋯950日圓～
◎海鮮蓋飯⋯⋯⋯⋯⋯⋯⋯1550日圓～
◎生魚片御膳⋯⋯⋯⋯⋯⋯1860日圓～

當季海鮮與新鮮鳥尾蛤，來自宮津灣的美味

日本鳥尾蛤蓋飯
1980日圓
彈潤、厚實的日本鳥尾蛤搭配大量當季海鮮如鮪魚、花枝、紅鮋等

日本鳥尾蛤握壽司
1500日圓～3000日圓（時價）
使用彈性絕佳、口味甘甜的宮津產日本鳥尾蛤製作，可盡情享受大塊天然物美味，十分奢華

二反田
宮津
●にたんだ

位於可眺望宮津灣的高台上，老闆自行從港口進貨在地海鮮，並製成海鮮陶板燒或炭火宴席料理。夏季菜單還多了宮津產的天然日本鳥尾蛤，可依喜好烹調。此外，當日菜單也相當豐富。

MAP附錄 5B-2　℡0772-27-1777
⏰11:00～14:00、17:30～21:00
休週二　70席　京都府宮津市江尻1503
京都丹後鐵道天橋立站搭乘海巴士30分，江尻下站下車，步行12分　P免費

預算	午1500日圓～／晚3000日圓～

◎生魚片定食（僅午餐）⋯⋯⋯1950日圓
◎二反田（宴席）⋯⋯⋯⋯⋯3240日圓
◎鰤魚涮涮鍋（11～3月）⋯⋯5400日圓

這裡也要Check!
壽司定食
2160日圓
7貫當季握壽司搭配小菜、燉煮料理、茶碗蒸及紅味噌湯，相當受到歡迎

↑位於宮津灣旁，設有架高座位及吧檯座

寿司‧日本料理 とり松
網野
●すしにほんりょうりとりまつ

堅持選擇在地海鮮等天然食材，提供丹後日本鳥尾蛤、海膽、鮑魚等料理。此外，以鯖魚鬆夾入醋飯的丹後地區鄉土料理「散壽司」，本店也是販售這一道的名店。

MAP附錄 18F-2
℡0772-72-0429
⏰11:00～14:00、17:00～20:45
休週二、第2‧4週一（逢假日則翌日休）　席68
京都府京丹後市網野町網野146
京都丹後鐵道網野站步行10分　P免費

預算	午2000日圓～／晚3000日圓～

◎とり松宴席（2人～）⋯⋯1人5400日圓～
◎名產散壽司膳⋯⋯⋯⋯⋯1404日圓
◎主廚握壽司⋯⋯⋯⋯⋯⋯1566日圓

←設有一般座位及和式座位，圍爐座位沉穩氛圍絕佳

這裡也要Check!
散壽司
918日圓
可感受到鯖魚美味的鄉土料理，還可外帶作為伴手禮

壽司宴席
3240日圓～
包含開胃菜、生魚片、握壽司、茶碗蒸、炸物、紅味噌湯及甜點，令人滿意

但馬海岸的 新鮮海產

在地美食②

當地美食大集合!

但馬海岸擁有極其透明的美麗海洋,帶給視覺一大享受。自古以來但馬海岸就盛行漁業,除了海底拖網漁業,也盛行釣花枝、螃蟹、蝦子等,而美味店家更是不在少數!

香住 三七十鮨（みなとずし）

位於香住漁港前,是家以新鮮食材受到好評的老牌壽司店。以赤鯥、鮑魚等當日現撈的海鮮製成壽司、生魚片供顧客享用,不同季節還可享用到香住螃蟹、松葉蟹、生花枝、活櫻花蝦等海產。

MAP附錄 16E-1
☎0796-36-1262
🕙10:30～22:00　休週二（逢假日則翌日休）　席40席　所兵庫縣香美町香住区香住1772　交JR香住站步行10分　P免費

↓設有魚缸的吧檯座位最受歡迎

預算 午1000日圓～／晚2000日圓～

◎香住蓋飯⋯⋯⋯⋯⋯1080日圓
◎生魚片定食⋯⋯⋯⋯1510日圓
◎宴席料理（需預約）⋯⋯3240日圓～

這裡也要Check!

甜蝦與櫻花蝦雙拼 730日圓
此外,亦提供炙燒赤鯥430日圓等使用當季海鮮製作的料理

當季握壽司
將近海捕獲的當季漁產依喜好方式料理,其中又以主廚握壽司2160日圓最受歡迎

新鮮生透抽定食 2500日圓～
不僅新鮮,還帶有彈潤口感及入口即化的甘甜!價格依大小而異

竹野 海の幸本舖 ますだ（うみのさちほんぽますだ）

這家海鮮專賣店是由竹野漁港中間商所經營,店內以水槽飼養活花枝,每年5～8月就可於附設的餐廳內享用活花枝料理。新鮮活花枝價格2000日圓～,相當實惠,不少顧客遠道而來品嘗。

MAP附錄 8D-1
☎0796-47-0709
🕙8:00～17:00（用餐為11:30～14:00）
休週二　席24席　所兵庫縣豐岡市竹野町竹野2551　交JR竹野站步行10分　P免費

預算 午1000日圓～

◎海鮮蓋飯⋯⋯⋯⋯⋯1500日圓～

↑店內有時可能無法供應透抽,需事先詢問

現撈新鮮海產製成正統壽司

82

竹野 休暇村竹野海岸
●きゅうかむらたけのかいがん

在休暇村內可遠眺兵庫縣最北端的貓崎半島，眼前遼闊的日本海更是洶湧的食材寶庫。春季有「鬼蝦」、夏季為「活花枝」、秋季盛產「香住螃蟹・赤鰈」，到了冬天則有「松葉蟹」等，隨時都能享用各種當季食材料理。

MAP附錄 8D-1 ☎0796-47-1511
⏰11:30～13:30（需預約）
休不定休 席80席
所兵庫縣豐岡市竹野町竹野1047
JR竹野站搭計程車5分（提供竹野站接駁巴士，需聯絡）P免費
預算 午1000日圓～

◎竹野海鮮蓋飯⋯⋯⋯⋯⋯⋯⋯⋯1200日圓～
◎炸花枝蓋飯⋯⋯⋯⋯⋯⋯⋯⋯⋯1000日圓

↑還可泡泡溫泉再回去。入浴費510日圓

這裡也要Check
活花枝料理 7500日圓
需預約。6～8月中旬（視天候可能無法進貨活花枝）可享用花枝全餐

↑炸花枝三明治500日圓，每日限定10份

↗炸花枝咖哩1000日圓，其辛香料與花枝形成絕配

日本海蝦宴席
（3～6月、9～10月限定）
7500日圓
黑雜魚蝦、彎角鷹爪蝦與條紋長臂蝦等生蝦料理堪稱一絕，附烤蝦或蒸煮料理

享受松葉蟹與、活花枝饗宴 天然溫泉

生花枝蓋飯 1000日圓
熱騰騰的白飯配上生花枝，再加上一顆溫泉蛋，搭配醬油為基底的醬汁實在美味

濱坂 味の宿 緑風荘
●あじのやどりょくふうそう

如其名稱般，是間以料理為傲的旅館。春、秋季提供「日本海蝦宴席」，採用當地產的數種蝦子製作，冬季則由老闆親自選購松葉蟹製作料理，不同季節都能得到滿足。眼前就是縣民海灘，夏季相當熱鬧。

MAP附錄 11A-2
☎0796-82-0568 ⏰18:00～21:30（需預約）休不定休 需洽詢
所兵庫縣新溫泉町浜坂2864-1
JR濱坂站步行15分 P免費
預算 晚5000日圓～

◎日本海蝦宴席（1泊2食）⋯⋯⋯13650日圓～
◎魚宴席（1泊2食）⋯⋯⋯⋯⋯⋯8640日圓～

旅館氣氛彷彿在家般輕鬆，距離海灘也相當近

濱坂 マル海 渡辺水産 味波季
●マルかい、わたなべすいさんあじなみき

餐廳由濱坂人氣魚批發商「渡辺水產」所經營，餐點使用濱坂港現撈的新鮮海產製作，包含宴席、定食、蓋飯等，十分豐富。尤其是包含天婦羅、生魚片、散壽司的「花華」最受歡迎。

MAP附錄 11A-2 ☎0796-82-5001（渡辺水產）⏰11:00～15:00（週六、日、假日為～16:00）休週二（逢假日則營業）席40席
所兵庫縣新溫泉町芦屋853 渡辺水產2F
JR濱坂站步行15分 P免費
預算 午1000日圓～

◎每日午餐（僅平日）⋯⋯⋯⋯⋯900日圓
◎花華⋯⋯⋯⋯⋯⋯⋯⋯⋯⋯⋯2000日圓
◎上等握壽司⋯⋯⋯⋯⋯⋯⋯⋯1500日圓

↗店內充滿著日式時尚的沉靜氛圍，相當寬敞舒適

這裡也要Che
生魚片定食 1800日圓
以船隻容器盛裝6種當季生魚片，小菜等附餐也相當豐富

濱坂 網元
●あみもと

可品味旅館老闆親自選購鮮度一等一的在地海產，因而深受好評。其中又以松葉蟹料理、炭烤海鮮等餐點最受歡迎。用於料理中的蔬菜及白米皆為旅館有機栽培，令人驚訝。

MAP附錄 11A-2
☎0796-82-0733 ⏰IN15:00、OUT10:00
休不定休 所兵庫縣新溫泉町芦屋512-1
JR濱坂站步行12分 P免費
預算 僅住宿

◎海賊燒料理（1泊2食）⋯⋯⋯⋯14040日圓
◎活松葉蟹料理（1泊2食）⋯⋯⋯25920日圓

↑當顏色改變、開始膨脹時便代表可以享用

螢火魷全餐
（1泊2食）12960日圓
除了螢火魷涮涮鍋外，還搭配生魚片、水煮螃蟹、烤蝦等豪華餐點

↑旅館就位於濱坂港旁，冬季常湧入不少螃蟹饕客

螢之舞 1800日圓
螢火魷涮涮鍋搭配天婦羅、軍艦捲等餐點，儼然是螢火魷全餐！3月中旬～5月底限定

沙朗
脊骨肉
嚴選新鮮到甚至可生吃的肉，
更提供划算的拼盤與全餐

一面眺望美麗中庭，
一面享用含有脂肪的牛肉

楓定食沙朗牛排 4752日圓
午餐時段限定的優惠餐點，附小菜、沙拉、白飯、味噌湯與醃菜等

但馬牛在店統品嘗
但馬牛的魅力

將牛排切成適合入口的大小，可用筷子品嘗

特選和牛涮涮鍋1人份
5800日圓也深受歡迎

五花肉定食 2000日圓
為12～14時的午餐限定菜色，可選擇自製醬油醬汁或味噌醬汁

但馬牛

但馬牛為日本國內品牌牛的根源，
是深受矚目的上等肉。
徹底堅持純種培育，
造就了美麗的霜降肉質。
入口的瞬間就會受其口感
及美味所感動！

何謂但馬牛??

但馬牛為松阪牛、近江牛及神戶牛等日本知名品牌牛肉的根源。在野草叢生、險峻山脈與山谷林立的但馬特殊地理環境下，限定基因交配（＝閉鎖育種），才誕生了這種肉質絕佳的牛隻。但馬牛四肢強健，但骨骼較細，肉的比例則較高，故可成為育種用牛流傳至各地。

但馬的豐富自然環境孕育出了肉質絕佳的但馬牛

C 湯村溫泉
但馬ビーフレストラン楓
●たじまビーフレストランかえで

這家Refresh Park Yumura附設的牛排店內，可用最實惠的價格享用到店長嚴選的但馬牛等肉類。享受眼前鐵板現煎的表演和高級但馬牛度過奢華的時刻。

店內氛圍時尚，正統牛排令人讚嘆不已

MAP附錄 19A-1

☎0796-92-2001 ⏰11:00～14:30、16:00～19:00 休週四（逢假日則營業）席65席 兵庫縣新溫泉町湯1371 JR濱坂站搭町民巴士夢つばめ25分，湯村溫泉站下車，步行3分 免費

預算 午5000日圓～／晚7000日圓～

●但馬牛沙朗牛排全餐…5994日圓
●漢堡排全餐…1998日圓
●燒肉定食（僅限午餐）…1749日圓～

A 豐岡
和風本格燒肉 瑞苑
●わふうほんかくやきにくずいえん

這家燒肉店擁有寂靜的中庭，處處洋溢著日式風情。以燒肉、涮涮鍋或壽喜燒方式品味店家引以為傲的特選黑毛和牛，尤其燒肉搭配丹後半島梯田種植的白米，堪稱絕配，讓人一碗接著一碗。

日式空間受到嫩綠樹木等綠意所環繞

MAP附錄 6E-2

☎0796-26-2929 ⏰12:00～14:30、17:00～23:00 休無休 席100席 兵庫縣豐岡市福田1469-1 JR豐岡站搭計程車5分 免費

預算 午2000日圓～／晚4000日圓～

●燒肉全餐…3000日圓～
●壽喜燒（2人～）…1人5800日圓
●和牛五花肉定食…2100日圓
●橫膈膜定食…1600日圓

D 湯村溫泉
但馬牛料理 はまだ
●たじまぎゅうりょうりはまだ

店家於濱坂的自家牧場飼養但馬牛，並於店內宰殺熟成，從生產到供應一條龍管理。最受歡迎的餐點為燒肉，但亦可享用壽喜燒、涮涮鍋或牛排等不同吃法。

位於湯村溫泉更深處，四周受自然環境所包圍

MAP附錄 7B-2

☎0796-92-2233 ⏰12:00～15:00、16:30～20:30 休週四（逢假日則營業）席40席 兵庫縣新溫泉町歇長谷湯谷1436-3 JR濱坂站搭町民巴士夢つばめ25分，湯村溫泉站下車，搭計程車7分 免費

預算 午1000日圓～／晚4000日圓～

●壽喜燒（2人～，需預約）…1人4104日圓
●牛肉蓋飯…918日圓
●燒肉定食（限平日午餐）…1620日圓

B 和田山
蔓牛燒肉 太田家 和田山店
●つるうしやきにくおおたやわだやまてん

店家自養父市的太田牧場以整隻為單位訂購牛肉，從最高級沙朗到內臟及不太常見的部位都能在菜單上見到。不妨依部位選擇不同餐點享用。店家附設肉店，亦販售可樂餅等熟食。

店內相當寬闊開放，設有包廂，適合一家大小前往

MAP附錄 6E-4

☎079-670-1129 ⏰11:00～14:30、17:00～21:30 休週三 席120席 兵庫縣朝來市和田山町玉置890-1 JR和田山站搭計程車5分 免費

預算 午1000日圓～／晚4000日圓～

●よし萬套餐（2人～）…1人3240日圓
●霜降牛肉膾…1058日圓
●牛肉壽司…1058日圓

當地美食大集合

但馬牛

以深具臨場感的鐵板風格，享受高級但馬牛

但馬牛 牛排全餐
6000日圓～
選擇130g里肌肉或100g菲力，附烤蔬菜、湯、白飯及甜點

E

以炭火徹底引出但馬牛的細緻美味

燒肉套餐 2700日圓～
以原產地才有的價格享用特等里肌肉、牛小排與腰脊心等高級部位

D

這些也很推薦！

A
牛筋拉麵
950日圓

E
炙燒牛肉半熟溏心蛋
1000日圓

F
但馬牛燒肉膳
1728日圓

F

864日圓起就能輕鬆享用高級但馬牛的餐膳

但馬牛里肌肉排套餐 1490日圓
可搭配特製但馬牛醬油或芥末、胡椒鹽等佐料享用。深受滿溢而出的肉汁所感動！

更輕鬆品嘗在地美食！
介紹能令你迅速解決午餐、或深入體驗的當地庶民消費美食

馬鈴薯燉肉可樂餅熱狗堡
420日圓

◎改良馬鈴薯燉肉可樂餅，更增加人氣！盡情享受可樂餅、麵包與高麗菜絲結合的美味吧

舞鶴
ほっとハウス「カフェ ほっと」

令人放鬆身心的空間
這處交誼廳位於八島商店街內，開發各種以當地食材入菜的餐點，更設計出使用舞鶴名產魚板與萬願寺辣椒製成的舞鶴魚板熱狗堡。

MAP附錄 16F-3

☎0773-62-1615
🕐10:00～15:30（週四為～13:00）　休週二、週六、週日、假日　🍴20席　📍京都府舞鶴市浜421-1　🚃JR東舞鶴站步行10分　🅿無

宮津
丹後 海と星の見える丘公園 森のカフェ
●たんごうみとほしのみえるおかこうえんもりのカフェ

充滿溫暖氣息的咖啡廳
除了日本海、宮津灣以外，天氣晴朗時甚至可從此處遠望北陸群山，擁有絕佳景觀。可至此品嘗里波見漢堡等使用新鮮在地食材製作的輕食。

MAP附錄 5C-2

里波見漢堡 300日圓
◎將捕撈自眼前大海的當季魚肉炸過後夾入。特製塔塔醬也十分美味

☎0772-28-9030　🕐3月上旬～12月下旬的10:00～16:00　休週一～五（逢假日則營業）　🍴20席　📍京都府宮津市里波見　🚃距京都縱貫道宮津天橋立IC16km　🅿免費

在地美食 3

不可錯過的 品牌牛肉！

E 養父
やぶ牧場
●やぶぼくじょう

餐廳位於「公路休息站 但馬楽座」內。點選以但馬牛製作的鐵板燒全餐，就能見到主廚在面前直接料理的畫面，其臨場感深受歡迎。菜色豐富，包括招牌炙燒牛肉半熟蛋蓋飯等。

◎除了餐廳外，也附設伴手禮商店及溫泉設施等處

MAP附錄 6E-4

☎079-664-1000（公路休息站 但馬楽座）
🕐11:00～14:30（LO）、17:00～20:30（LO）　休無休　🍴50席　📍兵庫縣養父市上野299　🚃JR和田山站搭全但巴士15分，上野站下車，步行3分　🅿免費

預算 午1000日圓～／晚4000日圓～
●特選但馬牛排全餐…6000日圓
●但馬牛燒肉套餐…1300日圓

F 香美町
公路休息站 村岡ファームガーデン
●みちのえきむらおかファームガーデン

店家向當地村岡的合作牧場購買整頭但馬牛，提供超過50種但馬餐點，如漢堡排、咖哩、蓋飯、烏龍麵及牛排等。餐點皆附高原蔬菜沙拉吧，令人感到喜悅。

◎另設有農產品直銷所及肉店，不妨一併逛逛

MAP附錄 7C-3

☎0796-98-1129
🕐11:00～18:45　休無休　🍴70席　📍兵庫縣香美町村岡區大糠32-1　🚃JR八鹿站搭全但巴士往湯村溫泉50分，村岡站下車即到　🅿免費

預算 午1000日圓～／晚4000日圓～
●但馬牛肉咖哩…864日圓
●但馬牛漢堡排套餐…1490日圓
●但馬牛內臟炒烏龍麵定食…1706日圓

窗外閒適的景色也秀色可餐！

叫説料理

一面眺望窗外的綠意盎然，
一面享受特別的山間美味。
讓這段時光變得更美好，
足以療癒日常疲憊的身心。

4

產地
美食

神鍋高原 ●ふうけつあん 風穴庵

飽嚐溫和甘甜的山藥泥與靜謐的山間空氣

這家以山藥泥麥飯為招牌的店家位於神鍋高原深處，使用紫萁、蕨菜、蜂斗菜等製作的佃煮或綜合炊煮料理，以及鱒魚甘露煮、芝麻豆腐等山間特有的美味，都能在此享用。

MAP附錄 19C-1
☎0796-45-0551
⏰5～11月的11:00～16:30(LO)
🈺週三（遇假日則翌日休）
🪑44席 📍兵庫縣豐岡市日高町栗栖野841 🚃JR江原站搭全但巴士30分，栗栖野站下車，步行3分 🅿免費

店家佇立於神鍋高原上，冬季不營業，請多加留意

◎ 預算
午1000日圓～
● 山藥泥麥飯 ······ 1000日圓～3000日圓
● 風穴蕎麥麵 ········ 600日圓

彌榮 ●いしうすそばてんぷう 石臼そば 天風

在山間住宅享用四季不同的山菜料理

這幢房屋位於受丹後林蔭所包圍的山間，餐點包含野生山菜、當地捕撈的香魚、紅點鮭，以及當地人熟悉的「野間蕎麥麵」等都深受歡迎。不少饕客更為了享用當季山菜遠道而來。

MAP附錄 5B-1
☎0772-66-0088
⏰11:00～15:00、17:00～21:00（晚間需於至少3日前預約） 🈺週二（遇假日則營業） 🪑25席 📍京都府京丹後市弥栄町野中2050-1 🚃京都丹後鐵道峰山站搭計程車20分 🅿免費

讓宛如童話仙境般的氛圍療癒心靈

在日式間接照明空間內享受閒適時光

◎ 預算
午1000日圓～/晚5000日圓～
● 手打蕎麥麵 ········ 850日圓
● 天婦羅膳 ········ 2300日圓
● 草麻糬紅豆湯 ······ 700日圓
● 鹽烤土雞 ········ 1600日圓

篠山 ●たんばささやまいろりりょうりいわや 丹波篠山 囲炉裏料理 いわや

圍繞著古民宅的地爐，享用口味濃醇的味噌風味牡丹鍋

這家地爐餐廳提供土雞壽喜燒、牡丹鍋等可盡情享受篠山食材的料理。最受歡迎的牡丹鍋加入大量風味濃厚的在地蔬菜，山藥的獨特口感和軟嫩豬肉的美味令人欲罷不能。

MAP附錄 20B-1
☎079-552-0702
⏰11:00～20:00（預約制）
🈺無休（4～9月為週四）
🪑80席 📍兵庫縣篠山市火打岩495-1 🚃JR篠山口站搭計程車20分
🅿免費

◎ 預算
午6000日圓～/晚6000日圓～
● 黑毛和牛及與作味噌BBQ（2人～） ···· 1人4212日圓
● 山菜鍋（4～6月）··· 5832日圓

窗外遼闊的山間景緻，讓美食變得要美味

茅草屋古民宅位在寂靜的山間，可在裡面放鬆身心

神鍋高原 阿瀬（あせ）

享用溪流女王山女鱒 多汁軟嫩的風味

使用阿瀨溪谷清流中生長的山女鱒與各種山菜，製作全餐料理。在手工地爐中鹽烤的山女鱒，外皮香脆、肉質軟嫩。於近郊摘採山菜製成的山菜天婦羅與山菜飯更是美味。

◉預算　午3000日圓～
●全餐料理
‥‥‥‥2550日圓、3070日圓、4100日圓

MAP附錄 19C-2
☎0796-44-0723　⌚4月下旬～11月的11:30～14:30（需預約）　休週二、每月10號　🪑60席　🏠兵庫縣豐岡市日高町金谷　🚗距北近畿豐岡自動車道八鹿氷ノ山IC15km　Ｐ免費

在眼前的地爐中燒烤山女鱒，令人期待倍增

全餐料理
‥‥‥‥2550日圓～
除了新鮮山女鱒生魚片、鹽烤山女鱒、油炸山女鱒外，還可享用山菜飯等餐點

神鍋高原 神鍋山荘 わらく（かんなべさんそうわらく）

豐富的紅點鮭、虹鱒等 山川美味

這家蕎麥麵店外觀以古民宅為形象建造，充滿特色風味。提供以神鍋地區獨特豆腐增稠的蕎麥麵、虹鱒或但馬牛所構成的宴席料理，以及地爐料理等。設有提供住宿的別館，亦可參加陶藝體驗（2000日圓）。

◉預算
午3550日圓～／晚4750日圓～
●熔岩烤牛排‥‥‥‥4750日圓
●火鍋全餐‥‥‥‥4750日圓～
●地爐膳（僅晚餐）‥‥7650日圓

高原之森宴席
3550日圓～4750日圓
包括以神鍋地區獨特豆腐增稠的蕎麥麵、淡水魚等，共12道。

MAP附錄 19C-1
☎0796-45-0101　⌚11:30～14:30、17:30～21:00　休週一（逢假日則翌日休）　🪑64席　🏠兵庫縣豐岡市日高町太田梅ヶ坪1348　🚗JR江原站搭全但巴士30分，神鍋溫泉ゆとろぎ前站下車，步行10分　Ｐ免費

無量蕎麥 1030日圓

這裡也要 Check
建地內亦有蕎麥麵店「無量庵」，可輕鬆飽嘗蕎麥麵

相當舒適的人氣農家民宿

山里御膳
‥‥‥‥4000日圓～可商議
包含各種使用當季山菜製作的口味樸實餐點，深受歡迎
※內容視季節而異

◉預算　午4000日圓～
●山里御膳‥‥‥4000日圓～可商議

時光

圍繞著地爐享受愉悅的用餐

竹野 北野屋（きたのや）

仔細品味健康鄉土 料理的樸實風味

這座餐廳位於三原高原，提供各種鄉土料理。由從事但馬牛母牛繁殖的兼業農家所經營，以使用山菜等食材的料理為傲。附設每日僅接待1組客人的「御宿やませみ」，可在此留宿，度過悠閒時光。

MAP附錄 6D-2
☎0796-48-0714　⌚11:00～19:00（預約制）　休不定休　🗒需洽詢　🏠兵庫縣豐岡市竹野町三原583　🚗JR豐岡站搭計程車30分　Ｐ免費

蕎麥麵 950日圓
麵條兼具紮實口感及散發至鼻腔的淡淡香氣，為品嘗食材原味，建議不加佐料享用

篠山 波之丹州蕎麦処 一会庵（なみのたんしゅうそばどころいちえあん）

在茅草屋頂古民宅內 大快朵頤香氣濃郁的蕎麥麵

餐廳由已有300年歷史的茅草屋頂民宅移建而成，可在豐富的自然環境中，享用老闆使用100%蕎麥粉手工製作的極品蕎麥麵，也吸引了不少老饕遠道而來。僅提供蕎麥麵、蕎麥丸子湯、蕎麥丸子紅豆湯等三種餐點。

MAP附錄 20A-1
☎079-552-1484　⌚11:30～14:30（售完打烊）　休週四（逢假日則營業）　🪑20席　🏠兵庫縣篠山市大熊50-2　🚗JR篠山口站搭計程車15分　Ｐ免費

佇立於田園風情中的古民宅，宛如進到童話故事的世界

◉預算　午1000日圓～
●蕎麥丸子紅豆湯‥‥750日圓
●蕎麥丸子湯‥‥‥‥900日圓
●純米酒‥‥‥‥‥‥600日圓

各區域 MAP

間人港 間人 P.94

琴引濱

香住 P.92 柴山港

津居山港 夕日浦 P.96

奧伊根溫泉
伊根舟屋

香住港

但馬海岸

夕日浦 P.96

久美濱 P.97

濱坂 P.93

城崎 P.90

美味螃蟹區域

天橋立溫泉

大快朵頤！

依區域介紹！

到螃蟹王國

松葉蟹是但馬・丹後地區的冬季佳餚，在此特別介紹不同區域的各種魅力方案。就到正宗產地日本海大肆享受螃蟹美味吧！

螃蟹小知識

Q 什麼時候才是螃蟹產季？

A 松葉蟹的捕撈季規定於11月6日至隔年3月20日，而母松葉蟹的捕撈季較短，僅到12月底。

Q 松葉蟹是什麼螃蟹？

A 主要指的是雄蟹，在北陸稱為越前螃蟹，山陰地區則稱為松葉蟹，此外名稱也會因捕撈的漁港而異。順帶一提，母松葉蟹在日文中則有『セコガニ』、『コッペガニ』等別稱。

Q 什麼是蟹膏？

A 蟹膏是螃蟹的肝臟，具有濃醇美味，不少人最愛品嘗這個部位。新鮮蟹膏無腥味，粗蟹易入口。

吊牌

為了證明當地出產，螃蟹會依捕撈的漁港掛上不同顏色的吊牌。這些品牌螃蟹不僅新鮮，更有絕佳美味，十分受到重視。

只要每年11月6日至翌年3月20日間可以享用松葉蟹！不妨大快朵頤一番♪

水煮、燒烤、生吃、火鍋、天婦羅等，料理方式包羅萬象，十分豐富

好想大口享用！螃蟹全餐料理

水煮母松葉蟹
母松葉蟹滿滿的蟹卵讓人招架不住，僅供應至12月

餐前酒
首先以一杯清爽的梅酒乾杯，準備享受愉悅的螃蟹時光♪

螃蟹陶板燒烤
螃蟹香氣四溢令人垂涎三尺。いちだや會以陶板蒸烤螃蟹

螃蟹壽喜鍋
不可錯過充滿螃蟹美味的這道火鍋。最後的雜炊粥更是極品！

新鮮生魚片
捕撈自附近海港的生魚片，其新鮮程度讓人更期待螃蟹的上桌

津居山產新鮮螃蟹生吃
只有生吃才能直接品味高級品牌螃蟹的美味

甜點
自製雪酪及抹茶餡蕨餅麻糬，甜點可以放入另一個胃（每日不同）

焗烤螃蟹
蟹青與奶油醬汁完美結合，是道創意菜色

日式時尚空間及誠摯款待
令人感到舒適

四季香る宿 いちだや
城崎 ●しきかおるやど いちだや

結合日式與西式、新潮與傳統的舒適旅館。女性免費租借花色浴衣的服務（僅3～10月間）也深受歡迎。使用在地農家栽種的白米、蔬菜，結合但馬牛、津居山漁港海鮮的料理頗具好評。

共有9間設備或風格截然不同的客房

旅館距潮地藏湯不遠，可眺望美麗的柳樹行道樹

MAP附錄 14E-2
☎0796-32-2107
⏱IN15:00、OUT10:00
¥1泊2食（4～10月）15470日圓～
🏠兵庫縣豐岡市城崎町湯島810
🚃JR城崎溫泉站步行5分
Ｐ免費

請盡情享用新鮮螃蟹！

いちだや老闆 六浦先生

★最受歡迎
螃蟹美食方案[特選螃蟹全餐]附活・津居山螃蟹生吃
・1泊2食28430日圓～（11月6日～3月底）
除了津居山產活螃蟹生吃外，還包括燒烤、鍋煮母松葉蟹，以及螃蟹焗烤等的全餐
不住宿　包廂用餐　溫泉　露天浴池

眺望天橋立的歐式度假飯店

橋立灣酒店
天橋立 ●はしだてベイホテル

這座歐式度假飯店位於可眺望天橋立的高地上，館內洋溢著香草香氣，可舒緩旅途的疲憊。使用當季丹後食材、自家栽培蔬菜及香草的法國菜深受好評。

MAP附錄 13B-2
DATA →P.20

飯店旁設有溫泉及游泳池的溫泉療養館

洋室、和室的設計聘靈，十分舒適

新鮮炸大盤旁邊附松葉蟹附上真美令若春蝨！

螃蟹法國菜
法式全餐絲毫不減螃蟹的纖細風味，並徹底提出其美味

螃蟹創意法國菜A
・1泊2食14580日圓～
・不住宿（11:30～14:30）6480日圓～
包含螃蟹前菜、湯、主菜等餐點，還附上肉類料理與甜點，十分滿足
不住宿　包廂用蟹　溫泉　露天浴池

城崎 Kinosaki

浸泡名湯之餘還能享受
新鮮螃蟹美味

城崎是西日本首屈一指的溫泉街，冬季可到距離5分左右車程的津居山漁港享用螃蟹。距離漁場也僅需2小時航程，捕獲後即可當天送回港口的津居山螃蟹新鮮度驚人！

亮點在這裡！

歷史悠久的溫泉街

城崎溫泉據說發現於1400年前，之後成為知名的療養溫泉，深受許多文人墨客喜愛。穿著浴衣在岸邊隨風搖曳的柳樹旁來趟外湯巡遊，是自古至今都未曾改變的風情。就在這麼受歡迎的溫泉飽嚐螃蟹美味吧！

盛盤也十分美麗，讓視覺與味覺同時獲得滿足的螃蟹料理

香氣四溢、口味甘甜的烤螃蟹熱騰騰上桌

螃蟹宴席全餐
- 1泊2食21980日圓～
- 不住宿（11:30～14:00）11980日圓～

除了螃蟹前菜、螃蟹鍋、燒烤螃蟹外，還附上但馬牛牛排，是滿足度超高的美食方案。

不住宿　包廂用餐　溫泉　露天浴池

外觀也十分華麗的料理令人驚喜
城崎溫泉 湯楽 Spa&Gardens
◆きのさきおんせんゆらくスパアンドガーデンズ

MAP附錄 15B-3

📞0796-32-2738

主廚身兼海產競標人身份，善用每天自近海漁港進貨的海產及食材美味，並施加創意，呈現出一盤盤的華麗料理，深受喜愛。氛圍時尚的空間及細緻服務更是頗具好評。

⏰IN15:00、OUT10:00　¥1泊2食（一般時期）15980日圓～　所兵庫縣豐岡市城崎町湯島844　JR城崎溫泉站搭計程車3分（提供車站接駁服務，需確認）P免費

搭配嚴選椅子的日式時尚客房

可免費使用漂浮著水果及花瓣的包租浴池

旅館位於城崎溫泉深處，充滿靜謐沉穩風情

新鮮螃蟹及華麗盛盤令人讚嘆不已

適合外湯巡遊的旅館
旅舍 かに亭 やまとや
◆りょしゃかにていやまとや

旅館擁有約180年歷史，以美食為傲。可在房內輕鬆享用但馬牛、松葉蟹等但馬美味料理。旅館雖無大浴場，但100%源泉的包租檜木浴池「まろうどの湯」深受好評。

MAP附錄 14D-3

📞0796-32-2018

⏰IN15:00、OUT10:00　¥1泊2食（一般時期）9720日圓～　所兵庫縣豐岡市城崎町湯島427　JR城崎溫泉站步行7分　P免費

全年都可享用豪邁的螃蟹料理

平日限定螃蟹全餐
- 1泊2食16956日圓～
- 不住宿 需洽詢

半隻津居山國產活螃蟹生吃搭配一隻水煮螃蟹，竟然只要這個價格！還附上烤螃蟹及焗烤螃蟹等料理

不住宿　包廂用餐　溫泉　露天浴池

客房簡潔舒適

旅館位於一之湯與御所之湯附近，適合觀光

大啖肉質飽滿且甘甜的極受歡迎的上等螃蟹

徹底享受以鹽烘烤的螃蟹美味

螃蟹鎌倉
以特製鹽包覆整隻新鮮螃蟹，並於烤箱內烘烤約1小時。熱騰騰出爐時小心燙嘴

不少回頭客的歷史悠久旅館
YANAGISOU 本館
◆やなぎそうほんかん

使用老闆自行從海港進貨的新鮮海產製作料理，結合鄉下溫暖的服務，是間充滿魅力的旅館。旅館的招牌料理「螃蟹鎌倉」更是已登錄商標的佳餚。

MAP附錄 14D-2

📞0796-32-2911

⏰IN15:00、OUT10:00　¥1泊2食（一般時期）11150日圓～　所兵庫縣豐岡市城崎町湯島701　JR城崎溫泉站步行6分　P免費

螃蟹全餐
- 1泊2食時價
※8月以後需洽詢價格

除了螃蟹鎌倉燒烤料理外，還可品嘗蟹殼蒸、醋漬螃蟹等特色料理

不住宿　包廂用餐　溫泉　露天浴池

本館為不附衛浴的純和室，較為實惠

除了本館外，還設有別館華山、新館鶴喜等三棟客房

每一口都能感受到螃蟹的
美味，口感滑順佳美味。

吃再多都不會膩的極品螃蟹料理

深受女性支持的高雅旅館
きのさきの宿 緑風閣
◆きのさきのやどりょくふうかく

位於JR城崎溫泉站步行3分處，館內整潔、寂靜，就連電梯內及走廊都鋪設了榻榻米，讓人徹底放鬆身心。極盡奢華的當季料理及花色浴衣、沉穩的款待服務都深受女性支持。

MAP附錄 14E-3
☎0796-32-2834　IN15:00、OUT10:00
¥1泊2食（一般時期）18000日圓～　兵庫縣豐岡市城崎町湯島174
JR城崎溫泉站步行3分　P500日圓（未稅）

螃蟹美食家方案
螃蟹火鍋（11月7日～3月31日）
●1泊2食21900日圓～
可享用松葉蟹生吃、燒烤，以及螃蟹火鍋，是最受歡迎的螃蟹火鍋方案。
不住宿　包廂用餐　溫泉　露天浴池

滿溢著日式風情的玄關引領旅客享受非凡時光

由巨大岩石組成的露天浴池，採男女輪流制

緩緩度過成人的舒適時光
お宿 芹
◆おやどせり

這家溫泉旅館以老闆超佳手藝製作的料理為傲。除了津居山螃蟹外，還有在地產蔬菜、膨潤甘甜的白米等各種精挑細選的食材一一上桌。享用之餘，還能悠閒眺望圓山川美景。

MAP附錄 14F-1
☎0796-32-3368　IN15:00、OUT10:00　¥1泊2食（一般時期）15120日圓～
兵庫縣豐岡市城崎町桃島1297-1　JR城崎溫泉站步行12分　P免費

一面眺望圓山川溫原，一面放鬆身心

離城崎溫泉的鬧區有段距離，讓空間更寂靜

深受搭配私房醬汁的涮涮鍋所威動

螃蟹美食家方案
津居山螃蟹全餐
●1泊2食29160日圓～
提供料理旅館才有的細緻螃蟹料理，包含生吃、燒烤、味噌蟹殼、涮涮鍋等。
不住宿　包廂用餐　溫泉　露天風呂

以蟹黃調和混合的橙子相當高雅，搭配Q彈蟹肉的蟹殼蒸

蟹殼蒸含有大量蟹肉及蟹膏

沉靜日式風格旅館
和みの宿 おおかわ
◆なごみのやどおおかわ

以「和風色調」為基本，客房裡連日用品及門窗隔扇都挑選適合清爽日式建築風格的款式，十分漂亮。用心製作的季節宴席料理，以及毫不造作的家庭式接待都深受好評。

MAP附錄 14E-3
☎0796-32-2216
IN15:00、OUT10:00　¥1泊2食（一般時期）10800日圓～　兵庫縣豐岡市城崎町湯島199　JR城崎溫泉站步行5分　P免費

螃蟹美食家方案
松葉蟹全餐
●1泊2食22680日圓～
使用2隻各1公斤的特大松葉蟹製成充滿飽足感的全餐，附上招牌蟹殼蒸
不住宿　包廂用餐　溫泉　露天浴池

面朝城崎溫泉的最主要街道

寬敞客房令人充分放鬆

Kasumi

香住

超過150間螃蟹旅館！嚴然是螃蟹的大本營

香住地區擁有香住港及柴山港兩座漁港。柴山港的螃蟹捕獲量穩定。可用實惠價格享用上等螃蟹。戰前就已盛行螃蟹捕撈，不少旅館都可享用螃蟹美味。

嚴格分出螃蟹等級

柴山港對螃蟹實施超過100種等級的嚴格分級制度，被譽為日本第一的鑑別方式。其中又以第1～7號的螃蟹被稱為「編號螃蟹」，其品質可說是無庸置疑。至於香住港則是近幾年來唯一可捕獲香住螃蟹之處，名聞遐邇。

一條條彈起的螃蟹纖維 新鮮度一目瞭然

注意燙過之後彈起的螃蟹纖維，這就是新鮮的證明

細緻的成熟風格旅館
癒宿 いわや
◆いやしやどいわや

由女性建築家專為女性設計，氣氛隱密。以日式時尚為主要設計理念，充滿大人成熟氛圍的5間客房中，有3間附設露天浴池或展望浴池。螃蟹全餐為19000日圓～。

MAP附錄 9A-2

☎ 0796-37-0508　🕒 IN15:00、OUT10:00　¥ 1泊2食（一般時期）19000日圓～　📍 兵庫県香美町香住区浦上1253-2　🚃 JR柴山站步行5分　Ｐ 免費

柴山活螃蟹全餐
● 1泊2食45500日圓～
● 不住宿（需洽詢）17000日圓～
使用大量柴山活螃蟹製成生吃、水煮、天婦羅、火鍋等各種餐點，十分奢華

不住宿　包廂用餐　溫泉　露天浴池

使用柴山產活螃蟹的奢華全餐深受喜愛

在地螃蟹火鍋就連湯頭都十分美味

客房「3樓山」內直線與照明維持美好的平衡

除了風格時尚的浴池外，也設有岩石浴池

在櫃檯前的地爐旁放鬆身心

生松葉蟹宛如綻放的花朵般美麗

螃蟹火鍋每人份使用了一整隻螃蟹，好吃到讚不絕口

以各種在地食材料理為傲的旅館
香りのお宿 庄屋
◆かおりのおやどしょうや

旅館每到春天便以白蝦入菜，夏季則使用活花枝等在地海產製作餐點，深受歡迎。冬季則可品嘗到捕撈自柴山港或香住港的松葉蟹。此外，還設置了注滿天然溫泉的大浴場及包租浴池。

MAP附錄 16E-2

☎ 0796-36-3512　🕒 IN15:00、OUT10:00　¥ 1泊2食（一般時期）12960日圓～　📍 兵庫県香美町香住区香住1396　🚃 JP香住站步行5分　Ｐ 免費

螃蟹全餐
● 1泊2食17820日圓～
全餐內容包含蟹膏、螃蟹生吃、陶板燒、螃蟹火鍋等，雖個頭卻有大量螃蟹十分滿足

不住宿　包廂用餐　溫泉

1955年左右發明了在鍋內京煮生螃蟹的螃蟹火鍋

第一代螃蟹火鍋旅館
湯宿 川本屋
◆ゆやど かわもとや

旅館以豐富的溫泉為最大魅力，包括兩種室內浴場，以及木曾檜、備長炭、麥飯石、五右衛門桶等四種露天浴池。每間客房的設計都不同，但都能感受到日式風情洋溢其中。

MAP附錄 16D-1

☎ 0796-36-0468　🕒 IN15:00、OUT10:00　¥ 1泊2食（一般時期）21000日圓～　📍 兵庫県香美町香住区下浜653-16　🚃 JR香住站搭計程車5分（提供香住站接駁服務，需確認）　Ｐ 免費

螃蟹特選全餐
● 1泊2食28800日圓～
● 不住宿（11:00～14:00）19800日圓～
除了招牌螃蟹火鍋外，還可盡情享受螃蟹生吃、燒烤螃蟹、水煮螃蟹等的全餐

不住宿　包廂用餐　溫泉　露天浴池

端整的「石之湯」內可欣賞初代老闆設計的中庭

所有客房皆採溫暖的民間藝術時尚風格設計

濱坂 Hamasaka

擁有了解詳盡螃蟹知識的螃蟹師城鎮

濱坂的螃蟹捕獲量居全日本之冠，當地使用裝備最新機器的船隻，並以大型水槽管理，讓螃蟹活著回到陸地。上等螃蟹就維持著無比新鮮度，運送至各旅館及店家。

螃蟹師制度

這裡因有螃蟹師而聞名，螃蟹師不僅需熟知螃蟹生態，還必須了解各種美味吃法，以及適合搭配螃蟹的酒等資訊。必須參加課程、通過考試，僅有深知螃蟹一切的人才能冠上螃蟹師的名號。此處的松葉蟹捕獲量堪稱日本第一，可提供穩定、優質的螃蟹。

かにソムリエの宿 なかいえ

擁有螃蟹師的旅館才可擁有此認證牌

亮點在這裡！

螃蟹如花朵般綻放後就一同放入口中享用！

螃蟹燒烤後只要稍微撒上鹽巴就能享受螃蟹甜味

新鮮到可生吃的螃蟹迅速涮入高湯後享用

以地爐炭烤聞名
かにソムリエの宿 澄風荘
◆かにソムリエのやどしょうふうそう

旅館最知名的便是在地爐炭烤日本海捕獲的螃蟹、透抽、岩牡蠣等當季海產的晚餐。螃蟹師會告知最佳享用時機，不會錯過最美味的螃蟹。

MAP附錄 11A-2
☎0796-82-4401 ⏰IN15:00、OUT10:00
¥1泊2食（一般時期）9800日圓～ 🏠兵庫縣新溫泉町浜坂1856-1 🚃JR濱坂站步行4分 Ｐ免費

在地螃蟹全餐料理
● 1泊2食22000日圓～
在地爐以炭火燒烤的螃蟹及蟹膏散發濃郁香氣，令人難以抵擋！僅用餐不住宿者需洽詢。

不住宿 包廂用餐 溫泉 露天浴池

家庭式招待深受歡迎，甚至還有每年都造訪的常客

剝螃蟹肉時往往會陷入沉默

可盡情享用螃蟹的質樸旅館
民宿なかいえ
◆みんしゅくなかいえ

民宿從大正時代至今，已歷經三代傳承。僅使用捕撈自諸寄港的肉質紮實螃蟹，製成各種豪華＆分量十足的全餐，吸引不少回頭客。早餐也會推出螃蟹湯，讓螃蟹再次登場。

MAP附錄 11A-3
☎0796-82-1279 ⏰IN14:00、OUT10:00
¥1泊2食（一般時期）8640日圓～ 🏠兵庫縣新溫泉町諸寄461 🚃JR諸寄站步行3分 Ｐ免費

螃蟹全餐料理
● 1泊2食21600日圓～（未稅）
● 不住宿（需洽詢）15120日圓～
享用螃蟹生吃、螃蟹火鍋，以及燒烤螃蟹等餐點。新鮮才會美味的蟹膏＆蟹黃及蟹散酒都令老饕垂涎三尺。

不住宿 包廂用餐 溫泉 露天浴池

客房內帶有懷舊氛圍，沉靜人心
一字排開的新鮮螃蟹料理充滿魅力

確實封鎖於蟹肉中的美味 一入口能感受蟹香散開來

松葉蟹料理A全餐
● 1泊2食17280日圓～
● 不住宿（需洽詢）
可同時享用螃蟹涮涮鍋及螃蟹涮味火鍋兩種風味。需將蟹肉先涮過10秒才能享用！

不住宿 包廂用餐 溫泉 露天浴池

數寄屋風格的穩重氣氛相當宜人

享用紮實的大隻活松葉蟹

陶板燒燒烤螃蟹將美味徹底濃縮於柔嫩的蟹肉中

享受在地漁產宴席料理
芦屋荘 ◆あしやそう

將松葉蟹、鮑魚、活花枝、岩牡蠣等新鮮在地漁產製成宴席料理，頗受好評。其中螃蟹料理還會使用超過1隻的活松葉蟹製作。此外，氛圍沉靜的旅館空間也是其人氣秘密之一。

MAP附錄 11A-2
☎0796-82-5341 ⏰IN15:00、OUT10:00
¥1泊2食（一般時期）12960日圓～ 🏠兵庫縣新溫泉町芦屋443 🚃JR濱坂站步行10分 Ｐ免費

間人

Taiza

間人至螃蟹漁場經岬海面距離極近，僅需3小時左右的漁船航程，所有船隻都可當日回港，故螃蟹新鮮度無庸置疑。不少旅館以餐點為傲更是間人的特色。

在這裡！

可以享用夢幻螃蟹美味

間人蟹特色為細長蟹腳，僅有4艘小型漁船負責捕撈，故捕獲量少，又有夢幻螃蟹之稱。雖然因數量稀少導致價格昂貴，但只要嘗過一次，就無法忘懷其美味。

綠色吊牌為間人產地證明

熱騰騰的火鍋也十分美味。十分適合搭配自製桔醋享用

蟹肉膨潤且粒粒分明，令人食指大動

無論傍晚、夜晚或清晨都能飽覽客房浴池外的景觀

旅館位於高地上，擁有絕佳視野

旅館全為海景房

漁民と魚匠の宿 寿海亭
◆ぎょみんとぎょしょうのやどじゅかいてい

這家小旅館位於間人的高地上，共有8間客房。所有客房皆設有可眺望日本海的展望檜木浴池，可盡情獨享夕陽沒入水平線的模樣及點漁火美景！捕撈自間人港的當季漁產料理更是深受歡迎。

MAP附錄 17A-2

☎0772-75-0168　IN15:00、OUT10:00
¥1泊2食（一般時期）14040日圓～　京都府京丹後市丹後町間人3778　京都丹後鐵道網野站搭丹海巴士24分，長浜站下車，步行5分　P免費

奢華的間人蟹方案為54000日圓～

活螃蟹無論生吃、燒烤或水煮都十分合適

螃蟹美食方案
間人蟹雙拼方案
・1泊2食33480日圓～
・不住宿（11:00～14:00）22680日圓～
供兩人享用各1隻松葉蟹及間人蟹。可依喜好選擇生吃、燒烤及火鍋等食用方式的比例

不住宿　包廂用餐　溫泉　露天浴池

在漁夫城鎮的小旅館內享用螃蟹

海辺のうまし宿 とト屋
◆うみべのうましやどとトや

以新鮮海產與山間美味製成充滿童趣的創意宴席料理最受歡迎，將活生生的螃蟹最後再當場處理則是旅館一大特色。亦提供旅館原創的在地酒品，深受老饕支持。

MAP附錄 17A-1

☎0772-75-2639　IN15:00、OUT10:00
¥1泊2食（一般時期）11800日圓～　京都府京丹後市丹後町間人566　京都丹後鐵道網野站搭丹海巴士30分，丹後庁舍前站下車，步行5分（提供網站站接駁服務，需預約）　P免費

現煮後熱騰騰上桌的模樣十分少見

螃蟹美食方案
松葉蟹＋間人蟹（半隻）
・1泊2食30000日圓～
・不住宿（11:00～15:00）22000日圓～
享用前才處理螃蟹，新鮮度截然不同！蟹殼高湯涮涮鍋＆蟹青雜炊粥堪稱一絕

不住宿　包廂用餐　溫泉　露天浴池

館內活用杉木及古木創造獨特風格

吹至間人溫泉露天浴池的日本海風相當舒適

依區域介紹！

到螃蟹王國大快朵頤！

間人

證明間人蟹的綠色吊牌令人興奮

水煮螃蟹最能享受螃蟹本身的美味

享受日本海與美食的旅館

間人溫泉 炭平
◆たいざおんせんすみへい

所有客房皆面朝日本海，可在海浪拍打聲中度過閒適時光。可眺望大海的露天浴池，以及播放爵士樂的室內浴池也十分美好。此外，全新的日式時尚別館更蔚為話題。

MAP附錄 17A-2
📞0120-42-0680
🕐IN15:00、OUT10:00
¥1泊2食（一般時期）15270日圓～
🏠京都府京丹後市丹後町間人3718
🚃京都丹後鐵道網野站搭丹海巴士24分，長浜站下車，步行5分（提供網野站接駁服務，需預約）
Ｐ免費

間人活螃蟹料理（1隻）
● 1泊2食47340日圓～
● 不住宿（11:30～14:00）
　41040日圓～
除了可任選間人蟹或近海嚴選螃蟹外，就連大小、烹調方式都能選擇，頗受歡迎。

不住宿｜包廂用餐｜溫泉｜露天浴池

充分運用遼闊大海景觀的露天浴池

設置露天浴池的別棟「季音庵」

仔細燒烤可讓香氣及甜味加倍

在旅館的私房醬汁內加入蟹膏構成黃金湯頭，令人期待！

以昭和30年代的浪漫為主題

昭戀館 予志日式旅館
◆しょうれんかんよしのや

不拘泥於傳統風格，並以自由創意設計整座旅館內部，充滿個性。其中美國雕刻家所建造的大浴場「昭戀之湯」，則是結合日式風情與南國度假氛圍而成的獨特空間。

裝設彩繪玻璃等物，讓浴池宛如藝術作品般美麗

MAP附錄 17A-2
📞0772-75-2284
🕐IN14:00、OUT11:00
¥1泊2食（一般時期）14040日圓～
🏠京都府京丹後市丹後町間人1297-3
🚃京都丹後鐵道網野站搭丹海巴士28分，間人向地站下車，步行3分　Ｐ免費

間人蟹全餐料理
● 1泊2食41040日圓～
使用鯖魚等6種柴魚片熬製高湯製作螃蟹火鍋，將間人蟹的魅力發揮到最大

不住宿｜包廂用餐｜溫泉｜露天浴池

在熬煮得恰到好處時的鮮甜美味，
簡直是錦上添花

夕日浦
Yuhi gaura

冬天可以享受螃蟹及溫泉
擁有唯美夕陽的溫泉街

夕日浦溫泉擁有全長8公里的美麗沙灘、美麗夕陽及溫泉，深受喜愛。使用間人及津居山等地螃蟹製作的道地螃蟹料理×溫泉，極具魅力。

極具創意的海鮮料理深受好評
静 花扇 ◆しずかはなおうぎ

可眺望夕陽落入海面的露天浴池，深受女性喜愛的美容療程及岩盤浴，還有充滿豐富海產的料理等，旅館內處處充滿了上等的療癒氣息。風味不同的男女浴場每天早晚交替，可盡情享受兩種樂趣。

5坪＋矮床構成的時尚別館客房

可眺望日本海的露天浴池。室內浴池也充滿開闊感

彈潤的螃蟹生吃美味到令人一時語塞

MAP附錄 18F-3
☎0772-74-0606
🕐IN15:00、OUT10:00　¥1泊2食（一般時期）16740日圓～　📍京都府京丹後市網野町浜詰767　🚃京都丹後鐵道夕日浦木津溫泉站搭計程車5分（提供夕日浦木津溫泉站接駁服務，需確認）P免費

津居山活螃蟹全餐
● 1泊2食43200日圓～
● 不住宿（11:00～14:00）36720日圓～
每人可享用2隻螃蟹，烹調方式包括清燙螃蟹、烤螃蟹等。十分豪華。螃蟹全餐為22660日圓～

不住宿　包廂用餐　溫泉　露天浴池

所有客房皆為海景房，可眺望美麗落日

露天浴池旁就是拍打著海浪的大海

充滿丹後當季食材的料理相當特別
料理旅館 夕日浦 ◆りょうりりょかんゆうひがうら

在這間料理旅館可用實惠的價格品嘗以在地新鮮漁產為主、並加入丹後當地山珍海味的宴席料理，因而大受好評。位於眼前即可眺望大海的絕佳地點，到一枚岩露天浴池浸泡並感受海風堪稱最佳享受！

MAP附錄 18F-3
☎0772-74-1258
🕐IN15:00、OUT10:00　¥1泊2食（一般時期）10260日圓～　📍京都府京丹後市網野町浜詰351　🚃京都丹後鐵道夕日浦木津溫泉站搭計程車5分　P免費

螃蟹全餐宴席
● 1泊2食22140日圓～
● 不住宿（11:30～14:00）9450日圓～
將肉質緊實的螃蟹製成火鍋、天婦羅、烤螃蟹膏、螃蟹雜炊粥等美味

不住宿　包廂用餐　溫泉　露天浴池

以各種調理方式盡情享用彈潤口感的上等螃蟹

真的在這裡！

眺望日本海的溫泉

一面浸泡於溫泉中，一面欣賞獲選為日本夕陽百選的美麗落日，泡湯後再盡情享用期盼已久的道地螃蟹料理！如此奢華的度假方式便是這個區域的最大特色。泉質屬於低張性弱鹼高溫溫泉，又有「美人之湯」的別稱。

無論變化還是分量都令人相當滿足

以源泉放流的美景浴池為傲
海花亭 紫峰閣 ◆かいかていしほうかく

設有可飽覽夕日浦海岸的展望大浴場，以及風情萬種的日式庭園露天浴池。高雅的客房皆為海景房，日暮時還可欣賞夕陽染紅整片大海的美麗景致。

於展望浴池見到的美麗景觀
15:00至翌日早上9:30開放入浴

全館包括大廳、走廊皆鋪設了榻榻米，營造出讓人放鬆的空間

MAP附錄 18F-4
☎0772-74-0343（海花亭預約中心）
🕐IN15:00、OUT10:00　¥1泊2食（一般時期）13800日圓～　📍京都府京丹後市網野町木津198　🚃京都丹後鐵道夕日浦木津溫泉站步行15分（提供夕日浦木津溫泉站接駁服務，需確認）P免費

螃蟹全餐料理（附當地產活螃蟹）
● 1泊2食27000日圓～
● 不住宿（11:00～14:00）10800日圓～
旅館由海產批發商直售，也因此才能提供此新鮮、分量十足的螃蟹美食方案，亦附上在地螃蟹，讓人相當滿足

不住宿　包廂用餐　溫泉　露天浴池

纖維如米粒般立起的新鮮蟹肉

日本海的海風吹入包租露天浴池內，十分舒適

共有7間客房，無微不至的服務也是人氣的秘密之一

美味在這裡！

香噴噴的氣味與濃醇蟹膏令人招架不住

分量十足的螃蟹全餐撐飽肚子

旅館設備雖簡單，卻擁有極品料理

在房內見到於眼前燒烤的美食，令人愉悅

旅館分為傳統民宿及舒適新館兩種類型

溫泉含有極高有效成分，獲指定為療養泉

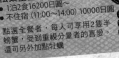

Kumihama

推薦喜愛美食者前往！
螃蟹與牡蠣的強勁組合

久美濱

這座溫泉區與久美濱灣交錯，形成美麗景觀。也只有久美濱可提供孕育自海灣的極品牡蠣與螃蟹全餐料理，其中螃蟹有不少也來自網野町、間人與津居山等鄰近漁港。

依區域介紹！

到**螃蟹王國**大快朵頤！

夕日浦／久美濱

呈現出螃蟹最原始的美味
七彩の風 浜の路 臨江庵
◆なないろのかぜはまのじりんこうあん

堅持素材、烹調方式、盛盤等細節製作螃蟹及河豚料理，四季皆可品味到在地新鮮食材。其中活螃蟹更到上桌前才處理，相當新鮮。

MAP附錄 18D-3
☎0772-83-1096
IN15:00、OUT10:00　¥1泊2食(一般時期) 12960日圓～　所京都府京丹後市久美浜町湊宮1795　交京都丹後鐵道久美濱站搭計程車12分(提供小天橋站接駁服務，需確認)　P免費

蟹食對策
活松葉蟹輕鬆全餐
● 1泊2食23220日圓～
● 不住宿 (11:30～14:30) 16200日圓
包括生吃、燒烤、燒烤蟹青蟹殼螃蟹火鍋＆涮涮鍋等。※費用可能調整，需洽詢

不住宿　包廂用餐　溫泉　露天浴池

讓旅館的海風療癒身心
割烹旅館 みなと荘
◆かっぽうりょかんみなとそう

在此可一覽小天橋絕景，久美濱長達6公里的白砂青松沙洲極為美麗。浴池有男女分開的溫泉大浴場及展望露天浴池等。堅持選用久美濱捕獲海產製作的料理更廣獲好評。

MAP附錄 18D-3
☎0772-83-1115
IN15:00、OUT10:00　¥1泊2食(一般時期)10800日圓～　所京都府京丹後市久美浜町湊宮1832　交京都丹後鐵道久美濱站搭計程車12分(提供小天橋站接駁服務，需確認)　P免費

蟹食對策
特選2隻半「新鮮」松葉蟹全餐料理
● 1泊2食16200日圓～
● 不住宿 (11:00～14:00) 10000日圓
點選全餐者，每人可享用2隻半螃蟹，受到重視份量者的喜愛。還可另外加點牡蠣

另一大冬季美味就是牡蠣！

牡蠣與螃蟹並列為久美濱最佳的冬季美味食材，養殖於久美濱灣內的牡蠣肉質緊實，加熱後也不易縮小，更具有彈潤口感及宛如牛奶般的美味。同時燒烤螃蟹及牡蠣再享用，彷彿在夢中般美妙！

擁有牡蠣養殖筏的漁夫旅館
久美浜の宿 つるや
◆くみはまのやどつるや

旅館由擁有牡蠣養殖筏的漁夫所經營。可用最實惠的價格享用新鮮在地漁產，讓旅館深受好評。冬季的螃蟹料理選用當日捕撈的活津居山螃蟹，更附上在地產生魚片及牡蠣料理。

MAP附錄 18E-3
☎0772-83-0430
IN15:00(夏季為12:00)、OUT10:00　¥1泊2食(一般時期)12600日圓～　所京都府京丹後市久美浜町湊宮2103-1　交京都丹後鐵道久美濱站搭計程車15分(提供小天橋站接駁服務，需確認)　P免費

這個價錢就能吃到活螃蟹！充足分量更令人驚喜

蟹食對策
特選當地螃蟹「活螃蟹」喜悅方案
● 1泊2食22680日圓～
● 不住宿 (11:00～14:00) 16200日圓～
使用津居山螃蟹或香住螃蟹的全餐竟然僅需這個價錢！全餐附上燒烤螃蟹或炸螃蟹

不住宿　包廂用餐　溫泉　露天浴池

還有更多！美味的螃蟹旅館

迷惘於不知該選擇哪裡！

日本海沿岸還有很多旅館提供美味螃蟹！選擇符合目的的旅館預約吧！

備長炭及陶板雙拼燒烤螃蟹

きむらや
香住

受女性支持的時尚旅館

旅館以料理為傲，提供老闆親自於柴山港挑選的松葉蟹。可至最高層的露天浴池眺望柴山海景，徹底放鬆。

MAP附錄 9A-2

 0796-37-0660　IN15:00、OUT10:00　1泊2食（一般時期）12100日圓～　兵庫縣香美町香住区浦上1135-3　JR柴山站步行3分　P免費

- 1泊2食17600日圓～
- 不住宿（11:30～14:00）10450日圓～

不住宿｜包廂用餐｜溫泉｜露天浴池

生吃螃蟹的1人份竟然有半隻之多！

かにの宿 丸世井
香住 ◆かにのやどまるせい

滿足於品質、美味與分量

這間小巧旅館採近代風格數寄屋式設計，充滿了日式傳統風味。距離香住港及柴山港不遠，常可購入新鮮螃蟹。全年都可享用香住螃蟹。

MAP附錄 16F-1

 0796-36-0028　IN15:00、OUT10:00　1泊2食（一般時期）10290日圓～　兵庫縣香美町香住区香住31-1　JR香住站步行14分（提供香住站接駁服務，需預約）　P免費

- 1泊2食18360日圓～
- 不住宿（11:00～15:00）10800日圓～

不住宿｜包廂用餐｜溫泉｜露天浴池

燒烤螃蟹充滿了炭火香氣

川口屋本館
城崎 ◆かわぐちやほんかん

在閑靜的純日式旅館內放鬆

這間風雅的旅館位於整排柳樹旁，可至餐廳「弁天」享用以炭烤海鮮為主的宴席料理。附溫泉的不住宿螃蟹美食方案也深受歡迎。

MAP附錄 14D-3

0796-32-2914　IN14:00、OUT10:00　1泊2食（一般時期）13110日圓～　兵庫縣豐岡市城崎町湯島274　JR城崎溫泉站步行7分　P免費

- 1泊2食19000日圓～（未稅）
- 不住宿（11:00～15:00）8100日圓～

不住宿｜包廂用餐｜溫泉｜露天浴池

品味螃蟹生吃及燒烤螃蟹

富士見屋 山莊 珍竹林
城崎 ◆ふじみやさんそうちんちくりん

在受竹林環繞的山莊內享用美食

為富士見屋的別館，共有4棟。設有包租露天浴池，可在此泡湯並眺望城鎮風光。價格實惠的本館也頗具人氣。

MAP附錄 14D-2

0796-32-2624　IN15:00、OUT10:00　1泊2食（一般時期）12960日圓～（本館為8640日圓～）　兵庫縣豐岡市城崎町湯島730　JR城崎溫泉站步行10分　P免費

- 1泊2食16200日圓～（本館為12960日圓～）
- 不住宿（11:30～14:30）8400日圓～

不住宿｜包廂用餐｜溫泉｜露天浴池
※有半露天浴場

間人蟹方案為39744日圓～

料理旅館 てり吉
網野 ◆りょうりりょかんてりきち

擁有豐富100%品牌螃蟹方案

旅館由從事競標的老闆所經營，冬季旅館的水槽內便會放入大量間人、網野、津居山、柴山等地的品牌螃蟹。料理堅持選用在地食材製作。

MAP附錄 18F-1

 0772-72-0308　IN16:00、OUT10:00　1泊2食（一般時期）12420日圓～　京都府京丹後市網野町淺茂川1861-13　京都丹後鐵道網野站搭計程車5分（提供網野站接駁服務，需預約）　P免費

- 1泊2食18630日圓～
- 不住宿（11:00～14:00）11178日圓～

不住宿｜包廂用餐｜溫泉｜露天浴池

提供平日限定的優惠方案

砂風呂 露天浴池の宿 友善
網野 ◆すなぶろてんぶろのやどゆうぜん

利用砂浴好好暖和身體

以近畿地區罕見的砂浴，以及可眺望夕陽、漁火的美景露天浴池為傲。冬季提供螃蟹，夏季則使用新鮮在地漁產製作料理，深受好評。

MAP附錄 18F-4

0772-74-1146　IN15:00、OUT10:00　1泊2食（一般時期）16200日圓～　京都府京丹後市網野町浜詰266-11　京都丹後鐵道夕日浦木津溫泉站搭計程車5分（提供夕日浦木津溫泉站接駁服務，需預約）　P免費

- 1泊2食20304日圓～
- 不住宿（11:00～14:00）10574日圓～

不住宿｜包廂用餐｜溫泉｜露天浴池

除了螃蟹外也提供牛肉鐵板燒及甜點

悠悠之港
久美濱 ◆みなとゆうゆう

飽覽日本海與久美濱灣風景！

旅館位於可眺望久美津灣的國立公園內，提供超過10種螃蟹料理吃到飽的自助餐方案，還可見到廚師於眼前料理的絕妙臨場威。

MAP附錄 18E-3

0772-83-2329　IN15:00、OUT10:00　1泊2食（一般時期）12420日圓～　京都府京丹後市久美浜町湊宮2102-1　京都丹後鐵道久美浜站搭計程車20分（提供小天橋站接駁服務，需預約）　P免費

- 1泊2食17820日圓～
- 不住宿（11:45～14:00的90分鐘）8640日圓～

不住宿｜包廂用餐｜溫泉｜露天浴池

提供大量的招牌螃蟹餐點

佳松苑
夕日浦 ◆かしょうえん

以實惠價格享用螃蟹全餐

所有客房皆為海景房，並為和洋風大套房配置。不住宿者也能享用豪華的螃蟹全餐，價格更是相當實惠！

MAP附錄 18F-4

 0772-74-9009　IN15:00、OUT10:00　1泊2食（一般時期）13500日圓～　京都府京丹後市網野町木津247　京都丹後鐵道夕日浦木津溫泉站步行15分（提供夕日浦木津溫泉站接駁服務，需預約）　P免費

- 1泊2食21924日圓～
- 不住宿（11:30～14:00）10584日圓～

不住宿｜包廂用餐｜溫泉｜露天浴池

購買螃蟹回家吧！

マル海 渡辺水産 海産物魚市場
濱坂 ◆マルかいわたなべすいさん　かいさんぶつうおいちば

MAP附錄 11A-2

0796-82-5001（渡辺水産）　8:00～17:00　無休　兵庫縣新温泉町芦屋853　JR濱坂站步行15分　P免費

丹後ひもの屋
網野 ◆たんごひものや

MAP附錄 18F-1

0772-72-3023　7:30～17:30　不定休　京都府京丹後市網野町小浜912　京都丹後鐵道網野站搭丹海巴士8分，丹後ふるさと病院前站下車即到　P免費

かすみ 朝市センター
香住 ◆かすみあさいちセンター

MAP附錄 16F-1

0796-36-4500　8:30～15:00（11～3月的週日、假日為～16:00）　無休　兵庫縣香美町香住区境1114-1　JR香住站搭計程車8分　P免費

公路休息站 舞鶴港 とれとれセンター
舞鶴 ◆みちのえきまいづるこう とれとれセンター

MAP附錄 16D-4

DATA →P.9

附吊牌的螃蟹一字排開
にしとも かに市場
香住 ◆にしともかにいちば

由身為中間商的店長目前方香住港選購現捕松葉蟹販售。除了活螃蟹、水煮螃蟹外，也販售豐富的螃蟹加工製品。

MAP附錄 16E-1　0796-36-1500　8:00～16:00　不定休　兵庫縣香美町香住区香住1452　JR香住站步行10分　P免費

五大螃蟹挑選法則　必看!!

1. 挑選蟹殼較硬的螃蟹
2. 選擇拿起來較重的螃蟹
3. 活螃蟹需選擇蟹殼較不透明者
4. 水煮螃蟹需選擇腹部不黑者
5. 選擇腹部偏白的螃蟹作為涮涮鍋，腹部偏黃的螃蟹則適合燒烤

追求古老而美好的日本
前往綠意盎然的山間區域

篠山 ささやま

美山 みやま

篠山是座保留江戶時代
文化的城下町➡P.100

美山集落的茅草屋頂
民宅林立➡P.102

美山茅草美術館為移建有150年
歷史的茅草屋頂民宅而成➡P.103

區域MAP

日本海

若狹灣

京丹後大宮IC
天橋立
与謝天橋立IC
宮津
宮津天橋立IC
178
舞鶴大江IC
西舞鶴
175
舞鶴西IC
綾部Jct
綾部安国寺IC
綾部IC
福知山
福知山IC
9
173
京丹波
みずほIC
京丹波
わちIC
和知
東舞鶴
27
小濱高道
若狹本鄉
大飯高浜IC
小浜西IC
小浜IC
小濱

福井縣

美山
P.102

京都府

162

477

日吉

477

丹波IC
園部IC
171
木米東IC
春日IC
市島
177
篠山
P.100
丹南篠山口IC
龜岡IC

162

176

9

京都南IC

三田西IC
兵庫縣
173
177
423
新名神高速道路
(2017年12月通車)

神戶三田IC
西宮北IC
中國自動車道

大阪國際機場
(伊丹機場)

1

這個區域的推薦景點!

P.100

P.100

P.102

ACCESS
往篠山
JR篠山口站
神姬グリーン巴士往篠山營業所15分
1小時1～2班／290日圓
二階町巴士站

往美山
JR日吉站
南丹市營巴士47分
每日5～6班／610日圓
北(かやぶきの里)巴士站

前往城下町的象徵

大書院背面可見到庭園及本丸跡

滿滿都是水的護城河及極具魄力的石牆都值得一看

篠山自江戶時代起便是丹波的中心，十分繁榮。至今仍有不少景點令人感受到城下町的獨特文化，尤其近年來還有不少改建古民宅的店家出現，逐漸引發話題。

ACCESS

🚌 巴士
JR篠山口站 ─ 神姫グリーン巴士 15分・290日圓 ─ 二階町

🚗 開車
丹南篠山口IC ─ 舞鶴若狹自動車道 縣道36・77號 5km・12分 ─ 篠山

悠閒漫步於城下町

依序造訪城下町特有的美麗街景及史蹟，還有改建古民宅而成的咖啡廳、藝廊等處吧，還可順道前往使用在地食材的人氣餐廳用餐。

篠山城跡
（ささやまじょうせき）

篠山城為慶長14（1609）年時，奉德川家康之命所建造，別名桐城。城廓及威風凜凜的石牆都令人追憶起昔日風光。過去用於藩的公開活動的大書院也值得參觀。

MAP附錄 20B-2　☎079-552-4500
🕐8:30～20:00（視時期而異，篠山大書院為9:00～16:30）　🈺無休，篠山大書院為週一（逢假日則翌日休）　🎫入館費400日圓（天守台、本丸、二之丸免費）　🚃JR篠山口站搭神姫グリーン巴士15分，二階町站下車，步行5分　🅿無

擁有美麗白牆與千本格子的街景

逛逛排列於店家門口的伴手禮也十分有趣

河原町妻入商家群
（かわらまちつまいりしょうかぐん）

這些江戶時代就有的商家櫛比鱗次，綿延約600公尺長，更被列為日本國家重要傳統建築物群保存地區。狹而長的建築就是妻入商家的一大特色，而千本格子、荒格子、袖壁等處也值得注目。

MAP附錄 20C-2
☎079-552-3380（篠山觀光服務處）
🕐自由參觀　🈺兵庫県篠山市河原町　🚃JR篠山口站搭神姫グリーン巴士20分，本鉾山站下車即到
🅿1日400日圓（使用河原町停車場）

令人感受到大正羅馬風格的絕佳氛圍

讚嘆復古洋風建築之美

大正浪漫館
（たいしょうロマンかん）

這座篠山的觀光據點改建自大正12（1923）年落成的町公所，館內設有銷售伴手禮的商店與咖啡廳餐廳。其中使用黑豆的伴手禮品項豐富。

MAP附錄 20B-2
☎079-552-6668　🕐9:00～17:00（7～10月為～18:00）
🈺無休　🈺兵庫県篠山市北新町97
🚃JR篠山口站搭神姫グリーン巴士15分，二階町站下車即到　🅿無

享用篠山名產豬肉吧

牡丹鍋是丹波篠山的冬季最佳美味，最適合於10～3月享用，但亦有全年提供餐點的店家。

丹波篠山鄉土料理 懷
（たんばささやまきょうどりょうりかい）

店內可享受到篠山的鄉土料理，其中牡丹鍋使用手切豬肉製作，一面烹煮一面享用。店家相當講究肉質，豬肉帶有脂肪、口感軟嫩。4種混合味噌及丹波篠山在地蔬菜充滿了絕妙滋味。

MAP附錄 20B-1
☎079-552-7773　🕐11:00～20:00
🈺不定休　🈹61席　🈺兵庫県篠山市二階町58　🚃JR篠山口站搭神姫グリーン巴士15分，二階町站下車即到　🅿無

位於篠山城下町，適合觀光時順道前往

前往綠意盎然的區域

充滿骨董風格的用品
令人放鬆身心

岩茶房丹波ことり

がんちゃぼうたんばことり

用岩茶深奧香氣
舒緩身心

這間專賣少見烏龍茶，也就是岩茶的店鋪是由舊武家住宅改建而成，除了提供15種岩茶外，亦有自家製點心及各種甜點。店內更展出丹波燒藝術家的作品。

☎079-556-5630　MAP附錄 20B-2

🕐11:00～18:00　休週三・四　🪑18席　📍兵庫縣篠山市西新町18　🚌JR篠山口站搭神姬グリーン巴士15分，二階町站下車，步行10分　🅿免費

岩茶1500日圓～。
附精緻茶點

客製化的丹波燒
追求簡樸質感

集結日本之美的
藝術空間

ギャラリー&カフェ惠山

ギャラリーアンドカフェけいざん

咖啡廳改建歷史超過160年的商家而成，推薦餐點為紅茶，以及使用草莓、鳳梨製成的酵素果汁等嚴選飲品。附設藝廊，販售各種陶器及染織物。

☎079-552-7500　MAP附錄 20C-2

🕐10:00～17:00　休週一～週四　🪑21席　📍兵庫縣篠山市立町32-1　🚌JR篠山口站搭神姬グリーン巴士17分，上立町站下車即到　🅿免費

紅茶750日圓、冰紅茶800日圓、酵素果汁700～800日圓

篠山ギャラリーKITA'S

ささやまギャラリーキタズ

這家改建古民宅而成的藝廊，是由喜多俊之先生負責企劃，並展出許多與工匠們合作製成的作品，更是一座介紹各種生活用品的藝廊商店。

MAP附錄 20B-1　☎079-506-0229

🕐11:00～17:00　休週一～週五　📍兵庫縣篠山市二階町9-1　🚌JR篠山口站搭神姬グリーン巴士15分，春日神社前站下車即到　🅿無

設有中庭的時尚店內空間

欣賞日本庭園
稍事休息

於客廳轉用的客房裡眺望美麗的庭院

前往郊外餐廳用餐吧！

沉醉於擁有豐富食材如美味蔬菜及野味的篠山，不少手藝絕佳的廚師陸續至此開設餐廳，不少店家值得特地前往。

享受山間的四季美味
里山旬菜料理ささらい

●さとやましゅんさいりょうりささらい

在可欣賞美麗庭園的店內，享受當地農家栽培的四季蔬菜全餐。以綜合蔬菜、燉煮、燒烤等各種調理方式提供新鮮蔬菜。晚間採預約制，4人以上起餐，5400日圓～。

MAP附錄 20B-2　☎079-556-3444　🕐12:00～單時段制（需至少於前日預約），咖啡廳為10:00～18:00　休週二・週三（逢假日則營業，10、11月僅週二休）　📍兵庫縣篠山市日置397　🚌JR篠山口站搭神姬グリーン巴士往篠山營業所22分，終點下車轉乘往奧川東的巴士15分，城東日置站下車即到　🅿免費

使用充滿歷史氛圍的住宅，亦設有甜點店

店家後方還有改建店倉庫而成的可愛商店

江戶時代的前村長住宅。寂靜店內撫癒人心

據說歷史超過400年的外觀充滿特色氛圍

在古民宅
享用義大利菜
Italian Dining茜

●イタリアンダイニングあかね

使用大量依季節而異的篠山食材製作義大利菜，不受框架所侷限，提供以各種烹調方式徹底提出食材美味的餐點。

MAP附錄 20A-2　☎079-590-1261

🕐11:00～14:00，17:00～20:00　休週二・第1週一（逢假日則營業）　📍兵庫縣篠山市網掛長者谷ノ坪81　🚌JR篠山口站搭計程車5分　🅿免費

午間全餐2700日圓～，晚間全餐3780日圓

美山
みやま

前往茅草屋頂民宅林立的美山集落。讓香魚、山女鱒所優游的由良川清流，以及在地人的溫暖接待療癒身心。

ACCESS

🚌 巴士		
JR日吉站	南丹市營巴士 47分·610日圓	北(かやぶきの里)

🚗 開車		
園部IC	京都縱貫自動車道 府道19號·國道162號·府道38號 33km·42分	美山

保留日本原始風情
美山集落漫步

38棟茅草屋頂民宅依著里山而建的美山集落，如今仍有人們在這裡生活。逛逛這座村落，感受眼前所見既懷念又新鮮的風景。

宛如鄉下奶奶家般的氛圍

またべ定食
1600日圓

圍繞著地爐享受舒適時光
かやぶきの宿 またべ
●かやぶきのやどまたべ　**MAP附錄** 18D-1

旅館讓人感受到茅草屋及地爐的懷舊田園風情，只要事先預約，不僅可享受鄉村料理午餐，還可參加鄉村料理製作體驗。

📞0771-77-0258　🕐IN15:00、OUT10:00
❌無休　💴1泊2食8700日圓～　🏠京都府南丹市美山町北下牧25　🚌JR日吉站搭南丹市營巴士45分，北站下車即到
🅿免費

還可參加體驗♪

手打蕎麥體驗
1人2000日圓
可製作約2人份的蕎麥麵。不僅可帶回家，還可當場享用。

導覽志工
只要有人手，就能安排導覽志工介紹美山集落。

古建材營造出厚實感

學習茅草房屋之里的文化
美山民俗資料館
●みやまみんぞくしりょうかん　**MAP附錄** 18D-1

資料館復原200年前的農家而成，包含主屋、小倉庫及穀倉。這座資料館重新整理建造於18世紀左右的舊伊助家，更開放參觀主屋，讓人充分感受過往生活氛圍，並展出生活用品、文樂的淨瑠璃書架等物。

📞0771-77-0587
🕐9:00～17:00(12～3月為10:00～16:00)
❌無休(12～翌年3月為週一休)　💴入館費300日圓　🏠京都府南丹市美山町北中牧4　🚌JR日吉站搭南丹市營巴士45分，北站下車，步行5分
🅿無

享用講究的火腿及香腸
美山おもしろ農民倶楽部
●みやまおもしろのうみんくらぶ
MAP附錄 18D-1

以國產豬肉、京都母雞及三種天然鹽等嚴選素材製造無添加火腿、香腸及培根等產品，並於店內販售。此外，亦使用在地產炭、櫻木片煙燻。店內附設咖啡廳。

☎0771-77-0884
🕐10:00～日落 休週二（逢假日則營業）所京都府南丹市美山町內久保池ノ谷33 JR日吉站搭南丹市營巴士45分，南站下車，步行3分 P免費

木頭香氣及吹入店內的美山微風令人感到舒適

聚集餐廳及伴手禮商店
かやぶきの里
●かやぶきのさと
MAP附錄 18D-1

包括販售物產的「かやの里」、「北村きび工房」，以及提供蕎麥麵、蓋飯的「お食事処きたむら」等設施，也是茅草屋之里‧美山的一大觀光據點。可事先於此索取美山地圖等資料。

☎0771-77-0660（かやの星）
🕐9:00～17:00（視時期而異）
休無休 所京都府南丹市美山町北揚石21-1 JR日吉站搭南丹市營巴士45分，北站下車即到 P免費

一面眺望茅草屋之鄉，一面享受餐點

お食事処きたむら
●おしょくじどころきたむら
MAP附錄 18D-1

招牌是使用美山產蕎麥粉製作的手打蕎麥麵以及黍米飯。在茅草屋頂的店內，可欣賞窗外美山茅草屋之鄉的風情。

☎0771-77-0146 🕐10:00～17:00（供餐為10:30～15:00）休週三（逢假日則營業，11月無休）

手打蕎麥麵及黍米飯套餐
1050日圓

土雞蒸籠
970日圓
香氣濃郁的土雞十分美味

北村きび工房
●きたむらきびこうぼう
MAP附錄 18D-1

在店家前方的田內採收糯米、黍米、小米，並以這些素材製作現搗麻糬及糰子販售。風味質樸，適合作為伴手禮。

☎0771-77-0378
🕐9:00～17:00（視時期而異）
休不定休

黍米‧小米‧艾草的紅豆顆粒餡麻糬、餅三彩
450日圓

香腸拼盤
（約2人份）
1300日圓

無添加炭烤培根片
（100g）
626日圓

建造於由良川旁的旅館
美山町自然文化村 河鹿荘
●みやまちょうしぜんぶんかむらかじかそう **MAP附錄** 18E-1

「香魚宴席」可享用到美山夏季名產香魚（6～8月限定）

可於這座住宿設施享受鄉村生活，以及蘆生原生林健走等體驗。附設露營場，全年都有不同享受。此外，亦設有餐廳，提供土雞、香魚等在地食材。

皆享受美山四季各異的風情

☎0771-77-0014 🕐IN15:00 OUT10:00，餐廳為11:30～20:30（冬季為～19:00），非住客入浴為11:00～20:00 休第2週一（逢假日則翌日休）¥非住客入浴500日圓 所京都府南丹市美山町中下向56 JR日吉站搭南丹市營巴士50分，知見口站下車，步行5分（週日、假日線延長至自然文化村，終點下車即到）P免費

包含各種美山產的新鮮食材
公路休息站 美山ふれあい広場
●みちのえきみやまふれあいひろば
MAP附錄 18D-2

位於公路休息站內的「ふらっと美山」販售各種在地新鮮蔬菜、在地產雞蛋、味噌等特產。使用美山牛奶製作的酥餅、蛋糕及義式冰淇淋也深受歡迎，適合於兜風途中稍事休息。

☎0771-75-0190（ふらっと美山）
🕐8:30～17:00（4～9月為～18:00）
休1～2月的第2‧4週三 所京都府南丹市美山町安掛下23-2 JR日吉站搭南丹市營巴士40分，安掛站下車即到 P免費

美山牛奶
（200ml）
105日圓

位於國道162號旁，也受到自行車友的歡迎

陳列各種融入於古民宅的作品
美山茅草美術館‧鄉土資料館
●みやまかやぶきびじゅつかん‧きょうどしりょうかん
MAP附錄 2E-2

移建2棟150年歷史的茅草屋民宅而成，館內以每年替換5、6次的頻率展出繪畫、陶藝等與美山相關的藝術家作品。附設的資料館內介紹各種令人回想美山生活的用品。

☎0771-75-1777 🕐10:00～16:30 休週一（逢假日則翌日休，12～3月為冬季休館）¥成人500日圓，小學生200日圓（美術館、鄉土資料館套票）所京都府南丹市美山町島朴ノ木21 JR日吉站搭南丹市營巴士25分，於宮脇站轉乘往和泉的巴士4分，佐本橋站下車，步行3分 P免費

連屋頂內部都能仔細參觀

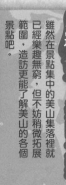

順道漫遊更多美山景點！

雖然在景點集中的美山集落裡就已經樂趣無窮，但不妨稍微拓展範圍，造訪更能了解美山的各個景點吧。

| 鐵路 | 航空 | 巴士 | 渡輪 |

城崎・天橋立 交通路線指南

JR的車資・費用除特別標註者外，皆以一般時期普通車自由座費用為準。其他交通工具費用除特別標註者，皆以單程普通車資自起點至終點為準。所需時間僅供參考，可能視搭乘列車而異，請多加確認。運行班次則以平日白天為準。

搭乘前請務必確認最新時刻、費用。

※本資訊為2017年5月資料。

城崎・天橋立地區的交通計畫

重點 1 基本上在大阪或京都轉乘

城崎・天橋立地區的交通與京阪神地區緊密連接，較少交通路線連結至其他地區，故基本上會先前往大阪或京都。

重點 2 哪裡是最便利的玄關？

從東日本出發者，一般必須經京都前往；自山陽、四國、九州等地出發者多經由大阪前往。往城崎方向者也可於姬路轉乘。自伊丹機場出發者，必須同時將前往大阪站周邊的機場巴士轉乘時間列入考量。

RAIL 為進入城崎・天橋立地區最方便的交通工具。多班JR特急列車以大阪、新大阪及京都為出發點行駛，與新幹線的連結也相當順暢。

AIR 該地區內雖設有但馬機場，但僅有伊丹機場每日2班機往返。

BUS 多輛高速巴士自大阪、京都、神戶（三之宮）出發，必須搭配旅遊行程檢視巴士行駛時間及交通所需時間。

自京阪神前往城崎・天橋立

前往城崎・天橋立地區的玄關大致可分為京都、大阪及新大阪三處，亦有自全日本各地（請參考P.105）出發的轉乘點。此外，前往城崎者可自神戶（三之宮）搭乘高速巴士或JR特急列車。

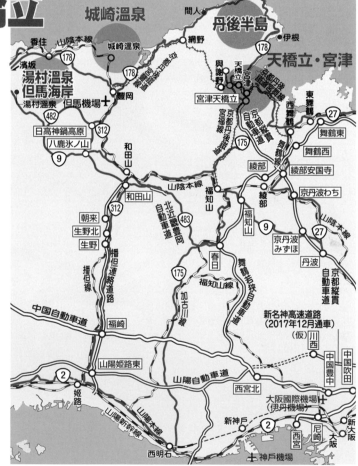

往城崎溫泉・湯村溫泉方向

京都出發
京都站→豐岡站→城崎溫泉站
JR特急城崎號／4320日圓　2小時20分　每日10班①

大阪・新大阪出發
大阪（新大阪）站→豐岡站→城崎溫泉站
JR特急東方白鶴號／5080日圓　2小時50分　每日6班

大阪站→城崎溫泉站→香住站→濱坂站
JR特急濱風號／5940日圓　3小時31分　每日2班

阪急三番街BT→城崎溫泉駅前
全但巴士／3700日圓　3小時21分　每日6班

阪急三番街BT・新大阪駅→湯村溫泉
全但巴士／4300日圓　3小時38分　每日3班

伊丹機場→但馬機場
JAC／14000日圓　40分　每日2班

神戶出發
三之宮・神戶・姬路站→豐岡站→城崎溫泉站→香住站→濱坂站
JR特急濱風號／5610日圓　3小時12分　每日2班

三之宮站前→城崎溫泉站前
全但巴士／3300日圓　3小時11分　每日3班

三之宮站前→湯村溫泉・浜坂駅前
全但巴士／4000日圓（湯村溫泉3800日圓）　3小時21分　每日2班

往天橋立・宮津方向

京都出發
京都站→宮津站→天橋立站
JR特急橋立號／3880日圓　2小時　每日5班②

京都站→西舞鶴站→東舞鶴站
JR特急舞鶴號／3340日圓　1小時35分　每日8班

京都站→宮津站→天橋立站前
丹後海陸交通巴士／2800日圓　2小時6分　每日3班

京都站→西舞鶴站→東舞鶴站
京都交通・西日本JR巴士／2400日圓　2小時10分　每日7班

大阪・新大阪出發
大阪（新大阪）站→福知山站→天橋立站
JR特急東方白鶴號／4760日圓　2小時20分　每日7班③

阪急三番街BT・新大阪駅→宮津站前→天橋立站前
丹後海陸交通巴士・阪急巴士／2650日圓　2小時40分　每日3班

なんば（OCAT）→西舞鶴站→東舞鶴站
京都交通・日本交通／2400日圓　2小時10分　每日6班

①包含於福知山轉乘「Relay」、「東方白鶴」列車的路線　②包含於宮津轉乘京都丹後鐵道的路線
③於福知山轉乘「Dango Relay」、「橋立」列車的路線

前往丹後半島

自京阪神地區直接前往丹後半島的交通路線較少，大多需利用宮津站或天橋立站等兩處轉乘。此外，無鐵路路線前往伊根及間人，必須於天橋立站或網野站搭乘巴士。自宮津出發者，也可搭乘京都丹後鐵道前往網野站。

天橋立・宮津出發
天橋立駅→伊根
丹後海陸交通巴士／400日圓　約1小時　每日16班

峰山駅→間人
丹後海陸交通巴士／200日圓　約45分　每日17班

宮津站→網野站
京都丹後鐵道／700日圓　約45分　每日18班

京阪神出發
京都駅烏丸口→間人
丹後海陸交通巴士／3450日圓　3小時23分　每日2班

京阪神為前往城崎・天橋立地區的玄關

從日本各地前往京阪神

並無直接前往城崎・天橋立的直通車，通常自東日本出發者必須經由京都，自山陽・四國・九州出發者須經由大阪前往。該地區與京阪神地區交通連結緊密，可先到達大阪或京都，再前往城崎・天橋立（→P.104）。

北海道・東北地區出發 建議

首先往京都・大阪出發，再轉乘前往城崎・天橋立方向。以時間來看，搭乘飛機最有效率，但北海道出發者亦可搭乘渡輪，自東北出發者則可搭乘夜行高速巴士。

	出發地	京阪神起點	交通工具	班次・所需時間	費用	洽詢・注意事項
✈	札幌（新千歲）機場	伊丹機場	JAL/ANA	每日10班・1小時55分	46300日圓～	成人普通車資
⛴	小樽港	舞鶴港	新日本海渡輪	小樽港23:30→舞鶴港翌日21:15／舞鶴港0:30→小樽港20:45	9570日圓	☎0134-22-6191（小樽港）汽車為31370日圓（未滿5m）
✈	仙台機場	伊丹機楊	JAL/ANA/IBEX	每日14班・1小時20分	34600日圓	成人普通車資
🚌	仙台駅前	京都駅八條口	宮城交通巴士「Forest」	仙台駅前19:30→京都駅八條口6:16／京都駅八條口21:43→仙台駅前8:27	12200日圓	☎022-261-5333 與近鐵巴士聯合營運
🚌	山形駅前	京都駅八條口	山交巴士「Arcadia」	山形駅前19:47→京都駅八條口6:19／京都駅八條口21:23→山形駅前7:56	12800日圓	☎023-632-7280 與近鐵巴士聯合營運
🚌	福島駅東口	京都駅八條口	福島交通巴士「Galaxy」	福島駅東口20:00→京都駅八條口6:23／京都駅八條口21:53→福島駅東口8:24	12100日圓	☎024-536-6131 與近鐵巴士聯合營運

東京・關東地區出發 建議

夜行高速巴士可直接前往福知山，舞鶴地區，但班次較少。可搭乘東海道新幹線前往京都，再轉乘特急列車。

	出發地	京阪神起點	交通工具	班次・所需時間	費用	洽詢・注意事項
🚄	東京・品川・新橫濱	京都站	東海道新幹線「希望號」	每小時4～7班・2小時20分	13080日圓	所需時間、費用以東京為準
🚄	東京・品川・新橫濱・小田原	京都站	東海道新幹線「光號」	每小時1、2班・2小時44分	13080日圓	所需時間、費用以東京為準
✈	羽田機場	伊丹機場	JAL/ANA	每日30班・1小時5分	25490日圓	成人普通車資
🚌	品川BT・濱松町BT	福知山駅・東舞鶴駅等	京急巴士「Sylpheed」	品川BT22:15→福知山6:15→東舞鶴駅前7:20／東舞鶴駅前21:25→福知山22:30→品川BT6:30	11000日圓	☎03-3743-0022 與京都交通巴士共同營運

名古屋・中部地區出發 建議

可搭乘東海道新幹線前往京都，再轉乘特急列車。北陸出發者經小濱線前往較近，但以便利性來說還是京都較為理想。

	出發地	京阪神起點	交通工具	班次・所需時間	費用	洽詢・注意事項
🚄	名古屋	京都站	東海道新幹線「希望號」	每小時1～7班・35分	5070日圓	
🚄	靜岡・濱松・名古屋等	京都站	東海道新幹線「光號」	每小時0～2班・1小時36分	9720日圓	所需時間、費用以靜岡為準
🚄	金澤・福井等	京都站	特急「雷鳥號」	每小時1、2班・2小時6分	6380日圓	所需時間、費用以金澤為準

中國・四國地區出發 建議

前往城崎方向者，若於姬路搭乘特急濱風號，會比經由大阪距離更近且節省時間。往天橋立者則可於新大阪轉乘特急列車較為便利。

	出發地	京阪神起點	交通工具	班次・所需時間	費用	洽詢・注意事項
🚄	廣島・岡山等	新大阪站	山陽新幹線「希望號」、「櫻號」、「瑞穗號」	每小時1～6班・1小時30分	9710日圓	所需時間、費用以廣島為準
🚄	松山	姬路站	特急「潮風號」～山陽新幹線	每日12班・3小時45分	8580日圓	可於岡山轉乘山陽新幹線

九州・沖繩地區出發 建議

自福岡外的九州各地及沖繩出發，可利用空路前往伊丹機場，至大阪站後再轉乘JR或巴士。自福岡出發者則可搭乘山陽新幹線前往姬路或新大阪，再轉乘特急列車較便利。

	出發地	京阪神起點	交通工具	班次・所需時間	費用	洽詢・注意事項
🚄	博多・小倉等	新大阪站	山陽新幹線「希望號」、「櫻號」、「瑞穗號」	每小時2～5班・2小時30分	14480日圓	所需時間、費用以博多為準
✈	福岡機場	伊丹機場	JAL/ANA/IBEX	每日10班・1小時10分	24600日圓～	成人普通車資
✈	鹿兒島機場	伊丹機場	JAL/ANA	每日13班・1小時10分	30000日圓	成人普通車資
✈	阿蘇熊本機場	伊丹機場	JAL/ANA/AMX	每日10班・1小時5分	26300日圓	成人普通車資
✈	長崎機場	伊丹機場	JAL/ANA	每日7班・1小時10分	28800日圓	成人普通車資
✈	那霸機場	伊丹機場	JAL/ANA	每日5班・1小時55分	38400日圓	成人普通車資

※以上資訊為2017年5月調查。

計畫MAP

首先確認自京阪神前往目的地的道路及路線圖，再安排最理想的交通方式。此外，也需仔細確認優惠票券及租車資訊。

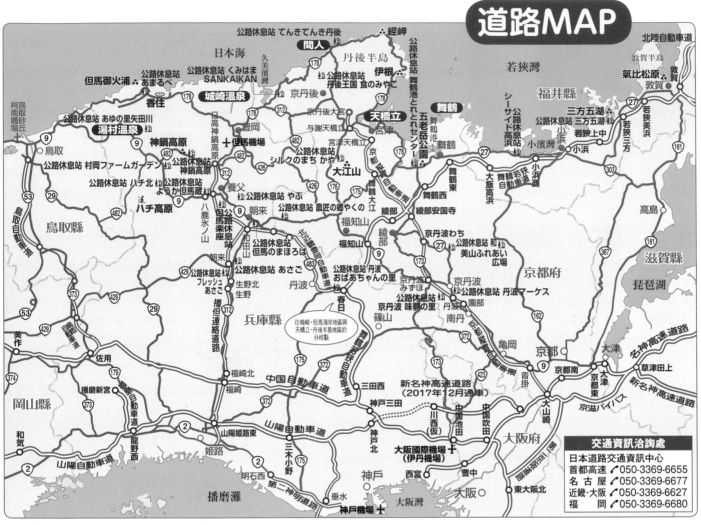

道路MAP

交通資訊洽詢處

日本道路交通資訊中心
首都高速	050-3369-6655
名 古 屋	050-3369-6677
近畿・大阪	050-3369-6627
福 岡	050-3369-6680

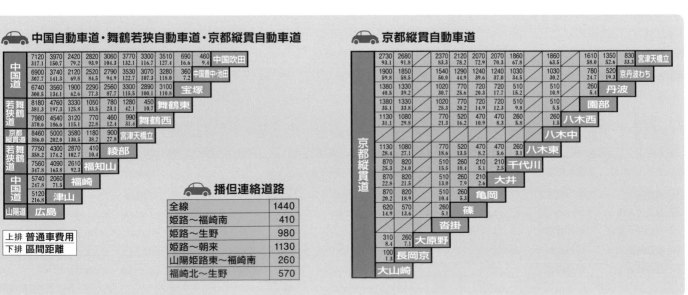

🚗 中国自動車道・舞鶴若狭自動車道・京都縱貫自動車道

中国道	7120 317.1	3970 150.7	2420 79.2	2820 93.9	3060 104.3	3770 116.7	3300 132.1	3510 127.4	690 16.6	460 9.4	中国吹田
	6900 307.7	3740 141.3	2120 69.8	2520 84.5	2790 94.9	3530 122.7	3070 107.3	3280 118.0	360 7.2	中国豊中・池田	
	6740 300.5	3560 134.1	1900 62.6	2290 77.3	2560 87.7	3300 115.5	2890 100.1	3100 110.8	宝塚		
舞鶴若狭道	8180 381.3	4760 197.3	3330 125.8	1050 33.5	780 23.1	1280 42.1	450 10.7	舞鶴東			
	7980 370.6	4540 186.6	3120 115.1	770 22.8	460 12.4	990 31.4	舞鶴西				
京都縱貫道	8460 386.0	5000 202.0	3580 130.5	1180 38.2	900 27.8	宮津天橋立					
舞鶴若狭道	7750 358.2	4300 174.2	2870 102.7	410 10.4	綾部						
	7560 347.8	4090 163.8	2610 92.3	福知山							
中国道	5740 247.8	2060 71.5	福崎								
	5120 216.8	津山									
山陽道	広島										

上排 **普通車費用**
下排 **區間距離**

🚗 播但連絡道路

全線	1440
姫路～福崎南	410
姫路～生野	980
姫路～朝来	1130
山陽姫路東～福崎南	260
福崎北～生野	570

🚗 京都縱貫自動車道

京都縱貫道	2730 91.8	2680 83.3		2370 78.2	2120 72.9	2070 70.3	2070 67.8	1860 	1860 63.5		1610 58.0	1350 52.6	830 33.3	宮津天橋立
	1900 59.8	1850 58.5		1540 50.0	1290 44.9	1240 39.6	1240 37.0	1030 	1030 34.5		780 24.7	520 19.3	京丹波わち	
	1380 40.5	1330 39.2		1020 30.7	770 25.6	720 20.3	720 17.7	510 	510 15.2		260 5.4	丹波		
	1380 35.1	1330 33.8		1020 25.3	770 20.2	720 14.9	720 12.3	510 	510 9.8		510 5.5	園部		
	1130 31.1	1080 29.8		770 21.3	520 16.2	470 10.9	470 8.3	260 	260 5.8		八木西			
											八木中			
	1130 28.4	1080 27.1		770 18.6	520 13.5	470 8.2	470 5.6	260 	260 3.1		八木東			
	870 25.3	820 24.0		510 15.5	260 10.4	210 5.1	210 2.2	千代川						
	870 22.8	820 21.5		510 13.0	260 7.9	210 2.6	大井							
	870 20.2	820 18.9		510 10.4	260 5.3	亀岡								
	620 14.9	570 13.6		260 5.1	篠									
				沓掛										
	310 8.4	260 7.1		大原野										
	100 3.3	長岡京												
	大山崎													

106

鐵路MAP

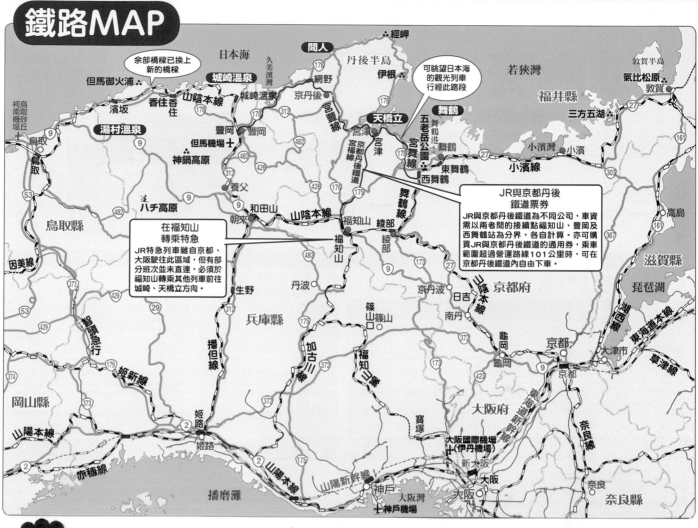

余部橋樑已換上新的橋樑

可眺望日本海的觀光列車行經此路段

在福知山轉乘特急
JR特急列車雖自京都、大阪駛往此區域，但有部分班次並未直達，必須於福知山轉乘其他列車前往城崎、天橋立方向。

JR與京都丹後鐵道票券
JR與京都丹後鐵道為不同公司，車資需以兩者間的接續點福知山、豐岡及西舞鶴站為分界，各自計算。亦可購買JR與京都丹後鐵道的通用券，乘車範圍超過營運路線101公里時，可在京都丹後鐵道內自由下車。

check! 便利又實惠的票券

1 天橋立まるごとフリーパス

3090日圓/1日內有效
於京都丹後鐵道各站販售
可自由搭乘京都丹後鐵道所有區間的普通、快速列車、特急列車自由座，以及丹後海陸交通的路線巴士、觀光船(宮津～天橋立～一之宮)、地軌式纜車、吊椅、登山巴士等。

2 2day天橋立まるごとフリーパス

4430日圓/2日內有效
於京都丹後鐵道各站販售
範圍同天橋立まるごとフリーパス，有效日增加為2日。此外，可至「智惠の湯」入浴一次。

3 城崎・天橋立観光きっぷ

1700日圓/2日內 於京都丹後鐵道各站販售
包含京都丹後鐵道豐岡站─宮津站間的普通・快速列車單程一趟(若中途下車剩餘路段不可再搭乘)，以及自由搭乘丹後海陸交通的宮津市・伊根町・京丹後市・與謝野町地區的路線巴士。

4 城崎溫泉・天橋立ぐるりんパス

13000日圓(大阪市內出發)/3日內有效 ※發售至2019年3月30日，可用至2019年4月2日
於出發地周邊的JR西日本各大車站綠色窗口及指定旅行社販售
此來回+自由乘車票券包括京阪神地區至城崎溫泉・天橋立自由周遊區間的特急普通列車對號座位來回票、城崎海洋世界等觀光設施的入場券、自由搭乘全但巴士(特定路線)、夢但馬周遊巴士「たじまわる」、丹後海陸交通、城崎溫泉纜車、自由周遊區間內的JR及京都丹後鐵道。

實用交通訊息

JR・第三部門

JRおでかけネット	http://www.jr-odekake.net/
JR西日本	http://www.westjr.co.jp/
JR西日本客戶服務中心	☎0570-00-2486
JR北海道電話客服中心	☎011-222-7111
JR東日本洽詢中心	☎050-2016-1600
JR東海電話洽詢中心	☎050-3772-3910
JR九州客服中心	☎050-3786-1717
京都丹後鐵道	☎0772-25-2323

航空公司

JAL(日本航空)/JEX(日本航空快運)/JAIR(J-Air航空)/JAC(日本空中通勤)
☎0570-025-071(國內線服務)
http://www.jal.co.jp/
ANA(全日空) ☎0570-029-222(國內線預約・客服中心)
http://www.ana.co.jp/
IBEX(伊別克斯航空預約中心)
☎0120-686-009 http://www.ibexair.co.jp/

巴士公司

全但巴士	☎079-662-2131
丹後海陸交通巴士	☎0772-42-0321(代)
京都交通高速巴士預約中心(舞鶴)	☎0773-76-8800
阪急巴士預約中心	☎06-6866-3147

車站租車營業所

豐岡營業所	☎0796-26-5355
J網レンタカー京都北店	☎0773-78-2266
NIPPON Rent-A-Car宮津天橋立營業所	☎0772-22-0382
NIPPON Rent-A-Car西舞鶴站前營業所	☎0773-77-0919
福知山營業所	☎0773-23-0068

區域內交通指南

除了租車以外，該地區內的交通多仰賴JR及京都丹後鐵道各線。不過班次不算多，故必須事先確認發車時刻。亦有便於觀光的周遊巴士，不妨妥善運用。

連結天橋立及伊根的伊根航路（→P.11），2018年僅於7月21日～9月30日的週六日、假日行駛

觀光船

天橋立・伊根灣觀光船 （預約・洽詢）丹後海陸交通 ☎0772-42-0323

路線	班次間隔	所需時間	費用	營運期間	注意事項
天橋立～一之宮（→P.13）	每30分	12分	530日圓	每日	旺季時會增班
宮津～一之宮	每日1班	22分	830日圓	每日	
日出～伊根灣巡遊（→P.33）	每30分	25分	680日圓	每日	旺季時會增班

周遊巴士

夢但馬周遊巴士 たじまわる
（洽詢）全但巴士 ☎079-662-2133　但馬觀光協議會 ☎0796-26-3686

巴士	營運期間 僅2018年週六・日・假日	路線
たじまわる1號 （海線）	7～8月	JR城崎溫泉駅～城崎マリンワールド～JR竹野駅～竹野浜～今子浦～ジオパークと海の文化館～大乗寺～JR香住駅～道の駅 あまるべ
たじまわる2號 （山線）	6月	JR城崎溫泉駅～JR豊岡駅～神鍋高原～道の駅 村岡ファームガーデン～猿尾滝～木の殿堂～たじま高原植物園～木の殿堂～ハチ北口～大杉養蚕住宅群～天滝～大杉養蚕住宅群～道の駅 ようか但馬蔵～JR和田山駅

※每日約8班行駛，1日乘車券500日圓（各路線），不需預約

たじまわるプレミアム
於1日內繞行城崎溫泉、城下町出石、竹田城跡等地的定期觀光巴士。

營運期間	2018年4～10月、2019年3月的週六、日、假日 ※暑假期間（7/22～8/31）的週一也有運行 2018年11月
營運時刻	皆為JR城崎溫泉駅9:25發車
路線	2018年4～10月、2019年3月 JR城崎溫泉駅～JR豊岡駅～コウノトリ但馬空港～コウノトリの郷公園～城下町出石～道の駅 ようか但馬蔵～山城の郷（竹田城跡）～JR和田山駅～JR豊岡駅～JR城崎溫泉駅 2018年11月 JR城崎溫泉駅～コウノトリの郷公園～JR豊岡駅～城下町出石～養父神社～山城の郷（竹田城跡）～道の駅 但馬のまほろば～JR和田山駅～JR豊岡駅～JR城崎溫泉駅
費用	每人500日圓，需預約

※兩路線皆為每日1班

城崎・天橋立區域內交通圖

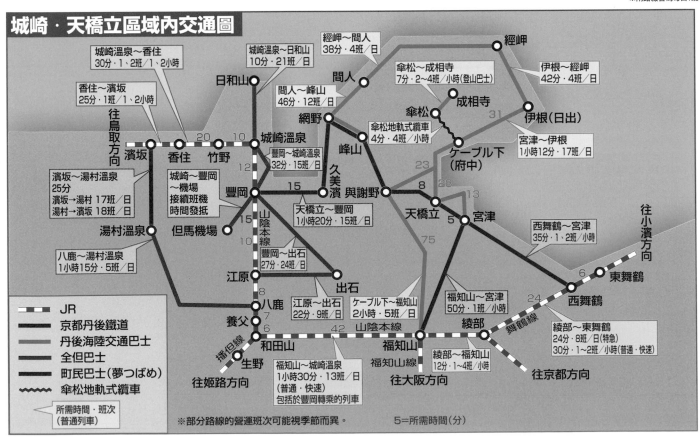

城崎溫泉～香住 30分・1、2班／1、2小時
香住～濱坂 25分・1班／1、2小時
城崎溫泉～日和山 10分・21班／日
間人～峰山 46分・12班／日
經岬～間人 38分・4班／日
傘松～成相寺 7分・2~4班／小時（登山巴士）
伊根～經岬 42分・4班／日
傘松地軌式纜車 4分・4班／小時
宮津～伊根 1小時12分・17班／日
豊岡～城崎溫泉 32分・15班／日
濱坂～湯村溫泉 25分 濱坂→湯村 17班／日 湯村→濱坂 18班／日
城崎～豊岡～機場接續班機時間發抵
八鹿～湯村溫泉 1小時15分・5班／日
天橋立～豊岡 1小時20分・15班／日
豊岡～出石 27分・24班／日
西舞鶴～宮津 35分・1、2班／小時
江原～出石 22分・9班／日
ケーブル下～福知山 2小時・5班／日
福知山～宮津 50分・1班／小時
綾部～東舞鶴 24分・8班／日（特急）30分・1~2班／小時（普通・快速）
綾部～福知山 12分・1~4班／小時
福知山～城崎溫泉 1小時30分・13班／日（普通・快速）包括於豊岡轉乘的列車

圖例：
- JR
- 京都丹後鐵道
- 丹後海陸交通巴士
- 全但巴士
- 町民巴士（夢つばめ）
- 傘松地軌式纜車
- 所需時間・班次（普通列車）

地名：日和山、間人、經岬、網野、傘松、成相寺、伊根（日出）、濱坂、香住、竹野、城崎溫泉、峰山、久美濱、與謝野、ケーブル下（府中）、豊岡、天橋立、宮津、湯村溫泉、但馬機場、江原、八鹿、養父、和田山、生野、出石、西舞鶴、東舞鶴、福知山、綾部

往鳥取方向、往姬路方向、往大阪方向、往京都方向、往小濱方向

山陰本線、播但線、福知山線、舞鶴線

※部分路線的營運班次可能視季節而異。　5=所需時間（分）

附近設有汽車露營區及溫泉
京都丹後 平海水浴場
＊へいかいすいよくじょう
MAP附錄 5B-1

以被譽為「丹後松島」的美麗景觀聞名，河川另一側則有高嶋海水浴場及汽車露營區，還可順道遊覽宇川溫泉。

☎0772-75-0437（京都府北部連攜都市圈振興社 丹後町支部）
🕐7月8日～8月20日 🏢京都府京丹後市丹後町平
🚃京都丹後鐵道網野站搭丹海巴士45分，平站下車即到 🅿50輛，每日1000圓～

冬季還可享受衝浪，十分有名。

海灘資訊

以「鳴砂」聞名的長海灘
京都京丹後 掛津海水浴場（琴引濱）
＊かけづかいすいよくじょう（ことひきはま）
MAP附錄 18F-1

沙灘全長約1.8公里，是日本海首屈一指的美景沙灘。為了保護一路上就會發出咕咕聲響的「鳴砂」，當地也積極從事美化運動。

☎0772-72-0900（京都府北部連攜都市圈振興社 網野町支部）
🕐7月中旬～8月中旬 🏢京都丹後市網野町掛津
🚃京都丹後鐵道網野站下車，步行10分 🅿600輛，每日1000日圓

為維護海灘的整潔，海濱茶屋及廁所皆設置於高地。

海灘資訊

在透明度極高的日本海中玩樂！

海水浴場の目錄

日本海沿岸有不少景觀美麗、透明度極高的海灘。不妨尋找符合目的的海灘，玩遍夏季海濱吧！

透明度高又有大片淺灘，深受家族旅客喜愛
京都舞鶴 神崎海水浴場
＊かんざきかいすいよくじょう
MAP附錄 5C-3

海水浴場位於由良川河口附近，擁有廣大淺灘的沙灘延伸約2km。夏季有不少海之家，擠滿了作海水浴的遊客。距離停車場僅需50步相當方便。

☎0773-82-5120（神崎濱觀光協會）
🕐7月1日～8月31日 🏢京都府舞鶴市西神崎
🚃京都丹後鐵道丹後神崎站步行10分 🅿1500輛，每日1000日圓

距離丹後神崎站極近，交通便利也是其魅力之一。

海灘資訊

延續至由良川河口的2km長海灘
京都宮津 丹後由良海水浴場
＊たんごゆらかいすいよくじょう
MAP附錄 5C-3

海灘是森鷗外《山椒大夫》中安壽與廚子王的故事舞台，因而聞名，周圍為溫泉地，可見到不少民宿及溫泉旅館林立。

☎0772-22-8030（天橋立站觀光服務處）
🕐7月15日～8月16日 🏢京都府宮津市由良
🚃京都丹後鐵道由良站步行7分 🅿1000輛，每日1000日圓

全長約2km，面朝若狹灣的長海灘。

海灘資訊

地理位置絕佳，位於日本三景的沙灘
京都宮津 天橋立海水浴場
＊あまのはしだてかいすいよくじょう
MAP附錄 12E-3

這座海水浴場水質優良、海流穩定，還可在林蔭間稍事休息，是攜家帶眷的熱門去處。擁有白砂青松的美麗沙灘綿延於宮津灣旁，可在日本首屈一指的景點盡情享受海水浴。

☎0772-22-8030
🕐7月14日～8月20日 🏢京都府宮津市文珠
🚃京都丹後鐵道天橋立站步行7分 🅿1000輛，每日600日圓

美麗海灘呈現微曲的弧線，夏季常湧入不少遊客。

海灘資訊

充滿魄力的岩石景觀令人心曠神怡
兵庫香住 今子浦海水浴場
＊いまごうらかいすいよくじょう
MAP附錄 9A-1

包含「蛙島」及千疊敷地形，是以美景聞名的海水浴場。不妨入住周邊隨處可見的民宿、旅館，享受海水浴。

☎0796-36-1234（香美町香住觀光協會）
🕐7月中旬～8月中旬 🏢兵庫縣香美町香住区境
🚃JR香住站車程10分 🅿200輛，每日500日圓

場也可住宿於附近的露營。

海灘資訊

最適合從此處開始享受海灘之趣！
京都網野 濱詰海水浴場（夕日浦）
＊はまづめかいすいよくじょう（ゆうひがうら）
MAP附錄 18F-4

白砂淺灘一路延續至久美濱・小天橋，沙灘廣大，沙質乾爽，最適合初次至海邊的家族遊玩。

☎0772-72-0900（京都府北部連攜都市圈振興社 網野町支部）
🕐7月中旬～8月中旬 🏢京都府京丹後市網野町浜詰
🚃京都丹後鐵道夕日浦木津溫泉站步行15分 🅿300輛，每日1000日圓

海灘上有部分岩石區，有不少遊客至此釣魚。

海灘資訊

受自然環繞的秘境海灘
京都網野 小濱海水浴場（八丁濱）
＊こばまかいすいよくじょう（はっちょうはま）
MAP附錄 18F-1

這座擁有寬闊淺灘的舒適海灘受自然環境包圍，還可眺望遠山碧綠風景。海浪平穩，人潮也較少，讓清靜環境成為此處的一大魅力。

☎0772-72-0900（京都府北部連攜都市圈振興社 網野町支部）
🕐7月中旬～8月中旬 🏢京都府京丹後市網野町小浜
🚃京都丹後鐵道網野站搭計程車10分 🅿200輛，每日1000日圓

都十分享受步道，連散步。

海灘資訊

可與愛犬一同游泳及划獨木舟！
兵庫竹野 青井浜わんわんビーチ
＊あおいはまわんわんビーチ
MAP附錄 8D-1

位於竹野濱海水浴場東側的狗狗專用海灘。擁有150公尺長的廣大淺灘，更設有狗專用的溫泉。請遵循規定使用。2017年更推出狗狗專用皮艇！

☎0796-47-1080（竹野觀光協會）
🕐7月8日～8月27日的9:00～17:00 🏢兵庫縣豐岡市竹野町竹野
🚃JR竹野站步行20分 🅿1000輛，每日1000日圓

每隻狗單費100日圓，租借救生衣1000日圓。

海灘資訊

輕鬆享受戶外活動
兵庫竹野 弁天濱海水浴場
＊べんてんはまかいすいよくじょう
MAP附錄 8D-1

海灘小巧，視線較無死角，帶孩童的家庭也能安心玩樂。附近還有設備完善的露營場。

☎0796-47-1080（竹野觀光協會）
🕐7月1日～8月27日 🏢兵庫縣豐岡市竹野町弁天浜
🚃JR竹野站步行10分 🅿500輛，免費

海灘上有松木林蔭，炎熱時也相當舒適。

海灘資訊

平穩海浪拍打著淺灘海岸
兵庫竹野 竹野濱海水浴場
＊たけのはまかいすいよくじょう
MAP附錄 8D-1

廣大淺灘上透明度極高的海水，與背後一片群山綠意形成對比的美麗景觀海灘。每年約有30萬人造訪此處，附近的弁天濱設有露營場。2016年更推出新海上運動！

☎0796-47-1080（竹野觀光協會）
🕐7月1日～8月27日 🏢兵庫縣豐岡市竹野町竹野
🚃JR竹野站步行20分 🅿1000輛，每日1500日圓

為維持整潔，海灘上禁止吸菸。救生員常駐於此，相當安全。

淋浴間 廁所 更衣室 投幣式置物櫃 海之家 租借物品 BBQ 淺灘 醫護站 救生員 ●無

十一～十五劃

十六劃以上

景…景點 玩…玩樂 食…美食 買…購物 咖…咖啡廳 温…温泉 住…住宿 活…活動

【 MM 哈日情報誌系列 10 】

城崎‧天橋立

竹田城跡

作者／MAPPLE昭文社編輯部
翻譯／潘涵語、林倩伃
校對／許懷文、彭智敏
編輯／林庭安
發行人／周元白
排版製作／長城製版印刷股份有限公司
出版者／人人出版股份有限公司
地址／23145 新北市新店區寶橋路235巷6弄6號7樓
電話／（02）2918-3366（代表號）
傳真／（02）2914-0000
網址／www.jjp.com.tw
郵政劃撥帳號／16402311 人人出版股份有限公司
製版印刷／長城製版印刷股份有限公司
電話／（02）2918-3366（代表號）
經銷商／聯合發行股份有限公司
電話／（02）2917-8022
第一版第一刷／2018年8月
定價／新台幣360元

國家圖書館出版品預行編目（CIP）資料

城崎‧天橋立 竹田城跡 / MAPPLE昭文社編輯部作 ；
潘涵語、林倩伃翻譯. ——
第一版. —— 新北市：人人, 2018.08
面； 公分. ——（MM哈日情報誌系列；10）
SBN 978-986-461-148-5（平裝）

1.旅遊 2.兵庫縣 3.京都府

731.5309   107009535

Mapple magazine Kinosaki Amanohashidate
Takedajyoseki
Copyright ©Shobunsha Publications, Inc, 2018
All rights reserved.
First original Japanese edition published by
Shobunsha Publications, Inc. Japan
Chinese (in traditional characters only) translation
rights arranged with Jen Jen Publishing Co., Ltd
through CREEK & RIVER Co., Ltd.